歷代「朱陸異同」文類彙編

第四册

清代卷 上

丁小明 張天杰 編撰

上海古籍出版社

目録

孫奇逢

夏炘……六五一

羅澤南……六六五

倭仁……六八二

孫奇逢

孫奇逢(一五八四～一六七五),字啟泰,一字鍾元,容城人。明萬曆庚子(一六〇〇)舉人。少敦内行,好奇節,負經世之志。與定興鹿善繼講學,以聖賢相期。崇禎十五年(一六四二),攜家入易州五公山,結茅雙峰,門生親故從而相保者數百家,修飭武備,爲守禦計。暇則講學,擾攘之中,絃誦不輟。明亡,歸隱。居夏峰凡二十五年,屢徵不起,學者稱夏峰先生。孫氏以豪傑之士,進希聖賢,講學不分門户,有涵蓋之量。與同時梨洲、二曲兩派同出陽明,氣魄獨大,北方學者奉爲泰山、北斗。所著讀易大旨、書經近指、四書近指、家禮酌、孝友堂家規、答問一卷、理學宗傳、歲寒居集,後改編夏峰集。康熙十四年卒,年九十二。清史稿卷四八〇儒林傳一、清史列傳卷六六儒林傳上一有傳。

夏峰先生集卷二寄張蓬軒

某幼而讀書,謹守程朱之訓,然於陸王亦甚喜之。三十年來,輯有宗傳一編,識大識小,莫不有孔子之道,小德之川流也。及領指示,覺人繁派淆,殊非傳宗之旨,故止存周、張、二程、邵、朱、陸、薛、王、羅、顧十一子，標曰傳宗録，然於舊所彙者，終不敢有散佚也。若云付梓，淺學曲識，不能自信，烏能信天下後世？又念宋文憲、方正學根極理要，開我明道學之傳，復彙數人爲一編，内雖有學焉而未純者，要皆各具一得，録以備考。皆欲攜以就正，恨未得各家全書，零星收録，不成片段。

邇於同志中得兩人焉，一守建安，一守姚江。某嘗舉先生「建安没，天下之實病不可不洩；姚江没，天下之虚病不可不補」。守建安者，謂建安何病？病在姚江之支離。守姚江者，亦極言姚江無病。其守之專而衛之嚴，兩人固各守師説，不至流爲陳相，但未免虚益虚，實益實。倘於先生之言更有會焉，且於陳良有光矣。孔子教人之法，孟子教人之法，雖稍有異，朱則成其爲朱，陸則成其爲陸，聖賢豪傑，豪傑聖賢，即有不同，亦不失建安、姚江面目，又何病焉？

某謂學人不宜有心立異，亦不必著意求同。若先儒無同異，後儒何處著眼？試看從古帝王賢聖，放伐不同於揖讓，清不同於任，任不同於和，清、任、和不同於時。殷之三仁，所生之時同，所事之主同，而或去、或奴、或死，判然不同，亦各存其所見而已矣。

先生云：「少墟之方，南皋之圓，不能圓其所方，方其所圓，則圓可也，方可也。如毁方而圓，便非豪傑本色。」札中見教者，即姚江復生，指天泉「四無」之説，亦當拜直諒之益。間嘗思之，固不敢含糊一家之言，亦不敢調停兩是之念。不墜之緒，即剥喪蔑貞，必存乎其人。譬之適都者，雖南北之異，遠近之殊，要必以同歸爲止。總之，學以尼山爲宗，孟氏不同道，姑舍是，「乃所願，獨學孔子」。論性之原，孔曰「性相近」，孟曰「性善」，孔子道其全，孟子指其本，孔子謹於習，孟子克其端，兩義互資。此正尼山大中至正，一無所倚，非純乎天而人不與者，其誰能之。

今遵建安者痛除頓悟，以爲顔子極仰鑽之勞，斯見卓爾；曾子力隨事之察，斯唯一貫。若所悟出於頓，人己隔判，事物遺棄，聖賢之傳授無之。不知頓從漸來，無漸何頓可言。天下之歸於一，日正以有克復之漸也；吾道之貫於一，唯正以有忠恕之漸也。紫陽亦云：「用力之久，一旦豁然貫通。」何嘗非頓悟乎？用力在平時，收功在一旦。漸者下學也，頓者上達也，不可以分言，則頓之非虚，而漸之非實，當不作歧觀矣。

夏峰先生集卷二與魏蓮陸

知統録終於許、薛，紫陽以前論定矣。先儒有言：「許平仲其今之朱紫陽乎？」近亦有言：「薛敬軒其今之許平仲乎？」柏鄉以紫陽集諸儒之大成，故以許、薛終知統，元燈一線，絕無兩歧。僕極服其見之定而力之專也。然僕所輯宗傳，謂專尊朱而不敢遺陸王，謂專尊陸王而不敢遺紫陽，蓋陸王乃紫陽之益友忠臣，有相成而無相悖。僕嘗謂孔子其歲功也，賢之大者得春夏秋冬之一令，賢之小者或二十四氣，或七十二候，合之而始成歲功。所謂小德之川流，萬殊原於一本，一本散於萬殊之意。謂有春夏而無秋冬可乎？有秋冬而無春夏可乎？有知統之敦化，正不可無宗傳之川流耳。手教又惓惓以柏鄉與陽明無善無惡心之體，未得合併一路，此亦未免見之不大。陽明是説心之體，非説性之體也。繼善成性，性自是善。心有人心、道心，人心危而道心微，可謂皆善乎？此只在陽明自信得及，我輩何庸代爲置辯耶？言陽明之言者，豈遂爲陽明？須行陽明之行，心陽明之心，始成其爲陽明。言紫陽之言者，豈遂爲紫陽？須行紫陽之行，心紫陽之心，始成其爲紫陽。我輩今日要真實爲紫陽，爲陽明，非求之紫陽、陽明，各從自心自性上打起全副精神，隨各人之時勢身分，做得滿足無遺憾，方無愧紫陽與陽明。無愧二子，又何慚於天地，何慚於孔孟乎？

夏峰先生集卷二復魏蓮陸

接手字，以去人欲、存天理持之終身，老夫真是喜而不寐。去欲存理，人恒有之，持之終身，恐「日月至焉」者亦未敢輕言也。由雞鳴平旦而密之食息起居，由食息起居而密之造次顛沛，無時無事非去欲存理之會，此便是自强不息之君子。所云「柏鄉於朱、王不無抑揚」，此正見柏鄉之定力。昔陽明於羅整庵手書面論，倍爲詳切，而整庵之守朱説益堅。兩人者固各有得也，不必强而同也。僕患遵紫陽者不能盡紫陽，能盡紫陽又復何憾。我輩今日，特似乎尊王。王與朱不同，大段在格物。柏鄉所彙格物册，僕閲之爲一説，兩賢之大旨固未嘗不合也。後之學者，乏融通之見，失原初之旨，支上生支，遂成歧路。若其當初入手著脚真實理會做工夫，有何不同乎？我輩既有此志，先以虛心爲主。咸：「象曰：君子以虛受人。」近儒有言：「看古人於異處正好著眼。」今日試於異處而加體認之功，可以見吾心之所主矣。柏鄉公又云：「於寬收之中而嚴析之。」僕服膺此言，耄年精力衰耗，而求益之心無時自懈。感柏鄉提攜殷切，真可以助我不逮也。

夏峰先生集卷二答常二河

辱問致知格物異同，只緣朱子補傳，陽明復古本，遂成聚訟。

今就格物而論，朱子謂窮理，陽明謂爲善去惡是格物。某嘗思之，朱子謂「理有未明，則知有未盡」，若偏以窮理屬知也。又曰：「凡物必有當然之則，而自不容已。所謂理也，外而至於人，則人之理不異於己；遠而至於物，則物之理不異於人。」由此言之，亦是求理於心，非就事物而求其理也，豈如後人向一草一木而求其理乎？陽明謂：「格，正也。物之得其正，而理始極其明。如事父不成，向父上尋箇事的道理，只盡吾心之孝。」此固是求理於心，然欲爲善去惡，捨窮理又何由辨乎？窮理正爲善去惡功夫。總之，窮理者聖學之首事，正物者聖學之結局。

某與吾友鹿江村論格物，朱、王入門原有不同，及其歸也，總不外知之明、處之當而已。至用功先後雖有次序，其實合天下國家身心意知以爲物，不離平治、修齊、誠正，以爲格也。此處求信於心，共偕大道而已。陽明言無善無惡心之體，後之儒者群起而攻之。陽明所言，蓋心也，非性也，心性必不容分，而才情相去倍蓰什佰千萬，亦必欲强而同之乎？來教謂：「孟子言性善，指天命之性而言，而陽明指其心寂然不動時言也。」夫心當寂然不動，有何善惡之可名？而天命之性自在其中，正與無極而太極、太極本無極吻合。此即程子言「惡亦不可不謂之性」。意固各有指，必以其辭求之，不幾類荀子性惡之説乎？大凡我心未化，自謂爲孔孟固藩籬，而訟之聚也滋甚。我輩惟虚心而體認之，不必向人問津梁也。

夏峰先生集卷二答趙寬夫

接來字，迴環讀之，見邇來用功近裏著己，痛除將就冒認之習，真見本來面目。所云「去一層又有一層」，此正切磋琢磨之詠，精矣而又覺其麤也，密矣而又覺其疏也。堯舜「猶病」到底是「猶病」，文王「未見」到底是「未見」，孔子「何有」到底是「何有」，顏子之欲從「末由」到底是「末由」。道原無盡頭，學自無了期，安得有剥盡之時耶？一味朴實做去，不落掩著，不以意興氣魄攙和其間，獨不期慎而慎，意不期誠而誠，無時非天晴日霽之候，無處非鳶飛魚躍之機，雖與人共在塵世之中，而此心獨超萬物之表，睟面盎背，所謂充實而有光輝者也。此段趣味全從剥處得力，剥之時即復之時，非兩候也。前賢議論，語語當活看，稍一執著，便成滯礙。所謂讀有字書，要識無字理。朱陸異同，數百年聚訟，文成劾諍論於紫陽，至今攻之者不遺餘力。憶前番字中，謂新鄭所刻之書，駁者云：「文成文恭不足徒置。」此不明於無字理，各伸所見，不足怪也。濂溪爲宋之大儒，而從祀獨後，安得人人盡識姚江哉？明史未修，儒術尚多可采，老夫嘗語同人云：「不在五奎聚東井之後。」此祇可爲吾丈道耳。

卧病經年，其苦難以告人。所幸者，一年之病，得良友數人，樂更甚於苦矣。當世士大夫，儒而歸禪者，十常四五。如適庵者，食雪山之食，衣雪山之衣，居雪山之居，而精神意想乃專注於尼山，千百中無一焉。吾不知有心人當何以位置適庵也。顏、曾學孔子，步趨唯謹；孟子學孔子，離合而與之相究。故先儒云：「孔子之道，得孟子而大光。」「意興氣魄」四字，再作商量。

夏峰先生集卷二答張仲誠

手教亹亹，不傍人口吻，至「知行合一」之説，高明重行字，此尤對學者口耳涉獵之病。僕昔與張東昌屢辯之。伊時亦持台意，東昌反復言之，大旨謂知行並進，庶不觭於一偏。即如「時習」，當屬之行，而知固在其中，到悦時則無知行之可分矣。不行固算不得知，不知將貿貿然行之乎？如適邦畿者，須先計其路向，酌其資費，勿畏難自阻，必期至於邦畿而後已。去之之時，到之之後，將屬之知乎？將屬之行乎？此陽明子所以有知行合一之言也。陽明子接聞知之統，私心自信，不敢求他人共信，不意鹿江村之後，再得同心。至判朱、王爲二，不欲持二可之説，足見自信其心。僕昔與吾友持之甚力，迄讀晚年定論暨其全書，而後知晦翁之學，非後學可輕議。涇陽顧子論之，頗得其當耳。

夏峰先生集卷二答魏石生

文武以前，道統在上，治統即道統也。孔子以後，道統在下，學統寄治統也。大人之實事，聖人之訓述，顯晦殊途，本源一致，總不出「聖學本天」一語。不本於天，則異端耳。天一命也，命一性也，性一善也。達而在上與窮而在下，同一命也，性也，則同一善也。君道以此治天下，師道以此覺天下，理一而已。窮理、盡性、至命，一以貫之。孔子論行、論仁、論孝，每每問同而答異。至微、箕、比、夷、尹、惠諸聖，使其生於孔孟之後，當不止如朱陸之異同，與朱、王之格物也。尊德性，道問學，説雖不一，本是一事。本人既以相安，後世仍然聚訟。紫陽格物，人謂屬知；陽明格物，人謂屬行。又有謂窮理則格致誠正之功皆在其中，正物則必兼舉致知、誠意、正心而功始備而密。則是二子之説，未嘗不合而爲一。如春夏秋冬各一其令，强而同之，勢必不能。故非知天必不能知人，蓋行足以兼知，未有能行而不知者；知不足以兼行，恥躬不逮，聖人固慮之矣。

夏峰先生集卷四理學宗傳序

學以聖人爲歸，無論在上在下，一衷於理而已矣。理者，乾之元也，天之命也，人之性也。得志，則放之家國天下者而理未嘗有所增；不得志，則斂諸身心意知者而理未嘗有所損。故見之行事，與寄之空言，原不作歧視之。舍是，天莫屬其心，人莫必其命，而王路道術遂爲天下裂矣。

周子曰：「聖希天。」程子曰：「聖學本天。」又曰：「余學雖有所受，天理二字卻是自己體貼出來。」余賦性庸拙，不能副天之所與我者。幼承良友鹿伯順提攜，時證諸先正之語。

嘗思之，顏子死而聖學不傳，孟氏殁而聞知有待。漢、隋、唐三子衍其端，濂、洛、關、閩五子大其統，嗣是而後，地各有其人，人各鳴其説，雖見有偏全，識有大小，莫不分聖人之一體焉。余因是知理未嘗一日不在，天下儒者之學乃所以本諸天也。嗚呼，學之有宗，猶國之有統，家之有系也。系之宗有大有小，國之統有正有閏，而學之宗有天有心。今欲稽國之運數，當必分正統焉；遡家之本原，當先定大宗焉；論學之宗傳，而不本諸天者，非善學者也。

先正曰，道之大原出於天，神聖繼之，堯舜而上，乾之元也；堯舜而下，其亨也；洙、泗、鄒、魯，其利也；濂、洛、關、閩，其貞也。分而言之，上古則羲皇其元，堯、舜其亨，禹、湯其利，文、武、周公其貞乎？中古之統，元其仲尼，亨其顏、曾，利其子思，貞其孟子乎？近古之統，元其周子，亨其程、張，利其朱子，孰爲今日之貞乎？明洪、永表章宋喆，納天下人士於理，熙、宣、成、弘之世，風俗篤醇，其時有學有師，有傳有習，即博即約，即知即行，蓋仲尼殁至是且二千年，由濂、洛而來且五百有餘歲矣，則姚江豈非紫陽之貞乎？

余謂元公接孔子生知之統，而孟子自負爲見知。静言思之，接周子之統者，非姚江其誰與歸？程朱固元公之見知也，羅文恭、顧端文意有所屬矣。宗傳共十一人，於宋得七，於明得四。其餘有漢隋唐儒考、宋元儒考、明儒考各若干人，尚有未盡者入補遺。「補遺」云者，謂其超異，與聖人端緒微有不同，不得不嚴毫釐千里之辨。真修之悟，其悟皆修；真悟之修，其修皆悟。諸不本天之學者，區區較量於字句口耳之習，此爲學也，腐而少達。又有務爲新奇以自飾其好高眩外之智，其爲學也，僞而多惑。更有以理爲入門之障，而以頓悟爲得道之捷者，儒、釋未清，學術日晦，究不知何所底極也。

此編已三易，坐卧其中，出入與偕者逾三十年矣。少歷經於貧賤，老困躓於流離。曩知饑之可以爲食，寒之可以爲衣，而今知跛之可以能履，眇之可以能視也。初訂於渥城，自董江都而後五十餘人，以世次爲序。後至蘇門，益廿餘人。後高子攜之會稽，倪、余二君復增所未備者。今亦十五年矣，賴天之靈，幸不填溝壑，策燈燭之光，復爲是編，管窺蠡測之見，隨所録而箋識之，宛對諸儒於一堂，左右提命，罔敢屑越，願與同志者共之，並以俟後之學者。

夏峰先生集卷四道一録序

道一録者何？録朱子晚年定論，并陽明王子傳習録也。何以録二子也？謂朱學自明永樂尊顯以來，天下士守之如金科玉律不敢少抵忤，而王子時有諍論，天下士多疑之，又若疑朱陸之有異同也，故合刻之，以徵證夫道之一。夫一亦難言矣。唐、虞、三代之時，道統在上；春秋、戰國而後，道統在下。在上者，禹已不同於堯、舜，湯又不同於禹。文、武，父子也，亦迥然其不同。而謂顔、曾、思、孟果同於孔子，周、程、張、朱果同於顔、曾、思、孟耶？又何敢比而同之於堯、舜、禹、湯、文、武？此固天下士所不敢自信者，何怪乎動輒生異同哉？道原於天，故聖學本天。本天者愈異而愈同，不本天者愈同而愈異。夫天，大之而元、會、運、世，小之而春、夏、秋、冬，至紛紜矣，然皆天之元氣也。諸大聖、諸大賢、諸大儒，各鍾一時之元氣。時至事起，湯武自不能爲堯舜之事，孔孟自不能爲湯武之事，而謂朱必與陸同，王必與朱同耶？天不能以聰明全畀一人，堯舜亦未嘗盡堯舜之量，孔子亦未嘗盡孔子之量。孔子集大成矣，聰明不盡泄於孔子也。朱子集諸儒之大成，聰明豈遂盡泄於朱子乎？陽明格物之説，以大學未曾錯簡，論其理非論其人，何妨於道之一？曲儒以此爲王子罪案，則隘矣。天下有治有亂，聖學有晦有明，皆天以聰明囿之，人力不得而與也。我輩今日亦只定我輩今日之議論，使前人言之而後人再不敢言，則墳、典者，乃伏羲、神農、黄帝、顓頊、高辛之書，孔子不敢删矣；春秋乃列國侯王之史，孔子不必修矣；傳注有左邱明、鄭康成、王輔嗣、孔安國諸公，程朱不可出一言矣，有是理耶？

道之一，正於至不一處見一，所謂殊途而同歸，一致而百慮耳。流水之爲物也，萬派千溪，總歸於海。適邦畿者，由陸、由山、由水，及其成功，一也。内黄令張仲誠，於二子有獨契焉。讀傳習録與晚年定論，而見其道之一也，二子自當相視而莫逆矣。且於周、程、張、朱，以證之顔、曾、思、孟，無不一也；由顔、曾、思、孟，以證之孔子，無不一也；由孔子以證之文、武、禹、湯、堯、舜，無不一也。仲誠謂余曰：「眼前地位，也見得有個不讓堯舜處在。」是真知道之一者矣。

夏峰先生集卷九題晦庵文鈔

宗傳舊選朱子，止取晚年。友人云：「若只存此，則朱陸當欣然相得，安得許多同異？道問學與尊德性，原是一樁事，正不妨並存，見聖道之大，各人入門不同。又如格物與陽明不同，俱當互見，以示天下後世。」因簡朱陸始焉不合，繼焉漸合，終焉相合之語，俱列於册，見朋友之益，相得之難如此。後之學者不知陸，並不知朱，必以爲到底不合，至舉晚年定論之語，亦不之信。見有人尊信陸子者，則極力擯斥之；見有人指摘陸子者，則極力推獎之。此與朱陸何涉？適足明己之拘而不大。千古學術，豈一己之意見遂爲定評哉？王子格物之説，冒險犯難，歷盡諸攻，始得休息，然亦與朱、王何涉？究竟建安亦無朱元晦，青田亦無陸子静，姚江亦無王伯安。

夏峰先生集卷九題念庵集後

念庵，陽明功臣，龍谿益友也。陽明「良知」之説，本之孟子「不慮而知」，龍谿遂以爲：「一念靈明，無内外，無寂感。吾人不昧此一念靈明，便是致知。或以良知不足以盡天下之變，必加見聞知識補益而助發之，便是俗學。此以一念之明爲極則，一覺之頃爲實際也。」念庵曰：「不然。陽明常以『入井怵惕、孩提愛敬、平旦好惡』三言爲證，蓋以一端之發見，未能即復其本體。故言怵惕矣，必以擴充繼之；言好惡矣，必以長養繼之；言愛敬矣，必以達之天下繼之。孟子之意可見，陽明得其意者也，故亦不以良知爲足，而以致知爲功。」念庵集中多以此立論，故曰陽明功臣、龍谿益友。

夏峰先生集卷九讀十一子語録後

朱陸同異，聚訟五百年。迄今自其異者而觀之，朱之意，教人先博覽而後歸之約；陸之意，欲先發明人之本心而後使之博覽。朱以陸之教人爲太簡，遂若偏於道問學；陸以朱之教人爲支離，遂若偏於尊德性。究而言之，博後約，道問學正所以尊德性也；約後博，尊德性自不離道問學也，總求其弗畔而已。「南渡以來，真實理會者，獨我與子静二人而已。」

「青田亦無陸子静，建安亦無朱元晦。」二公畢竟皆豪傑之士，異而同，同而異，此中正參悟。

孫子遺書卷上答問

子静自謂讀孟子而有得，故薛方山云「陸子之學，孟子教人之法也」。則接孟子之傳者，實惟子静。稺羽云「王陽明其今之陸子静乎」，則接陸子静之傳者，實惟陽明。鹿伯順亦自謂「讀傳習録而有得也」，則接陽明之傳者，實惟伯順。一脉相傳，各有攸近，此處正不容强。

諸大儒惟晦翁集甚繁。舊選宗傳，止取晚年定論，友人云若只存此，朱、陸當欣然相得，安得許多同異？道問學、尊德性原是一椿事，正不妨並存，見聖道之大，各人入門不同。又如格物與陽明王子不同，俱當互見，以示天下後世。因簡從前朱與陸始焉不合之語，並其繼焉漸合之語，終焉相合之語，俱列於册，見友朋之益，相得之難如此。後之學者不知陸，並不知朱，必以爲到底不相知，至舉其晚年定論之語，亦不之信。見有人尊信陸子者，則極力擯斥之；見有人指摘陸子者，則極力推奬之。此與朱、陸何涉？適足明己之拘而不大。千古學術，豈一己之意見遂爲定評哉！王子格物之説，冒險犯難，歷盡諸攻，始得休息，然亦與朱、王何涉？究竟建安亦無朱晦庵，青田亦無陸子静，姚江亦無王伯安。

東昌有言：「建安没，而天下之實病不可不洩；姚江没，而天下之虚病不可不補。」吾愛此二語，嘗舉以告同志。同志中左袒建安者，便謂建安無病；左袒姚江者，便謂姚江無病。此亦各就其所見而言之，如人飲食，有愛食濃者，有愛食淡者，各從所好。舍其所好而强同人所好，終非其心所安。須自己知濃知淡，而調劑之，以適其中。此不可以口舌争也。

孫子遺書卷下答問　補遺

陸子談本心，惡言心者群起而攻之。朱子釋心曰：「心者人心，神明所以具衆理而應萬事也。」心何罪焉？王子談良知，惡言良知者群起而攻之。朱子釋知曰：「知者，心之神明所以妙衆理而宰萬物也。」知何罪焉？朱子生平極不喜歡人説悟字，悟何罪焉？總是懲於禪門無形無影，無處究詰，他未免有激乎其言之耳。莫認得太癡。

晦翁有句云：「昨夜江頭春水生，艨艟巨艦一毛輕。向來枉費推移力，此日中流自在行。」陸子見此詩，歎曰：「晦翁悟也，此正是尋著樂處耳。」

問：「陽明先生，儒者皆以爲雜異端之學，何也？」曰：「良知是知，致良知便是行，此陽明知行合一之説。去致字而專言良知，便與禪門相近，此傳陽明者失陽明也。」至必謂其雜於異端，朱紫陽曰：「異端之學，只廢三綱五常，是他極大罪名。」陽明純忠至孝，正從龍場轉關正道，惡得以異端目之？與朱子分頓漸，不分離合，愚固言之矣。承絶學而爲嫡派，允矣不誣。

問：朱、陸畢竟是同是異？異果何以異？同又何以同？曰：陸從尊德性入，朱從道問學入，此其所以異也。然尊德性豈能離得道問學，道問學亦不能離得尊德性，總皆聖人事也，此其所以同也。

上略。天生文成爲紫陽作忠臣諍子，而攻之者乃以爲入室操戈。俟後聖而不惑當自有在，又何怪乎衆論之紛紜哉？

四書近指卷三大哉聖人章

王陽明曰道問學即所以尊德性也。晦翁言子静以尊德性誨人，某教人豈不是道問學處多了些子，是分尊德性、道問學作兩件。且如今講習討論下許多工夫，無非只是存此心不失其德性而已，豈有尊德性只空空去尊，更不去問學，問學只是空空去問學，更與德性無關涉？如此則不知今之所以講習討論者，更學何事？

或云元吴澄曰：「問學不本於德性，則其弊必偏於言語訓釋之末，故學必以德性爲本。」議者遂以澄爲陸氏之學。愚按，尊德性之説發自子思，陸氏特因而從之耳。於子思則稱之，於子静則斥之，豈非貴耳而賤目與！且朱子晚年未嘗不歸本於尊德性，觀其語學者曰：「此本是兩事，細分則有十事，其實只兩事，又只一事，只是一個尊德性，卻將個尊德性來道問學，所以説個『尊德性而道問學』也。」由此推之，朱、陸本同，學者必致疑於陸氏，何哉？

四書近指卷七曾子有疾章

而今而後吾知免夫全生全歸不知費多少心力纔得了此一件勾當。朱子疾革，門人請教，曰「須要堅苦」，是説工夫。陽明子疾革，門人請教，曰「此心光明，亦復何言」，是説本體。曾子謂門弟子云云者，即本體，即工夫，和盤托出。千聖萬賢，總是了當此件，皆有得於朝聞夕可之學者也。

四書近指卷一六孟子性善章

朱子晚年定論云：「孟子道性善，此是第一義。若於此看得透，信得及，直下便是聖賢。」此論甚確。

朱、陸同異，聚訟五百年，迄今自其異者而觀之：朱之意，教人先博覽而後歸之約；陸之意，欲先發明人之本心而後使之博覽。朱以陸之教人爲太簡，遂若偏於道問學；陸以朱教人爲支離，遂若偏於尊德性。究而言之，博後約，道問學正所以尊德性也；約後博，尊德性自不離道問學也，總求其弗畔而已。「南渡以來，真實理會者，獨我與子靜二人而已。」「青田亦無陸子靜，建安亦無朱元晦。」二公畢竟皆豪傑之士，異而同，同而異，此中正好參悟。嘗考學、庸之書雜禮記中，經千百年，程子始表章之。孟子，洙泗嫡傳，千餘載例以子書，獨韓子謂孟子醇乎其醇，經程子表章，朱子復會萃折衷，始與論語、學、庸列爲四書。元公，大儒之宗，朱子闡圖書之蘊，最後方得從祀。至子靜挺乎不拔，可稱世間一個好男子。朱、陸同異，當時聚訟，没後鼓煽，群以爲禪，陽明力爲解紛，清議始著。邇黄石齋謂：「陽明全是濂溪學問，做出子靜事功。」或問曰：「陽明掀天揭地，如何作子靜事功？」石齋曰：「子靜在荆門如許心手，豈是尋常穿衣喫飯者？凡事業勳猷，是上天所命，道德行誼，是自家成立。」朱子謂子靜「實見得道理任地，所以不怕天，不怕地」。夫不怕天、不怕地有二義焉，愚人無知，醉生夢死，故冥然不悟；君子内省不疚，浩然充塞，視天地吾父母也，夫何怕?子静生平所言所行,其直接孟子處,卻被文公一口打迸出來,真是傳神寫照之手。愚謂小心翼翼,祗承上帝,動静語默,出乎天而人不與,子静或有所不逮也。

理學宗傳卷二一明儒考王門弟子

王門弟子濟濟彬彬,響臻騈聚,稱極盛矣。天泉證道,龍谿漏洩天機,雖云慧悟,幾墮虚無。所賴前後從游之人,各有不移之見,而鄒文莊守益、歐陽文莊德,先後爲辟雍師,主持賢關,師説益著。於是名區勝地,往往創建書院,郡人士考德問業於其中。自文成之説行,則獨守程朱以及身實踐不變者,獨羅文莊欽順、吕侍郎枏兩人耳。噫!學以孔子爲宗,居敬孔子之居敬也,窮理孔子之窮理也,致知孔子之致知也。有衆人之同,何妨存二子之異哉!

理學宗傳卷二二明儒考

崔文敏銑按語

文敏謹守程朱之學,品行自無可議。獨於子静、陽明必以爲禪學,爲異説,則刻矣。夫二人者，且不必論其學術，荆門之政，有體有用，寧藩之事，拚九死以安社稷。吾未見異端既出世，而又肯任事者也。未免爲傷恕。

吕文簡公柟按語

學者須有一段高明廣大之意，方能容納群言，折衷聖統。公於朱陸異同、王湛學術，千萬人之疑端紛紛、聚訟無已時者，平平數言，各歸無事，此其識度過人遠矣。文成之學興，公獨尊所聞，行所知，屹然不變，而其言如此，其不黨同伐異，益見學力之深。

羅文莊欽順按語

困知録於諸大儒皆有所疑，而攻子静特甚，竊訝之。及讀崔后渠與整庵書曰：「今之論學者，右象山，小程氏，斥文公。」則守程朱之學者，無怪言之激而求之深也。

尤季美公時熙按語

西川要語一編，最唤醒人世，以爲傳陽明之學。愚謂陽明之致知，非陽明之致知，孔子之致知也。紫陽之窮理，非紫陽之窮理，孔子之窮理也。總不謬於孔子而已矣，何至相牴牾，分水火乎？即如格物之説，紫陽而在，亦可以面質，共偕大道，爲諍友，爲功臣，奚不可？由也，不嘗不説於夫子乎？如「慍見」、「有是哉，子之迂」等類。夫子雖折之，未嘗不重其人，曰志意不立子路待。何至以朱、陸同異聚訟於生前，朱、王同異又聚訟於身後哉？皆緣不明於學者助之波耳，失紫陽意。中州有兩路學脉，月川尺尺寸寸不失朱紫陽，西川字字句句不失王陽明，是皆深造而有得者，非剽竊也。

孫承澤

孫承澤（一五九三～一六七六），字耳伯，號北海，一號退谷。祖籍山東益都，世隸順天府上林苑籍（今北京大興）。崇禎四年（一六三一）進士及第，官至刑科都給事中、四川防禦使。降清，順治元年（一六四四）任吏科都給事中，歷官太常寺卿、大理寺卿、兵部侍郎、太子太保、都察院左都御史。十一年辭官，康熙十五年卒，年八十四。自幼有志於學，砥礪以自匡飭，於古今治亂、經濟皆究其原委，而於人之邪正尤兢兢焉。至耄齡亦好學不止，亹亹不倦。著述有五經翼、尚書集解、天府廣記、畿輔人物志、宋五先生明四先生學約、道統明辨、諸儒集抄、考正晚年定論、春明夢餘録、庚子銷夏記、己亥存稿、藤陰雜記等。傳見清王崇簡孫公承澤行狀、雍正畿輔通志卷七九、光緒順天府志卷一〇五。

藤陰雜記 節録

學問之道備於夫子十翼，而其要曰：窮理盡性，以至於命。夫盡性至命不先窮理，未有不流於異學者。此夫子開萬世爲學正傳，曾子得之而著大學，曰「致知在格物」。格物者，窮理之旨也。其書有本有末，有終有始，明體大用備焉。埋没禮書中千餘年，程子定其次序，朱子補其缺遺，繼往開來，厥功茂焉。陽明忽欲表章古本，使人讀之茫無頭緒，靡所入手。陽明轉解轉支，反以朱子爲支離，何也？明初江西儒生朱季友上書斥朱子，太祖使人押至南京，杖之於學。伍容庵袁萃曰：「陽明生祖宗朝，不知當得何法矣。」

人貴有師，而又貴擇師，師之不慎，如油入麪，一入而不可出矣。今觀程子之門有尹和靖，朱子之門有黄直卿，而程、朱之師可知也。陸子静之門有楊慈湖，王陽明之門有王龍谿，陸、王之師可知也。

陸子静語録中載曹立之與子静書，言願先生以孝弟忠信誨人。子静曰：「立之之謬如此，孝弟忠信如何説？」夫立之之言正矣，何斥之爲謬？夫經書中説孝弟忠信者多矣，謂此

「如何說」，而此外尚有何者可說也。余因近之宿學言學者不應毀子静，令不得出頭，取其遺書平心静氣讀之，如此等語，終不可解。子静嘗言「元晦似伊川，欽夫似明道，伊川蔽錮深，明道卻通疏」。子静以一語而毀伊川、元晦，人實未嘗毀子静也。

學道之士最患執偏見爲正見，不受忠告之益。如陸子静之時有朱元晦，王陽明之時有羅整庵，所謂直諒之友也。元晦與子静論無極之理，反復不合，始曰：「我日斯邁，而月斯征，各尊所聞，各行所知可矣，無復可望於必同也。」又與子壽書曰：「讀書處事當虚心博采，以求至當，或未有得，亦當且以闕疑闕殆之意處之。」此忠告也，而陸氏兄弟俱不受也。陽明以古本大學及晚年定論致整庵，整庵駁之云：「聖門設教，文行兼資，博學於文，厥有明訓。如必以學不資於外求，但當反觀内省爲務，則正心誠意四字足矣，何必又用格物一段工夫。」乃曲爲之解曰「物者意之用也」，要使之内而不外，止欲提俗學之溺於外，而不知已墮於禪學之局於内矣。又謂：「朱子定論之編，不知晚年者斷以何年爲定，中取答何叔京氏書四通，何叔京氏卒於淳熙乙未，時朱子年方四十有六，後二年丁酉，始成論孟集註、或問，今以答何書爲晚年定論，而以集註、或問爲中年未定之説，竊恐考之欠詳，而立論太果。」此忠告也，而陽明不受也。

馮如京

馮如京(一六〇二～一六六九),字紫乙、修隱,號秋水,山西代州人。明崇禎元年(一六二八)恩貢,十三年授灤州知州,遷永平府同知,清順治初擢知府,累官至江南右布政使、廣東左布政使。以母年高,乞致仕歸,卒,年六十八。嘗上疏直言崇理學、謹兵權、實京倉、慎邊守四事。著春秋大成、聖賢正諦、道學鈔、秋水集等。

秋水集卷一〇鄒子觀心約 節録

心豈易觀哉?善矣,夫施四明之言也,曰:天下病虚,救之以實;天下病實,救之以虚。昔朱晦庵當五季之後,豪傑皆溺於異説,故宗程氏之學,窮理居敬,使人知所持循;王文成當晦庵之後,詞章訓詁,雖賢者猶安於帖括,故明陸氏之學,使人知所反本。要之或實或虚,未有不約而能觀心者也。

刁包

刁包(一六〇三~一六六九),初名基命,字蒙吉,號用六,祁州人。少承家學,明天啟丁卯(一六二七)舉人,見天下將亂,遂棄舉子業,以學道自任。入清不出。孫夏峰避難過祁州,留與講學,心嚮之。既而見高忠憲之書,尤篤好。南游至無錫,與忠憲猶子彙旃訂交,盡讀忠憲遺書,遂稱私淑弟子。其學以謹言行始,論學由高氏上溯程氏,於陸王有微辭。於諸經尤深易、春秋。著有易酌、四書翼註、辨道録、潛室劄記、斯文正統、用六集。清史稿卷四八〇儒林傳一、清史列傳卷六六儒林傳上一有傳。

用六集卷一答孫容城徵君書

前承大序,爲斯文生色,謝不能口。不肖包,至愚極陋,荷先生提誨,不敢妄自菲薄。區區一得,因有道以受知於兩大老,因兩大老以受知於天下後世,功德豈有量哉!惟是日用工夫,茫無頭緒,日以「求放心」三字爲入手,而「憧憧往來,朋從爾思」,此物究竟不在腔子裏,奈何奈何!承諭「補瀉」之説甚善。包則以爲,孔、孟而後,越千餘年,或溺功利,或流虛無，或侈辭章，程子所謂「醉生夢死不自覺」也。尚論者，未嘗以是病孔孟。賴周、張、二程出，以迄於朱子集諸儒之大成，然後孔、孟之道如日中天。嗣是而後，遡正學，衍嫡派，代不乏人。至魯齋、草廬諸公，皆能力行小學，步步趨趨，不失尺寸，是果誰氏之力與？自國家以制科取士，士子役役於口耳之學，不復反諸性命，以求實用，陽用建安之名，而陰棄其實，然失之博雜者十之一二，失之寡陋者十之七八。不製方，不服藥，肆意鑿喪，以致陰陽失調，諸症交作，此而曰建安所傳染也，誣矣！冤矣！是故建安無病也。陽明亦何病？病在支離建安，而後人用其方，遂成虛症，牢不可拔。按脉切理，惟建安可以醫之。鄙見如此，未審有當高明否？

用六集卷一 答張梁水司空書 節録

孫伻到，捧讀華翰，如從天而下，斯文一刻，行將藉手以行於世，三不朽之業，寔攸賴焉，豈偶然之故哉？區區之愚，竊以爲今之談文者驕語先秦、兩漢暨唐、宋諸大家而不能以程朱爲軌範；講學者直推江西、餘姚暨楊、王諸君子而不能以程、朱爲歸宿。蓋自陽明支離晦翁，擬之鄭康成，擬之楊、墨，名公如海剛峰輩起而和之，程朱一辯，詖辭知其所蔽矣。夫不讀小學，大學不可得而入也；不讀集註，四書不可得而明也；不讀綱目，春秋不可得而繼也；不讀近思録，無以爲四子六經之階梯，聖人不可得而學也。文章則染霸氣，學問則溺禪心，漸漬没淫，日甚一日，欲望斯道之明且行也，其可得乎？包無知識，私抱杞人之憂久矣，夫是以不自揣量，有斯文正統之刻也。出而示人，鮮不按劍，不謂先生命世真儒，首加推許，歷序自古大聖大賢，而以八人、九人定其宗，確然爲正統左券，使旁門閏位無所置喙，猗歟休哉！

用六集卷一答戴滄州司農書其二

來教云，諸儒中有言尊德性者，非謂象山乎？有言道問學者，非謂晦翁乎？陽明先生嘗辨朱陸同異以答徐成之，蓋亦兩可調停，非其至也。竊意尊德性以本體言耳，道問學以功夫言耳。舍本體從何處用功夫？舍功夫從何處覓本體？兩者原自分左右袒不得。惟是德性命於天，自然之事也；問學成於人，勉然之事也。任乎其自然者，則失乎其勉然者。憑空去尊德性，如何當得？問學繇乎其勉然者，則得乎其自然者。真實去道問學，行見德性不期尊而自尊矣。請折衷於大學，可乎？尊德性者，誠意正心之謂也。道問學者，格物致知之謂也。謂格物致知而後意誠心正則可，謂誠意正心而後知致物格則不可。是故朱可以盡陸，陸不可以盡朱，此固其明徵矣。姑以一節言之。如象山於太極圖、通書及西銘俱有疵議，豈非道問學之功未盡善乎？而梁溪蔽以一言曰「心麤」，便是於德性有未圓滿也。晦翁一一表章而著明之，直與門子六經同炳日月，或者以爲道問學之極功，而實則尊德性之極詣矣。蓋問者問此德性也，學者學此德性也。道問學正所以尊德性也。張橫渠曰：「書以維持此心，一時放下，則一時德性有懈。」夫書未足以盡問學也，而已足以成德性，況繇此理而窮之以求至其極乎？若夫言天理者，則程子也。程子曰：「吾學雖有所受，『天理』二字却是自家體認出來。」蓋天理者，天然自有之理，所謂天得之爲天，地得之爲地，人得之爲人者也。雖愚夫愚婦，外此二字不得。雖大聖大賢，私此二字不得。程子亦惟與天下萬世共繇之。然天理是德性，體認天理便是道問學，即本體即功夫矣。至於陸子之言，先立其大也，原本孟子，而特標宗旨以爲學爲教。夫挈領提綱自是吾儒真本領，然視步步脚踏實地之學有間矣。且也大是德性，先立其大，便是道問學，非外功夫以爲本體也。白沙之主静也，即孔門默識之學也。昔程子每見人静坐，便嘆其善學。李延平教人静坐，觀喜怒哀樂未發時氣象，其淵源有自來矣。陳子特標宗旨，以爲學爲教，欲學者静中養出個端倪來，固是吾儒真操存，然其言静也，曰「求之心不必求之學」，則未可以爲訓矣。且也，静是德性，主静便是道問學，非外功夫以爲本體也。陽明之言良知也，即孔門明德之學也。當年學者或溺於詞章，或泥於訓詁，幾不識良知爲何物。王子特標宗旨，以爲學爲教，掃蕩廓清，固是吾儒大功德。然而處處牽合，至謂蘇秦、張儀亦得良知妙用，則未可以爲訓矣。且也，良知是德性，致良知便是道問學，非外功夫以爲本體也。

來教云，門徑雖殊，堂奥無二，誠然哉。弟則更有進焉。竊謂象山、白沙、陽明三先生者，升堂矣，未入於室也。入室者，其惟濂、洛、關、閩乎？來教云，中庸「其所不睹不聞」與「莫見顯之隱微」及「未發之中」是一是二？是義也，姚江、新鄭嘗合而一之矣，晦翁嘗析而二之矣。愚則曰皆是也。以爲一而未嘗不二，以爲二而未嘗不一者也，何也？論本體則無形可見，不睹也。無聲可聽，不聞也。不睹不聞，不亦隱微乎？然無形也而形，形之理畢具；無聲也而聲，聲之理畢具，莫有著見顯明於此者矣。夫無形無聲而確然有不易之理，則未發之中，端不外是，先儒所謂沖漠無朕、萬象森然已具者此也，所謂體用一源、顯微無間者此也。本體渾淪，是一不是二也。論功夫，則不睹不聞，己所不知也。戒慎恐懼，靜而存養也。獨睹獨聞，人所不知也。慎莫見顯之隱微，動而省察也。靜而存養、動而省察，則喜怒哀樂未發無不中矣。夫未發之中，人皆有之，惟是動靜無以致其力，則私欲膠擾，偏倚萬端，烏睹所謂大本者乎？功夫積漸是二不是一也。來教又云：「存誠涵養、閑邪克治，孰先孰後？」竊以爲學者莫先於閑邪，非禮勿視聽言動，皆閑邪也。程子曰：「閑其邪者，在於言語飲食進退與人交接之際。」此語其學者金石乎！蓋邪閑則誠自存矣，閑邪正所以克治非，閑邪之外復有所謂克治也。存誠正所以涵養，非存誠之外别有所謂涵養也。孔子於乾之九二云「閑邪存其誠」，梁溪先生困學記云：「冬至朝天宫習儀，僧房静坐，忽思閑邪存誠句，自覓本體，覺得當下無邪，渾然是誠，更不須覓。」繇此觀之，亦可以知所先後矣。

以上數義，要皆從明問所及者一一披衷以對，其餘偶爾未及，而區區之懷尚有欲吐者，則敬之一字是也。程子曰「涵養須用敬」，非獨涵養爲然，凡明問所及者咸資之。蓋敬者，聖門傳心要典，而吾輩希賢希聖希天之階梯也。若於此放過，則數義皆有未盡矣。故敢獻諸左右，聊當野人之芹，伏惟不我吐棄，幸甚。

用六集卷三答范定興銓部書

捧讀贈言，渾渾灝灝，逼真三代以上，非晚近操觚者所可同日語也。服謝服謝。程朱、陸王之學聚訟久矣，前偶爾及之，蓋以平生所疑，一一印諸梁溪，而涣然自信。梁溪者，忠憲高先生景逸，死璫禍者也。及門高第弟子稱其微妙踰薛，純實無弊勝王，包不勝心折。兹者遠承明教，縷縷數千言，皆先輩所躬行而實踐之者，相愛豈有量哉。惟是内省平生所學，終有不自安者，敢披肝膈以告，幸高明垂聽焉。憶徵君先生嘗以甲午之夏，訪蓬玄先生於東昌。蓬玄出高子遺書及涇陽、少墟兩先生集讀之，反復商榷，折衷大中，越浹旬西歸。

徽君有「疑闢歧路幾分明」之句，此載在遊譜，而搆斯馬令親嘗口述焉，包因是粗有領會。

竊謂孔子之道，見而知之者，顏、曾、思、孟也；聞而知之者，周、程、張、朱也。舍周、程、張、朱而求顏、曾、思、孟，猶舍顏、曾、思、孟而求孔子，必不得之數也。不謂高子先得我心同然，業已條分縷析，筆之於書矣。來諭繇孔門而及孟子，繇孟子而及象山，繇象山而及伯安，則是江西、餘姚直接鄒、魯之傳，將置濂、洛、關、閩於何地乎？又云：「近思、傳習原是一書。晦庵、象山原非水火。」此曲爲調停之言也。夫以晦庵、象山爲水火，誠過矣。然而同歸者原自殊途，蓋象山之學，從致知入，在孔門爲捷徑；晦庵之學從格物入，在孔門爲定本。此毫釐千里之差，梁溪辨之最中情實者也。若謂近思、傳習原是一書，包固未敢以爲然。蓋近思經晦庵采輯，粹然一出於正，誠所謂四書、六經之階梯也。若傳習録出門人之手，疵累儘多。熟讀近思，當自得之，亦豈可以筆舌罄哉！嘗試約略一二，如宗旨中首云「無善無惡心之體」，終云「爲善去惡是格物」，此兩言者，果可爲訓否乎？傳習云：「至善者，性之本體也。」又云：「性無不善，故知無不良。」此孔門嫡傳，胡爲乎又以無善無惡爲心之體也？心即性也，無惡可矣，無善可乎？則其所傳而習之者，得無自相矛盾乎？夫無善之説，倡於佛氏，和於告子。今既明明襲其説矣，而又嘐嘐自命曰「我之無善，異乎佛氏、告子之無善也」，其誰信之？若夫爲善去惡，與格物全無干涉，而强以當孔氏入門第一義。梁溪不云乎：「陽明所謂致知格物者，致吾心之良知於事事物物也。致吾心良知之天理於事事物物，則事物各得其理矣。事物各得其理，格物也。是格物在致知，知致而後格物也。」又曰：「物，事也；格，正也。但意念所在，即要去其不正，以全其正。」又曰：「格物者，格其心之不正以歸於正。是格物在正心誠意，意誠心正而後格物也。」如此折難，恐陽明復生，當亦不能爲之辭矣。不特此也，以晦庵爲影響，爲支離，往往厭薄而有所不屑。及其柬整庵羅先生，直謂「昔人之尊信楊、墨，不減於今人之崇奉晦庵。」惡是何言也？幸而人心之靈，莫不有知，未至行其言耳。其言行，則繼往聖、開來學之功，所不掃地者幾希矣！

包嘗有言曰：「朱子學似顔子而功過之，如註四書，集小學，作綱目，表章太極圖、西銘之類是也。功似孟子而學過之，夷考其生平，博古通今，無不讀之書；仰觀俯察，無不窮之理；形而上、形而下，無不優爲之事也。其庶幾孔門中行者矣，狂狷不足以盡之也。若伯安與象山，曠世相感，其穎悟似子貢，其文學似子游、子夏，謂之狂也可，謂之狷也可，謂之中行則未也。」大抵悟有頓漸，修有淺深，立功於吾道有大小，分統於斯文有正閏，以爲水火，誠過矣！殊途者，又何嘗不同歸乎？此方今學者第一吃緊事，所賴銅筋鐵脊漢爲宇宙擔此重擔，以登孔氏之堂而入其室，竊於先生有厚望焉。包不揣，嘗綱羅梁溪諸君子遺稿爲辨道録，首儒，次性，次學，次書，亦欲使格物之學，曉然復明於世。所愧學疏才劣，鰓鰓焉有不勝任之憂，惟先生不棄而終誨之。

用六集卷五辯道録序 節録

自姚江倡良知之學以爲辯端，讀其文章，津津乎蘇、韓矣，而以理學爲文章，則蘇、韓遜席；考其事功，巍巍乎韓、范矣，而以理學爲事功，則韓、范退舍。至於道德之醇，節義之嚴，則又近而比隆於周、程、張、朱，遠而媲美於顔、曾、思、孟。若後學新進，敢出而疵議之，不亦過乎！雖然，吾見其辯儒也，右陸左朱，而儒之正閏無以辯；吾見其辯性也，以無善無惡翻案，而性之源流無以辯；吾見其辯學也，以不思不勉樹幟，而學之安勉無以辯；吾見其辯書也，以禪學證聖學，而書之異同無以辯。包不敏，心竊疑之，思一辯而未得其辭也。及讀困知記，然後知整庵羅子當陽明之時，同以講學明道爲事，其於傳習録暨朱子晚年定論，辯之至詳以確，惜陽明未能受盡言，而四方學者雲從響應，故整庵之學，晦没而無傳。幸景逸高子、涇陽顧子、仲好馮子一時鼎興，其著書垂訓，一稟有宋正傳而不悖羅子，於是泰和之書復出，而其學亦漸明於天下矣。包也焚香卒業，深有當於心，遂各擇典要，分爲四種，彙輯成編，以告天下來世之學道者，僭不自量，閒亦附以己意。嗚呼，注杯水於江河，豈能益其深；燃爝火於日月，豈能益其明。然而涓滴之細流，未敢自竭也；希微之末光，未敢自滅也。以注以燃，以示私淑四子之意。此四子者，豈好辯哉，蓋亦有所不得已焉耳。

用六集卷一二上谷會語仁輔會問答

朱陸之辨，聚訟久矣。雖先儒嘗爲折衷之論，而是非究未大明於世也。以予觀之，朱子集諸儒之大成，其學幾顏子而功加多，其功幾孟子而學加密，在聖門庶乎中行者矣。象山穎悟當如子貢，文學當如子游、子夏，升堂之與入室，固未可同年而語也。使當時遜心晦翁，若端木氏之於顏子，所進夫豈有量？而乃憑臆自用，於周子之太極圖則非之，於張子之西銘則非之，其與王安石之斷爛春秋何異哉？幸朱子反覆開示，而終不能降志相從也，則其學亦大段可知矣。嗣是而後，朱學大行於世，學者指陸爲異端，未免已甚。是以程篁墩諸公紛紛焉代爲辨析其意，不過謂陸之學原不悖朱，非敢駕朱而上之也。迨陽明氏興，推尊而表章之，直以之上接孟氏，而支離朱子，比於楊、墨，蓋邪説所當息者。龍溪、泰州之徒起而和之，浸淫至於周海門輩，日甚一日，遂使無善無惡之言充塞一世。此學術明晦一大關頭也。學者無志於聖人之道則已，學者而有志於聖人之道，也須從此處着眼着力，或體諸身心，或察諸事物，或考諸經史，務求至當不易，以正王陸之失統而歸之晦翁。則從古八大聖、九大賢屈指可數，而道統之傳於是爲不誣矣。方今第一等事功，其在斯乎？

潛室札記卷上

朱子之教學者曰：「半日静坐，半日讀書。」景逸先生益之曰：「静坐以思所讀之書，讀書以考所思之要。」余不揣，又益之曰：静坐以思所讀之書，與禪學之寂滅異矣，庶幾日有所得而不至於殆。讀書以考所思之要，與俗學之記誦異矣，庶幾日有所得而不至於罔。然則孔、朱之教豈有異指耶？陽明願學孔子者也，而力詆朱，吾不知之矣。

温公，大賢也，生平不甚滿孟子。陽明，大儒也，生平不甚滿朱子。二著病則一般。

潛室札記卷上

涇陽先生既知朱子表章太極爲元功，則子静力詆無極，比諸老氏，可不謂過乎？既知朱子與孔子同爲萬世師，直配享孔廟，則陽明誣以支離，比諸楊、墨，可不謂過乎？明於朱子之功，陸、王之過，然後正閏異同之辨，可得而言矣。

文公説書，以理會聖人立言之旨爲主，即偶有不合聖人立言之旨處，卻無不合聖人之理處。文成及慈湖、龍溪諸公，往往不得聖人之理，又安望其得聖人之旨哉？

潛室札記卷下

朱子學似顔子而功過之，功似孟子而學過之，聖門之中行也。子静進取，其學其功當在子游、子貢之間，豈能與曾子相頡頏乎？陽明之徒，直以接孟氏而朱子不與焉。噫，誣也甚矣。海剛峰述陽明之言曰：「今人尊信晦庵，猶昔人之尊信楊、墨也」。噫，此非陽明之言也，如其言，陽明不得入廟矣。

胡統虞

胡統虞（一六〇四～一六五二），字孝緒，號此庵，湖南常德武陵人。崇禎十六年（一六四三）進士，入清後，歷官國子監祭酒、秘書院學士等職。著有明善堂集、此庵語録及三家撮要等。事迹見碑傳集卷四四内翰林秘書院學士降補侍讀學士胡先生統虞墓誌銘。

此庵講録卷七成均講録 節録

曹立之曾有書與象山曰：「願先生且將孝悌忠信誨人。」象山曰：「立之之謬如此，孝悌忠信如何説『且將』？」蓋當時各以陸子静之學爲近於禪，故曹立之云，且將踏實處與人説。不知陸象山之所以立教者，原不曾離卻孝悌，别有教人之法，所云「先立乎其大」，立此也，大莫大於此也，先莫先於此也。任你説到極玄極妙處，莫須只是了得孝悌邊事；任你説到極廣極大處，莫須只是了得孝悌邊事。所以象山捉住他破綻，□處一點，説道箇「孝悌忠信如何説且將」。若非陸子静，幾乎爲曹立之奪去了。雖然，象山亦有錯處。下略

此庵講録卷八萬壽宫講録　節録

若要問得無極，惟須認得程子所云「人生而静以上不容説」，便能親見周子之所謂無極，此一句便是朱、陸異同原本。陸子之學捷於朱子，自不須説。然此段異同，卻是陸子静的不是。其説始於子壽誤認無極是有義謂的，遂説易繫止云太極，如何杜撰出無極。不知伏羲、文王，一畫一繫，亦並無「太極」字樣。「太極」兩字，是夫子從周易中逆推至伏羲一畫未有之始，劈空悟出這個道理，遂云「易有太極，是生兩儀」。濂溪又從夫子「太極」二字中，窮究發揮，亦劈空悟出這個道理，遂云「無極而太極」。至矣哉！朱子之言曰，其所謂「無極」者，猶云無這光閃閃的物事。而人反謂有這光閃閃的物事，亦獨何哉？若謂陸子杜撰，連夫子「太極」兩字亦是杜撰，並伏羲一畫都是杜撰乎？下略

又問：「尊德性」一節，有云每句上截是尊德性，下截是道問學者，有云每句實字是德性，虛字是尊德性者，還是如何？先生曰：只爲如此破裂，所以起朱陸之異同。天下有除卻德性再可談問學者？有除卻道問學再可云尊德性者？合「尊德性」五句，總是個修德凝道。

曹木忻問：大學「格物」，朱子以爲窮理，陽明云心即理也，有格其不正以歸於正之説。夫格其不正以歸於正者，將止求之於心耶？抑尚不遺物理耶？若不遺物理，則朱子之言爲無弊矣。倘止求之於心也，吾恐事物之理未明，終不能知明處當也。先生曰：聖賢立言，原極活潑潑地，儒者將作刻舟求劍，反看死煞了。聖經原從物有本末上，歷數古人知先之學，直到致知，别無先着，就在有本有末處，格出個本來，争先做起，所以再莫先於誠意。朱仲晦截斷誠意數者，而單言格物，故少不得説向窮理。陽明看出他破綻，説個心即是理，蓋謂從來無心外之理，若使理有可窮，則窮理者何物，豈非於心外取理？故看格其不正以歸正之説，總是各陳自家見地，於聖賢立言之旨，均未親切。吾賢又要坐在朱、王兩儒理窟裏殺死虎，豈能自出越格之見耶？惟有末句云，「恐事物之理未明，終不能知明處當，爲極近裏着已」，將謂事物之理既明，便能知明處當耶？如今滿世界人那一個不是自信得明事物之理的人，然誰是知明處當者？請問吾賢：明事物之理的是什麽？認得此個物事，將事物到前，都欺蔽他不得，更有何物理遺在他外？故曰：「明此之謂明善，格此之謂格物，致此之謂致知。」

此庵講録卷一〇復吕見齋

問：「太極無極之説，學者尊之如著龜，然及陽明，有『無善無惡』句，遂起後人多少貶駁，只因語同告子『無善無不善』，乃目陽明之學爲異端。曾過江南，與二三學者偶論及此，皆若驚走，不敢信從。近嘗自參勘，亦不無疑議，將謂陽明非耶？不知與無極何異？將謂陽明是耶？不知與告子何殊？此處關係學脉匪渺，敢請暢發俾萬世宗向。」

先生留心最久，故别無泛問。僕二三年來求一善問者不多得，以其開口非分别則膠執己見，縱有所問，甚不親切。夫學者尚論所以定宗，除卻大聖人執兩用中，以降即是大賢，少不得亦有些習氣，此是聖賢毫釐之差，所謂相隔一間。即如無極而太極，肇自周子，演於二程，發明於考亭。後因象山與考亭書，蓋因陸子壽曾以太極圖説非周子之書，即使出自周子，亦必定非明道以後之説。考亭不謂然，象山深是其説。此處便當着眼，何也？象山平日學問較考亭爲得其宗，故考亭晚年悟道，亦自悔從前支離；至欲膠執子壽之論，而以無極爲杜撰，則象山習氣之未除也。如云古無「無極」字，劈空立出，則爲杜撰。伏羲畫易，文王繫辭，亦並無「太極」字，「太極」二字，起於吾夫子，則夫子亦爲杜撰乎？夫子「太極」二字，是由六十四卦遡至乾坤父母，從乾坤兩卦遡至止畫未有以前，故立太極名色。周子又從太極源本遡到言語不可形狀處，立箇無極，此處真是萬聖同源，萬理同會，至當而不可易，至大而不可名，一毫善也着不得，何況不善？陽明覰到此，所以曰「無善無惡心之體」，當時不在道中人不曾深入姚江堂奥，並不曾全領姚江宗旨，止是道聽途説，聞得姚江有「無善無惡」之論，遂群詆爲異端，抑曾少知陽明「無善無惡」之語，爲直覰到性善本源而立論哉？如謂此言之不然也，曾記姚江因薛侃去花間草，便及「善惡」兩字，侃曰：「然則無善無惡乎？」陽明曰：「無善無惡者，理之静；有善有惡者，氣之動。不動於氣，即無善無惡，是謂至善。」此段具在語録，學者知此則知告子之所謂無善無惡者，落在漭漭蕩蕩一邊，陽明之所謂無善無惡者，卻站在萬善同歸，並無一善可建之地，豈告子善惡混之義哉！

此庵講録卷一〇與陳百史

從來講學分中不嫌同異，但求同異中各無我耳。陸子静云：「彼間無考亭，此間無象山。」非乎？又云：「今日究明此理者，惟吾與朱仲晦二人而已。」相許如此，而相駁甚切，則知古人求學之公矣。僕不敢望先生標榜以濟僕之辨，實望先生明辨，以留鄒魯一脉於今日天壤間。僕亦不敢謂姚江以後當續一燈，第惟恐姚江學問從今日世界一斬，皆我輩之罪也。先生以爲何如？

陳確

陳確（一六〇四～一六七七），初名道永，字非玄，浙江海寧人。明諸生，師事劉宗周，然性不喜理學家言。入清後改名確，字乾初，隱居鄉里，闇然自修，潛心著書。著有大學辨、葬書、瞽言等，收録於陳確集。清史列傳卷六六儒林傳上一有傳。

陳確集文集卷八秋遊記 節録

上略。壬寅，以祝子病，未買舟，而餘杭鮑長孺適至。其學本程朱，詆象山、陽明之説，而祝子喜象山。兩家之論，是以未合。余就而平之曰：「無庸也！人非堯舜，安能每事盡善？立言亦然。孔子至聖也，莞爾於武城曰：『割雞焉用牛刀。』既而悔之，曰：『偃之言是也，前言戲之耳。』喜怒哀樂之未發謂之中，發而皆中節謂之和。牛刀之喻，喜之失中者也。況自聖人而下，而曰千萬言而無一失，吾不信也。由此觀之，自曾子、子思之論學，已不能無失中之弊，而況程朱、陸王乎！是以君子取其所長，舍其所短。諸子者，吾誠不能必其説之無不善也，而其所爲善固已多矣。吾子若何舍其所善而攻其所不善也？苟徒舍其所善而攻其所不善，奚必諸子！雖聖如周、孔，猶將有遺議焉。求當於吾子之意，不亦難乎？故古聖之求善，若芻蕘皆可師也。今人之求不善，雖載籍之賢者，猶若不足爲吾之弟子也。此人心世道之所以日壞也。善乎先生之教余曰：『學者務輟我見，去勝心，取衆人之善以爲善，斯無遺善矣。』大舜之所以爲大，從人而已矣；孔子之所以爲聖，無我而已矣。人苟能學大舜、孔子，則諸子者皆足以助我高深者也，何所用非之也！如其未然，長浮辨，墮實修，將欲求爲諸子不能，而暇非之乎？惜哉！鵝湖之會，二子勝心未去，不能相益，而祇以相爭，末已。今之賢者而又代爲之争焉，愈末已。」

陳確集别集卷一五與吴裒仲書 節録

上略。程朱、陸王，皆卓然爲兩代大儒；至其言學，皆不能無偏。學者正可劑其同異，以求大中，則並是聖門之顔、閔矣。夫言語、文學皆優登大聖之堂，況如四子之德行卓卓者，而重隔别之，若中國之與夷狄，不亦重可悲歎矣哉！程朱何嘗不教人存心？陸王何嘗不教人窮理？從所言之異耳。有聖人者出，必能一之。而老兄至以象山、陽明之説，其流毒比之洪水猛獸，亦已過矣。

弟向未嘗讀象山、陽明書，是夏始從舍侄處借象山集，從許欲爾借陽明傳習録。略讀之，亦確然仁人君子之用心，至其言詞痛切處，雖弟之頑頓，亦時爲之隕涕。嗚呼！誰無人心者，而重擯絶之，使若不得與於儒者之數乎？何其忍也！

然弟於陽明子，惟「知行合一」之説，深信不疑；至其深信古本，及説盡心章等處，私心亦深有未安。於程、朱，惟表章大學爲聖經，竊以爲不然，而其他言學切實處，亦多有先得我心者。古之君子，皆以不同爲同；而今之君子，必欲以同爲不同，惑亦甚矣。夫水火，異用也，而爲既濟。況同誦聖人之言，同行聖人之行者乎？嗚呼！今之君子，何設心之隘也！

即弟謂諸儒之學未免雜禪者，非全詆其非禪學也。如地師之定向，有七分子午，兼三分癸丁，或三分壬丙者。雖其或兼三分癸丁，三分壬丙，而確然爲子午向，不可誣也；雖其確然爲子午向，而其實兼三分癸丁、三分壬丙，亦不可誣也。今諸儒皆確然聖學，而其議論之夾雜，不能無近於禪者，亦不可誣也。雖諸儒之夾雜，實不害其爲確然聖學；而後賢罔識，或反遺其確然聖學之實功，而深奉其夾雜禪學之虚論，則人心之蔽塞，聖路之榛蕪，將何由而通闢哉？

陳確集別集卷一六答張考夫書 節録

上略。弟之不足教，固亦已矣。至又罪及陸王之學，比之洪水猛獸，此何語也？且弟之辨大學，於陸王何與，而上累之耶？陸王亦嘗言格致矣，雖所言與程朱不同，其深信大學則一也。程朱之説非，則陸王亦非矣。弟説絶不本陸王，而吾兄深罪之，豈非所謂「行人之得，邑人之災」乎？何其聽之不審而刑之太濫也！

王門言學，誠不爲無罪。龍溪以下諸子，轉説轉幻，流而爲禪者有之，要豈可以追戳陽明哉？古之聖賢，亦有幸有不幸。雖以孔子之聖，七十二子之賢，然當是時，顔子早殀，曾子年最少、質最魯，孔子之道，亦岌乎若一髮之引千鈞。向無曾子，則如子夏、子張輩，各竊其説之近似者，轉相授受，數傳之後，不復知孔子之道爲何物矣，况陽明子乎？堯、舜之後皆不肖，而禹子獨賢，禹不以是加聖於堯舜，堯舜之道終必爲萬世宗師。燕噲、子之之假竊，果足以累堯、舜哉？程朱、陸王雖其言學不無少異，而要其所爲同者自在。世儒於程朱、陸王之學，曾未睹其萬一，而紛紛然各以其私意輕相詆誹，於程朱、陸王奚損乎？多見其不知量耳。

若其辨學之言，是非曲直，亦昭然可見。象山闢無極一書，辭雖少戇，而理較直。朱、王格致之説，大抵皆爲大學所困，而知行合一之言，則固百世不易也。議者謂晦庵一於道問學而疑其支離，象山一於尊德性而疑其空寂，皆失其實者。晦庵未嘗不尊德性，象山未嘗不道問學，但在象山則有尊德性而道問學之意，在晦庵則有道問學而尊德性之意，此亦二賢之本末也。當時二子雖所見不同，而立身行己並卓然無愧，所謂不同而同也。而傳之後學，則亦有毫釐千里之繆，故當時皆斷斷持之耳，豈可獨罪象山哉！

孔子本言「性相近、習相遠」，孟子偏言性善；中庸已分知行，陽明子偏欲合知行；大學明言先後，陽明子偏言知行無先後：此豈徒駕爲新論，以高出前人哉？皆不得已也。孟子道性善，爲自暴自棄一輩而發；陽明子合知行，爲知而不行者一輩而發。言雖有爲而發，然各有所本，故必可傳也。

易言窮理盡性，可見未窮之理不可以爲理，未盡之性不可以爲性。中庸言至誠能盡性，可見誠有未至，即性有未盡。以未盡之性爲性，是自誣也。故性善之言，千古不易也。不知必不可爲行，而不行必不可爲知，知行何能分得？然中庸先自下一注腳矣，曰「誠則明，明則誠」，是無先後之證也。「道之不明」節，言「不行由不明，不明由不行」，是知行合一之證也。故合知行之言，亦千古不易也。故弟嘗謂陽明子之合知行，決可與孟子道性善同功。但以之言學則可，以說大學則斷斷不可，此亦陽明之一蔽也。弟非肯象山、陽明者，因兄詆訾二子之學，故略疏其大端如此。若銖稱而寸較之，則象山、陽明之言亦時有偏，此或其傳習之訛，然弟亦不能盡爲之諱也。

至於格物擇善之功，宋、明以來儒者宜無過陸王，但其所謂擇，不同俗學之瑣屑耳。而兄若以謂二子少之，何耶？今儒者之所爲講明之學，決非窮理擇善之功可知，明道云「只窮理便盡性至命」，最見道之言。蓋必知行俱到，而後可謂之窮理耳。弟嘗竊語同學，學固不可不講，然毋徒以口講而以心講，亦毋徒以心講而以身講，乃得也。孔門之言仁者，如端木、司馬、樊遲之徒，並孜孜請教。至於樊遲之問，尤一而再，再而三講之，不可謂不熟矣。然真能請事者，自顏子、仲弓而外，無聞焉。向使以樊遲之能熟講，而責顏子、仲弓以不能熟講，而輕於從事，則大可笑矣。今以下學而議象山、陽明之疏於窮理擇善者，何以異此？若學者自以爲是，而不復遜志於格物擇善之功，此正自絕於象山、陽明者，而豈象山、陽明之學哉？

中略。尊意諄諄以弟之妄言累歸獄於王氏，益爲冤枉。來教云弟於王氏之書，誦之熟而信之深，故一種傲然自以爲是，前無往聖，後無來哲，目前儕輩皆可弟子視之之意，有不自知其然而發現者。嗟乎，弟於王氏之學，正愧誦之未熟，信之未深耳。果誦之熟而信之深，則必不敢自以爲是。果自以爲是，則正其未得王氏之毫末者。陽明豈教人自是者耶？弟於象山之説，未許者十之三四，於陽明之説，未許者十之一二，正不敢效時賢之各護門户，是則全掩其非者。所深信不疑者，惟陽明「知行合一」之説耳。而兄之言曰：「言知先行後可也，言知行並進可也，不當倡知行合一之説。」夫既曰知行並進，則必不可曰知先行後矣，此矛盾之説也。今陽明之言俱在，雖聖人復起，能易之乎？學者自錮於私意，不復體察耳。

尊教謂弟於雒、閩諸書，豈云不讀，只是以先入者爲主，而操我見以權衡之，未嘗遜心抑志而奉之以爲規矩準繩，如弟子之於先師也、子弟之於父兄也，故多見其可議耳。宗程朱者，以此議王氏之學；宗王氏者，亦以此議程朱之學，豈復有定論乎？善乎象山之答晦庵曰：「甲與乙辨，方各是其説；甲則曰『願某乙平心也』，乙亦曰『願某甲平心也』，平心之説，終難明白，不若據事論理可也。」斯言當矣。弟讀言學書而隨之以淚者，惟於陽明爲然，是豈徒浮辭之相許哉？有由然也。致良知之説，至今日已不可方物，絶非陽明本旨，董蘿石曰：「所謂良知，只是能知過；所謂致良知，只是能改過。」此陽明之旨也。良知未可謂知，必實致其良知於行，然後可謂之知，此「知行合一」之説也。故陽明之言曰：「知而不行，只是未知。」此極真切語，即伊川傷虎之説，萬無可疑者。而於伊川則信之，於陽明則疑之，好惡之能蔽人，至於此乎？

良知猶言良心，致良知猶言盡心。而陽明子沾沾以致良知爲言者，亦是牽於大學致知之説而爲之詞耳。陽明子深痛世之人皆放失其良心，故發此論以救之，至仁之心也。誠使斯人皆心良心之心，言良心之言，行良心之行，天下豈復須治耶？雖唐、虞至今存，可也。蓋存乎人者，孰無仁義之心？呼爾與之，乞人不屑；蹴爾與之，行道之人勿受。雖殺人行劫之盜，見孺子入井，必有怵惕惻隱之心。小人閒居爲不善，無所不至，見君子而後厭然揜其不善而著其善，此則小人之良心也。故雖極惡之小人，其心未嘗不知善之當爲與不善之不可爲；但雖心知之，而不能力致之以必爲善，而必不爲不善耳。後世知行之學分，其流必至於此，此大可痛也。

陽明子不翅如痌瘝之在身，不暇審擇其音，大聲而疾呼。今日説致良知，明日説知行合一，若不察其聲而循其迹，誠若有可罪者。嗚呼！是豈獨陽明子而已，雖古聖人之所爲，而一以常理求之，將不勝其罪。舜、禹之受禪，湯、武之興師，伊、周之居攝，孔子之作春秋，苟律以世儒之繩墨，其何辭以免？況陽明子乎？孔、孟以後，學者無真是非，大抵皆子莫執中之學。執中以議不中，而不知己之所謂中者，非真中也。庸庸之論，以象山、陽明之過於痛切，遂詆其爲倡狂態肆，爲怒呼叫號，無儒者和平氣象，是何異斑衣舞笑者之議疏衰哭泣乎？不情甚矣。

一天下也，在唐、虞則揖遜，在殷、周則征誅，必欲行堯、舜之揖讓於桀、紂之時，則斯民無噍類矣。一彎弓而射也，於越人則談笑，於其兄則涕泣；若復效越人之談笑於其兄之旁，則至親等行路矣。羲皇畫卦，而中古之聖不能無憂患之辭，考之詩雅，正始之音絶不復見於幽、平之世，故詩、易則言隨之異矣。自在孟子，已不免發揚蹈厲之意，楊朱、墨翟世所稱獨行之士，至比之禽獸；仲子之廉，謂不蚓若。至如告子、許行、白圭之徒，並擅當時之譽，有高世之行，而孟子辟之皆不遺餘力，何其無渾厚含容之德哉？蓋有所不得已也，況學絶道喪如象山、陽明之日乎？閹然媚世，以爲和平，非陽明之所不能，所不爲也。良知謂何耳？陽明被謗，門人問其故，曰：「吾鄉來猶帶鄉愿意，近見得良知親切，始成一狂者。」嗚呼！是未易一二爲俗儒道也！獨其尊信古本大學，則去程朱之改本不能以寸。弟自以謂五百年來學者，大抵皆爲大學所困，深可痛也。弟辨大學，既異程朱，亦倍陸王矣。而兄前後手書，口口歸獄王氏，寃痛何如！

吾兄又云：「信心之有弊，不如規矩、準繩之無失。」誠哉是言！第規矩、準繩故在也，大匠用之而成，拙匠用之而敗，則非規矩、繩墨之異，而所以用規矩、繩墨者之異也。豈亦所謂「運用之妙，存乎一心」者耶？乃一道着「心」字，便以西來直指之説誣之，是使後之學者，絶口不敢言心學也，豈通理哉？弟觀象山、陽明集中，亦並無直指心體之説；若其近似者，雖程朱書中亦有之，豈獨陸王？凡論人須使心服，乃不當附和雷同，以相毁詆，以西來罪陸王，竟是莫須有之獄，豈止如來教所云「以嫌疑殺人」而已哉！

即兄過督弟以挾長挾賢，敢不知罪！然是孟子責滕更之言也。孟子之道，高於當世，滕更之愚，不宜有挾，故孟子直以示不屑之教耳。今不肖弟之愚即過滕更，而吾兄之賢或猶遜孟子，乃遽以此申明不答之意，以滕更處弟，而以孟子自居，意者吾兄之挾，又有在賢長之上者乎？雖然，此弟之妄言也，吾又烏知兄之學不已進於孟子乎？言富於情，何施不可。兄心上果自信得過，即以有挾責弟，庸何傷？伊尹之以先覺自任，孟子之以師道自任，又孰得而議之，願勉旃，毋自退悔，斯道幸甚！

學何嘗廢準繩，要以孔孟繩諸儒，則曲直立見。弟至愚陋無知，然所言皆樸實有據，非泛説者。亦豈敢云獨得之見，要只奉孔孟爲規矩準繩而已。故知陸王之得，亦未始不知陸王之失；知程朱之失，亦未始不知程朱之得也。

朱鶴齡

朱鶴齡（一六〇六～一六八三），字長孺，號愚庵，吴江人。明末諸生，入清不仕，屏居著述。少喜讀離騷、文選，入驚隱詩社，長於詩文箋疏之學，先後箋注杜甫、李義山集行世。與顧炎武爲友，顧以原本相勗，乃致力於經注疏及理學。有愚庵小集十五卷行世。清史稿卷四八〇儒林傳一、清史列傳卷六六儒林傳上一有傳。

愚庵小集卷七陽明要書序

宋儒理學，莫粹於濂溪、明道，一再傳而爲考亭、象山。象山直探原本，注脚六經；考亭博極散殊，窮研著述。吴幼清以爲一主尊德性，一主道學問，二家各尊所聞，行所知，持論多齟齬不合。至無極太極之辨，象山掊擊再三，考亭亦無以難也。後世儒者多右朱而左陸，遂疑象山爲禪，不知聖賢之學皆心學也。文章之盛，所以明此心；節義之嚴，所以持此心；事功之大且久，所以驗此心。心惟無一有，故能無不有。無一有者，心之無待而神；無不有者，心之隨感而現。孟子曰：「仁，人心也。學問之道無他，求其放心而已矣。」此千古學論準的，而何疑於象山哉？夫禪之與吾儒異者，其始離動求静，其既欲以静攝動，惟岐體用而二之也。岐體於用，故專守其空寂；岐用於體，故旁出爲神通。若象山之學，則皆本明道静亦定，動亦定，無内外，無將迎之説，雖功施未究於天下，而立言垂教，務使學者返求之心。其言曰「心之神明是爲聖」，此固孟氏之嫡傳宗子也。後三百餘年而陽明先生出焉，以致良知爲宗，大闡心學，困踣蠻徼，而此心愈明，驅馳軍旅，而此心愈定，驟膺艱大，更歷謗疑，而此心愈不動。自來有用道學，無踰先生者。蓋其學即象山之所以學，其教即象山之所以教而已矣。世之以禪疑先生者，特因其掃除聞見，往往彈射考亭。吾謂此非真彈射也。俗學崇奉考亭太過，遂至溺惑於語言文句之間，舉其曰主敬、曰窮理、曰豁然貫通之精義，盡汩没無餘。先生出而灑然正救之，其彈射所加，正羽翼之深意，而世顧以疑象山者疑先生。然則孟氏所云「求放心」，不學慮者其亦將爲竺乾之導師，梵夾之賸語矣乎！先生高弟子爲錢緒山、王龍溪。龍溪放談，其流弊至爲顔山農、何心隱之徒；緒山恪守師説，今全書其所手定也。顧名目紛糾，義例雜出，其駁而未純者，不免間有。幾亭陳先生自未第時，已覃精理學，取先生之書，剪截而刊定之，宣其義藴，一其指歸。大廷尉葉公刻之廣中。於是先生之宗旨，始粲然大明於天下。嗚呼！心學之不講久矣，學者誠取此書而沈研省發，去其詞章之俗尚，與功利之蒙情，以求所謂此心此理者何在，則文章也、節義也、事功也，特太虛中之糠秕塵垢耳。百世而下，有欲因陽明以知象山，因象山以知濂洛，因濂洛以知孔孟者，其能不奉是書爲汎海之斗杓，入河之碣石也哉！是爲序。

愚庵小集卷一三雜著一　書陽明先生傳習録後

陽明之學，源於孟子，即致良知，亦大全吴季子之説，非創論也。天泉橋四語，惟爲善去惡是格物，與朱子解異，若無善無惡者心之體此，即正心章傳文之旨，後儒高忠獻、顧端文、陳幾亭諸公皆力辨其非，惟鄒忠介深信之。余嘗平心參勘，知此言與朱子所云虛靈不昧者無以異也。人心惟虛故靈，虛則安容着一物，塵土固能眯目，即金玉屑亦豈不爲目之障耶？虞書頌堯德而曰光被四表，德之光，正心之光也。日月之有曜，金石之能鳴，皆以中虛，心若有一物焉，光何從發？昔儒嘗以雞子喻天體矣，今試取雞子驗之，中有白有紅，爲受形之胚胎，其頂必有空虛少許，此空虛者，乃旋神孕氣之處，形之所從變化也，心之空洞無物，所以能樞機萬物，亦猶是也。善與惡，皆起滅於心而非心之所繫也。或曰：若如子言，則仁、義、禮、智，非心之所生者耶？余曰：仁、義、禮、智，固根心生，而心之空洞無物自若也。朱子嘗言，心如穀種矣。穀之爲種，則心也，種之地而成禾，則仁、義、禮、智之性也。禾之中有稂焉，粟之中有秕焉，嘉穀不能免也。然使未蒔地之時而遽取，而目之曰此爲嘉瑴、此爲稂與秕也，雖農師亦所不能，則安得以善與惡爲心之所有也？惟無善無惡而善惡俱根柢，是君子是以有戒慎恐懼之功焉。涵之使不入於偏，省之使不流於陂，此之謂正其心。主於静以養其中和，操之動以觀其出入，此之謂存其心。若龍谿以無善無惡爲性，則直祖告子之説，與天泉宗旨微有别矣。高忠憲之駁陽明，又以至善無惡者爲心。夫至善無惡，可以言性而不可以言心，若驗之人事，性亦安得皆善？孟子之説亦舉其大凡耳。后夔之子實爲封豕，叔向之子生而豺聲，後世若齊文宣、周天元之流，一日不屠膾人，則慘然不樂也。謂非得之性生者耶？

黄宗羲

黄宗羲（一六一〇～一六九五），字太沖，餘姚人。年十四補諸生。師事蕺山，以誠意慎獨爲主。平生以捍衛姚江自任，而於其末派則痛斥至嚴，蓋屹然爲王學之干城焉。著明儒學案，後又輯宋儒學案、元儒學案，文集晚年定爲南雷文定。康熙三十四年卒，年八十六。清史稿卷四八〇儒林傳一、清史列傳卷六八儒林傳下一有傳。

南雷文案卷三答董吴仲論學書

承示劉子質疑，弟衰遲失學，望先師之門牆而不得，又何足以知其微意之所在？則自疑之不暇，而能解老兄之疑？雖然，昔人云：「小疑則小悟，大疑則大悟，不疑則不悟。」老兄之疑，固將以求其深信也。彼汎然而輕信之者，非能信也，乃是不能疑也。異日者，接先師之傳，方於老兄是賴，弟亦焉敢不以所聞者相質乎？

觀質疑中所言雖廣，然其大指，則主張陽明先生「無善無惡心之體，有善有惡意之動，知善知惡是良知，爲善去惡是格物」四句，而疑先師「意爲心之所存」未爲得也。弟推尋其故，由老兄未達陽明始終宗旨所在，因而疑先師之言。若徒執此四句，則先當疑陽明之言，自相出入，而後其疑可及於先師也。夫此四句，無論與大學本文不合，而先與致良知宗旨不合。其與大學本文不合者，知善知惡，而後爲善去惡，是爲善去惡之工夫，在知善知惡，則大學當云：格物在致知矣。若大學非倒句，則是先爲善去惡，而後求知夫善惡也，豈可通乎？然此在文義之間，猶可無論也。陽明提致良知爲宗，一洗俗學之弊，可謂不遺餘力矣。若必守此四句爲教法，則是以知覺爲良知，推行爲致知，從其心之所發，驗其孰爲善，孰爲惡，而後善者從而達之，惡者從而塞之，則方寸之間，已不勝其憧憧之往來矣。夫良知之體，剛健中正純粹精者也。今所發之意，不能有善而無惡，則此知尚未光明，不可謂良也，何所藉以爲爲善去惡之本乎？豈動者一心，知者又一心，不妨並行乎？

考亭晚年自悔云：「向來講究思索，直以心爲已發，而止以察識端倪爲格物致知實下手處，以故闕卻平日涵養一段工夫。至於發言處事，輕揚飛躁，無復聖賢雍容深厚氣象。所見一差，其病一至於此，不可以不審也。」今以意之動處，從而加功，有以異於考亭之所云乎？吾不意陽明開千聖之絶學，而究竟蹈考亭之所已悔也。四句之弊，不言可知。故陽明曰「良知是未發之中」，則已明言意是未發。第習熟於「意者，心之所發」之舊詁，未曾道破耳。不然，意既動，而有善有惡已發者也，則知亦是已發，如之何知獨未發？此一時也，意則已發，知則未發，無乃錯雜，將安所施功乎？龍溪亦知此四句非師門教人定本，故以四無之説救之。陽明不言四無之非，而堅主四句，蓋亦自知於致良知宗旨不能盡合也。然則先師「意爲心之所存」，與陽明「良知是未發之中」，其宗旨正相印合也。老兄所謂各標宗旨，究竟打迸一路在此處耳。若謂先師不言「意爲心之所存」，慎獨之旨，端的無弊。不知一爲心之所發，則必於發處用功，有善有惡，便已不獨，總做得十分完美，只屬枝葉一邊。原憲之不行克伐怨欲，告子之義襲，皆可謂之慎獨矣！故欲全陽明宗旨，非先師之言意不可；如以陽明之四句，定陽明之宗旨，則反失之矣。

然先師此言，固不專爲陽明而發也。從來儒者之得失，此是一大節目，無人説到此處。老兄之疑，真善讀書者也。透此一關，則其餘儒者之言，真假不難立辨耳。中庸言致中和，考亭以存養爲致中，省察爲致和，雖中和兼致，而未免分動静爲兩截，至工夫有二用；其後王龍溪從日用倫物之感應以致其明察，歐陽南野以感應變化爲良知，則是致和而不致中。聶雙江、羅念庵之歸寂守静，則是致中而不致和。諸儒之言，無不曰前後内外渾然一體，然或攝感以歸寂，或緣寂以起感，終是有所偏倚。則以「意者心之所發」一言爲祟，致中者以意爲不足憑，而越過乎意；致和者以動爲意之本然，而逐乎意；中和兼致者，有前乎意之工夫，有後乎意之工夫，而意攔截其間。使早知「意爲心之所存」，則操功只有一意，破除攔截，方可言前後内外渾然一體也。願老兄於此用力，知先師此言，導濂、洛血路者也。其餘文義之異同，涷解霧散，尚俟弟爝火之喋喋哉！

南雷文案卷三與友人論學書　節録

潘用微議論，某曾駁之於姜定庵書。或某執成見，惡其詆毁先賢，未畢其説，便逆而拒之。陳君采云：「譬猶明月之珠，失之二千年，上自王公，下至甿隸，無不倀倀日索之，終不可致。牧豎乃獲於大澤之濱，豈可以人賤而并珠弗貴乎？」某之於用微焉知其不出於此也。中略。陽明先生「無善無惡心之體」，亦猶中庸言「上天之載，無聲無臭」，恐人於形象求之，非謂并其體而無之也。其曰老氏説虛，聖人豈能於虛上加得一毫實？佛氏説無，聖人豈能於無上加得一毫有？言良知無有精魂之可弄，非竟同老氏之虛，佛氏之無也。用微云：「陽明之知，當體本空者也，是佛氏真空之知慧，可謂癡人前説不得夢矣。」又云：「陽明之學，與程朱主敬窮理之學不同。」夫致良知，非主敬窮理，何以致之？其言不同者，無乃妄分界限乎？白沙云：「心之萬感萬應，可睹可聞者，皆實也；其爲感應所從出，不可以睹聞及，則虛而已。」此兼費隱而爲言也。用微以爲有生於無，老氏之學；豈子思子亦老氏之學乎？又不明程朱之言理氣，而以虛無生氣亂之，此皆矯誣先儒之意，而就己議論者也。

用微言程朱以心屬氣，是本乎老，則何不言孟子之養氣亦本乎老？又言陸王之虛靈知覺，是本乎佛，則何不言舜之「道心惟微」亦本乎佛？又言：「爲程朱之學者，據性理以詆陸王，是以老攻佛；爲陸王之學者，據靈知以詆程朱，是以佛攻老。自周、程、朱、陸、楊、陳、王、羅之説漸染斯民之耳目，而後聖學失傳。」可不爲病狂喪心之言與？蓋用微學佛氏之學，既借之以攻儒；久假而不歸，忘其所自來，遂即借之以攻佛。自有攻佛之名，而攻儒之説始益堅。

佛氏之學，有如來禪、祖師禪之異，然皆以空有不二爲底蘊。如來禪言心性，祖師禪惡言心性。如來禪言體，祖師禪言用。如來禪談空，祖師禪論實事。如來禪槁木死灰，祖師禪縱橫權術。爲祖師禪者之言曰：「不怕甕中走卻鼈。」故只在事爲上立脚，心之存亡邪正，一切不足計也。兩禪之不同如此。而如來禪自真空而妙有，祖師禪自妙有而真空，其歸則一也。凡程朱諸儒之所闢者，皆如來禪，其於祖師禪，曾未之及也。故昔之爲其道者，不愛官，不争能，樂山水而嗜安閒者爲多；今之爲其道者，力任奔競，一變而爲功利，雖老氏之流爲申、韓，亦其教有以使之然也。試觀用微所言，有一不與祖師禪相合者乎？用微自言，參禪從「死了燒了，何處安身立命」公案悟入。夫焚如、死如、棄如，則爲生氣之所不到，而靈明知覺亦無所寄。此其真區處也，故亦遂疑一陰一陽非道之所在，凡有靈明知覺，皆凝滯不能真空，屬之識神用事。以此裁量先儒，程朱則落於陰陽，陸王則墮於識神，在諸儒則尚不敢望如來邊事，何況祖師？在用微，則如來禪尚是所闢，何況諸儒？而井蛙之所藏身者，復鏟滅其迹，不示人以利器。嗚呼，亦巧矣！

用微强坐先儒以性空，而以性善爲實事，然用微之説，真性空也。何以言之？繼之者善也，成之者性也，以一陰一陽之道爲之根柢，用微必欲去之，則性空矣。攻取百塗，豈能實之也？故用微之訾毁先儒，呵佛駡祖，是天上天下惟我獨尊之故智也。所遇之人，急出所説，求其信向，信向者便以聖賢許之，即釋氏以信心爲第一義之故智也。用微以人師自命，不難置先賢於堂下，供其叱咤。某於先賢不能爲役，用微乃退而自列於學人，欲借某以行其教，亦釋氏作用見性之故智也。是故用微而不諱禪宗，以一棒號令天下，無論兩廡諸賢，蹂躪而甘之，浸假而及於廟庭。道不同，不相爲謀，某又何説？唯是口口闢佛，口口自言聖學，世人耳目易欺；以爲釋氏言空，彼言實事；釋氏外人倫，彼言孝弟；釋氏言明心見性，彼掃除心性；釋氏獨善其身，彼言家國天下：決然謂非禪學，反以諸儒字脚間，有出入於二氏者不可分別，寧不增一重鶻突乎？

且諸儒之書，繭絲牛毛，自六經以外，不比史傳之粗心易讀，學者窮年於此，便如鼠入牛角，橫身苦趣。今曰皆邪説也，竟可撥置不道，省卻多少氣力，而又有不讀非聖之書之言可以自文，奈何不樂從之乎？雖然，用微亦何嘗不自認禪學！其言曰：三代以後，聖人之道幾絶，佛雖異端，其爲神人欽仰有故也。親證真空，一切聲色名利，世情俗見，無不銷滅，豈不爲神人欽仰耶？世情俗見一空，性善種子發見，而慈悲度世，豈不暗合孔孟，當爲神人欽仰耶？用微既自認之，而世人反不認其認者，惡在其信用微也。

宋人有學者，三年反而名其母。母曰：「子之於學者將盡行之乎？願子之有以易名母也；子之於學也，將有所不行也？願子之且以名母爲後也。」夫用微之訾毀先儒，名母之學也。將盡行之乎？願勿訾毀先儒也。將有所不行也？願且以訾毀先儒爲後也。

南雷文定卷四移史館論不宜立理學傳書

頃有傳修史條約理學四款，在局皆名公鉅卿，學貫天人，誠非草野荒陋所當與議，然有空隙一介之知，私以告於同學，幸勿出之廣座，徒滋紛紜也。夫聖學之難，不特造之者難，知之者亦難。其微言大義，苟非工夫積久，能見本體，則諸儒之言，有自得者，有傳授者，有剽竊者，有淺而實深者，有深而實淺者。今以場屋時文之學，處諸儒於堂下，據聚訟成言、門户意見而考其優劣，其能無失乎？

姑以四款言之。其一以程朱一派爲正統是矣。薛敬軒、曹月川、吴康齋、陳剩夫、胡敬齋、周小泉、章楓山、吕涇野、羅整庵、魏莊渠、顧涇陽、高景逸、馮少墟十餘人，諸公何以見其滴骨程朱也？如整庵之論理氣，專攻朱子「理氣乃學之主腦」，則非其派下明矣。莊渠言「象山天資高，論學甚正。凡所指示，坦然如由大道而行。昔疑其近於禪學，此某之陋也。」若使朱陸果有異同，則莊渠亦非朱派。唐仁卿以從祀議陽明，涇陽謂之曰：「夫學言致知，文成恐人認識爲知，走入支離，故就中間點出一『良』字；孟子言『良知』，文成恐人將此知作光景玩弄，走入玄虚，故就上面點出一『致』字，其意最爲精密。」若使陽明之學可疑，則涇陽皆可疑矣。程朱格物，爲學之要，景逸謂：「纔知反求諸身，是真能格物者也。」此即楊中立所說：「反身而誠，則天下之物無不在我。」朱子九條中甚辨其非，頗與陽明之格物相近，而差排程朱之下乎？蓋諸公不從源頭上論，徒以補偏救弊之言，視爲操戈入室之事，必欲以水濟水，故往往不能盡合也。

又言陳克庵、張東白、羅一峰、周翠渠、張甬川、楊止庵，其學亦宗程、朱，而論說不傳。六君子之論說最多，其學術俱可考究。言不傳者，偶未之見耳。東白之學，其言「是心也，即天理也」，即陽明「心即理」也。其言「斯道在天地，不患踐之弗力，所患知之弗真」，即陽明「知行合一」也，已先發陽明之蘊。若陽明果異程、朱，則東白亦異程、朱矣。章楓山稱一峰方可謂之正君善俗，如我輩只修政立事而已。楓山自知不及一峰，後人反分其優劣，何也？

其二言白沙、陽明、甘泉宗旨不合程、朱。此非口舌可争，姑置不論。其言象山、慈湖例入儒林，按宋史，慈湖未嘗入儒林也。又言莊定山爲白沙友人，學亦相似，按白沙云：「定山人品甚高，恨不曾與我問學。」遂不深講，其出處之際，白沙深責之，不可言其相似。

又言羅念庵本非陽明弟子，其學術頗似白沙，與王甚別。陽明年譜爲念庵所定。錢緒山曰：「子於師門不稱門生，而稱後學者，以師存日，未得及門委贄也。子謂古今門人之稱，其義止於及門委贄乎？子年十四時，欲見師於贛，父母不聽，則及門者，其素志也。今學其學者，三紀於兹矣，非徒得其門，所謂升堂入室者，子且無歉焉，於門人乎何有？」念庵於是始稱門人。當日之定論如此，今言與王甚别，不知其别者安在也？且不知白沙、陽明學術之異，又在何等也？

又言先師蕺山益歸平正，殆與高、顧符合；陽明、念臺功名既盛，宜入名卿列傳。古來史法列儒林、文苑、忠義、循吏、卓行諸門，原以處一節之士，而道盛德備者，無所俟此。故儒如董仲舒而不入儒林，忠如文天祥而不入忠義。既於儒林之中，推其道盛德備者，而揭之爲道學，則與前例異矣，今於高、顧諸先生則入之，於陽明、蕺山則曰功名既盛，宜入名卿列傳，高、顧功名，豈不盛乎？朱子之功名豈不及王、劉二先生乎？

其三言浙東學派，最多流弊；有明學術，白沙開其端，至姚江而始大明。蓋從前習熟先儒之成説，未嘗反身理會，推見至隱，此亦一述朱，彼亦一述朱。高景逸云「薛文清、吕涇野語録中，皆無甚透悟」，亦爲是也。逮及先師蕺山，學術流弊，救正殆盡。向無姚江，則學脉中絶；向無蕺山，則流弊充塞。凡海内之知學者，要皆東浙之所衣被也。今忘其衣被之功，徒訾其流弊之失，無迺刻乎？

其四言學術流弊，宜歸一是，意不欲稍有異同也。然據宋史所載道學，即如邵堯夫，程子曰「堯夫猶空中樓閣」，曰「堯夫豪傑之士，根本不帖帖地」。是則堯夫之學，未嘗盡同於程子也。

又言陽明之後，流弊甚多，程朱門人，必不至此。按朱子云：游、揚、謝三君子，初皆學禪，後來餘禪猶在，故學之者多流於禪。游先生大是禪學，必是程先生説得太高，故流弊至此。是程子高第弟子，已不能無流弊。劉安上、賈易，人品皆在下中，至於邢恕、陸棠，且爲奸臣盜賊矣。而云程朱門人必不至此，豈其然也？如以弟子追疑其師，則田常作亂之宰予，殺妻求將之吴起，皆足爲孔、曾累矣。此據條約所及者言之，其閒如江右之王塘南、毘陵之孫淇澳，皆卓然聖學，豈可埋没。

雖然，某之叨叨分疏，終屬末流，於史法無當也。夫十七史以來，止有「儒林」。以鄒魯之盛，司馬遷但言孔子世家、孔子弟子列傳、孟子列傳而已，未嘗加以「道學」之名也。「儒林」亦爲傳經而設，以處夫不及爲弟子者，猶之傳孔子之弟子也。歷代因之，亦是此意。周、程諸子，道德雖盛，以視孔子，則猶然在弟子之列，入之「儒林」，正爲允當。今無故而出之爲「道學」，在周、程未必加重，而於大一統之義乖矣。統天地人曰「儒」，以魯國而止儒一人，儒之名目原自不輕。儒者成德之名，猶之曰賢曰聖也。道學者以道爲學，未成乎名也，猶之曰志於道。志道可以爲名乎？欲重而反輕，稱名而背義，此元人之陋也。且其立此一門，止爲周、程、張、朱而設，以門人附之。程氏門人，朱子最取吕與叔，以爲高於諸公；朱氏門人，以蔡西山爲第一，皆不與焉。其錯亂乖謬，無所折衷，可知聖朝秉筆諸公，不自居三代以上人物，而師法元人之陋，可乎？某竊謂「道學」一門所當去也，一切總歸「儒林」，則學術之異同，皆可無論，以待後之學者擇而取之。若其必欲留此，則薛、胡、陳、王，有明業以其理學配享廟庭。諸公所修者，明史也。明史自合從明，而有所去取，其間猶如明朝閣部，其位一定，今以閣部不當從，而顛倒其位，可乎？不可乎？嗟乎！聖學不求人知，優之劣之，於諸儒無所損益，而諸儒之著譔，傳之天下後世，明眼深造，豈繄無人？竊恐有絲毫之議，上玷高明，深願諸公慎之也。

南雷文定後集卷一先師蕺山先生文集序　節録

上略。昔者，陽明之良知與晦翁之格物相參差，學者駭之。羅整庵、霍渭崖、顧東橋斷斷如也，然一時從游者，皆振古人豪，卒能明其師説，而與晦翁並垂天壤。先師丁改革之際，其高第弟子如金伯玉、吴磊齋、祁世培、章格庵、葉潤山、彭期生、王元趾、祝開美一輩，既已身殉國難，皋比凝塵，曩日之旅進者，才識多下。當伯繩輯遺書之時，其言有與洛、閩齟齬者，相與移書，請刪削之，若惟恐先師失言，爲後來所指摘。嗟乎，多見其不知量也。此如成周王會「赤奕陰羽，菉幣獻書」，而使三家學究定其綿蕞耳。昔和靖得朱光庭所鈔程子語，以質程子，程子曰：「某在，何必讀此書。若不得某之心，所記者徒彼意耳。」和靖自是不敢復讀。古之門人不敢以爝火之光雜於太陽，今之門人乃欲以天漢之水就其蹄涔，不亦異乎！

王顓庵先生視學兩浙，以天下不得覩先師之大全爲恨，捐俸刻之。東浙門人之在者，義與董瑒、姜希轍三人耳。於是依伯繩原本，取其家藏底草，逐一校勘。有數本不同者，必以手蹟爲據，不敢不慎也。高忠憲云「薛文清、吕涇野語録中皆無甚透悟」，有之無所增損也。讀先師之集，當有待之而興者矣。顓庵先生之惠後學豈小哉？

明儒學案卷首師説

王陽明守仁先生，承絶學於詞章訓詁之後，一反求諸心，而得其所性之覺曰良知，因示人以求端用力之要，曰致良知。良知爲知見，知不囿於聞見；致良知爲行見，行不滯於方隅。即知即行，即心即物，即動即静，即體即用，即工夫即本體，即下即上，無之不一，以救學者支離眩騖、務華而絶根之病。可謂震霆啟寐，烈耀破迷，自孔孟以來未有若此之深切著明者也。特其與朱子之説不無牴牾，而所極力表章者，乃在陸象山，遂疑其或出於禪。禪則先生固嘗逃之，後乃覺其非而去之矣。夫一者誠也，天之道也。誠之者明也，人之道也，致良知是也。因明至誠，以人合天之謂聖，禪有乎哉？即象山本心之説，疑其爲良知之所自來，而求本心於良知，指點更爲親切，合致知於格物工夫，確有循持，較之象山混人道一心，即本心而求悟者，不猶有毫釐之辨乎？先生之言曰，良知只是獨知時，本非元妙，後人强作元妙觀，故近禪，殊非先生本旨。至其與朱子牴牾處，總在大學一書。朱子之解大學也，先格致而後授之以誠意，先生之解大學也，即格致爲誠意。其於工夫，似有分合之不同。然詳二先生所最喫緊處，皆不越慎獨一關，則所謂因明至誠，以進於聖人之道，一也。故先生又有朱子晚年定論之説。夫大學之教，一先一後，階級較然，而實無先後之可言，故八目總是一事。先生命世人豪，龍埸一悟，得之天啟，亦自謂從五經印證過來，其爲廓然聖路無疑。特其急於明道，往往將向上一幾輕於指點，啟後學獵等之弊有之。天假之年，盡融其高明踔絶之見，而底於實地，安知不更有晚年定論出於其間，而先生且遂以優入聖域，則範圍朱、陸而進退之，又不待言矣。先生屬纊時，嘗自言曰：「我平生學問纔做得數分，惜不得與吾黨共成之。」此數分者，當是善信以上人，明道而後未見其比。

陸世儀

陸世儀（一六一一～一六七二），字道威，號剛齋，又號桴亭，太倉人。明諸生。與同里陳確庵、盛寒溪、江藥園諸人相勵以道義，爲體用之學。其學恪守程朱，以居敬窮理爲歸，身體力行。平生心得，備見於思辨録一書。康熙十一年卒，門人私謚文潛先生。清史稿卷四八〇儒林傳一、清史列傳卷六六儒林傳上一有傳。

思辨録輯要卷一大學類 節録

陸象山人物甚偉，其語録議論甚高，氣象甚闊。初學者讀之，可以開拓心胸。

陸象山曰：「此是大丈夫事，幺麽小家相者不足以承當。」又曰：「大世界不享却要占个小蹊徑，大人不做却要爲小兒態，直是可惜。」又曰：「上是天下是地，人居其中，須是做得人方不枉。」讀以上數語，皆可令人感發興起，志於聖人之道。朱子曰：「人爲學當如築九層之臺，須大做脚始得，具此胸襟方可與入道。」今人自待甚薄，何與語此？

許舜光問：「格致之説，朱注似屬支離，不若陽明直截。」曰：「朱注説格物只是『窮理』二字，陽明説格物便多端。今傳習録所載，有以格其非心爲説者，有仍朱子之舊者，至於致知，則增一『良』字，以爲一貫之道盡在是矣。緣陽明把『致知』二字竟作『明明德』三字看，不知『明明德』工夫合格、致、誠、正、修俱在裏面，致知只是明德一端，如何可混！且説箇致良知，雖是直截，終不賅括，不如窮理穩當。」問：「何爲？」曰：「天下事有可以不慮而知者，心性道德是也；有必待學而知者，名物度數是也。假如只天文一事，亦儒者所當知，然星辰次舍，七政運行，必觀書考圖，然後明白，純靠良知致得去否？故『窮理』二字賅得致良知，『致良知』三字賅不得窮理。」

武箴問：「象山不取伊川格物之說，以爲隨事討論，則精神易敝，不若但求之心，心明則無不照，如何？」曰：「隨事討論，亦是心去討論。至曰『心明則無不照』，所照者何物，亦即隨事精察也。先儒論道，雖各持一論，要之實相通貫。其彼此交譏者，未免有勝心也。」

問：「禪家最喜言悟，理學家多不喜言悟。間有喜言悟者，如宋時陸象山、楊慈湖，我明陳白沙、王陽明，儒者又詆爲禪學。畢竟『悟』字境界是有是無？」曰：「『悟』字境界，安可謂無？凡體驗有得處皆是悟，只是古人不喚作悟，喚作物格知至。古人把此箇境界看得平常，禪家卻於此換箇『悟』字。悟者，如醉方醒，如夢方覺，字義儘是警策。但儒者悟後只是平常，禪家便把悟作希奇道路。又儒之所悟者實，禪之所悟者虛，所以悟者不同，其實悟之境界則未嘗無也。象山諸公，學術近禪，只爲矜這一箇『悟』字。」

思辨録輯要卷二居敬類　節録

「吾十有五而志於學」，是孔子入門工夫。博文約禮是顔子入門工夫。日省是曾子入門工夫。戒懼慎獨是子思入門工夫。集義是孟子入門工夫。他如周子之主静，張子之萬物一體，程、朱之居敬窮理，胡安定之經義、治事，陸象山之立志、辨義利。有明薛文清、胡餘干之主敬，湛甘泉之隨處體認天理，陳白沙之自然養氣，王陽明之致良知，皆所謂入門工夫，皆可以至於道。學者不向自心証取，而輒欲問之他人，豈所謂實下工夫者乎？

思辨録輯要卷三格致類 節録

格事理易，格物理難。然欲格物理，却只在事理上猛下工夫，事理透則物理亦透矣。先儒有做格物工夫，却先於一草一木上用力者，只起念便與身心隔涉，安能入聖賢堂奥？此陽明庭前竹樹之説，予所以謂其認錯。

陽明有言，少與友人爲朱子格物之學，指庭前竹樹同格，深思至病，卒不能格，因嘆聖人決不可學，格物決不可爲。予曰此禪家參竹篦子之法，非文公格物之説也。陽明自錯，乃以尤朱子何耶？

武箴問：中略。「程子『一草一木亦皆有理』之説，如何？」曰：「草木，陰陽五行之所生，陰陽五行不可見，而草木則可見。故察其色，嘗其味，究其開落死生之所由，則草木之理皆可得。本草所載，月令所記，皆聖人窮理之一端也。要之，此皆聖人心體潔浄，知識通明，觸處洞然，故能如此。今人爲情欲聲利所汩没，心體窒塞，即萬物當前，往往視而不見，聽而不聞，食而不知其味，何能格物？」

思辨録輯要卷四格致類 節録

問：「孔子教人先以博文，後以約禮。朱子亦使人先博而後求之約。故程子爲學，泛濫於釋、老者數年，然後反而求之。今吾輩爲學，如釋、老之類，亦當博涉否？」曰：「若論泛濫釋、老，豈特程子，即朱子未見李延平時，亦嘗學禪於開謙，王陽明、羅整庵少年皆曾學禪。只是各人力量不同，有與之出入泛濫而不爲之惑者，大程子是也；有學而後知其非者，朱子與羅整庵是也；有始而學焉而棄焉，而終未免稍涉其餘習者，陽明是也。吾輩欲爲大儒，欲任斯道之責，二氏之書豈得閉而不窺？然須各人自審力量何如，若力量不足，不如且守先儒淫聲美色之訓。蓋先儒決不作欺人語，決不誤人，不可厭常喜新，貪多務博，遂至墜坑落塹也。」

思辨録輯要卷五格致類 節録

聖賢在下功業，只在著書。蓋時未可爲，不特得位行道不可望，即教育英才亦不可得，寥寥數人，窮居談道，風聲既不足以淑四方，口耳又不足以及後世，雖稱聞道，而不能推吾之所有以公之天下後世，是亦聖賢之所不取也。孔子刪述六經無論矣。孔子而下德之盛者，莫如朱子。然朱子一生功業，亦只在著書。試讀其年譜，工夫是何等樣精密。陸象山曰：六經註我，我註六經。雖明理盡性之人無貴多言，然先知不覺後知，則愚不肖之人何所取法？後世懶惰好高之人尤而效之，輒引以自況，又曰身將隱焉用文之，遂以無窮歲月，浪擲於空談詩酒之中，是可痛也。

思辨録輯要卷二六人道類 節録

近來論性只是二種。一種是遵程、朱之言，跬步不失，説義理、説氣質，只在文義上依樣葫蘆，未見真的，其爲似乎有二性。一則離却氣質，全説本然，極是高明，而其下稍全是打合釋氏，離經叛道。二者之失惟均，然高明之爲害更大，學者不可不知。

舜光問：「告子、陽明論性，雖同一無善無惡，得無有異否？」曰：「不同。告子言其混沌，陽明狀其虚無，然總是只説得氣。」曰：「告子以混沌爲性，固是認氣爲性，若陽明無善無惡，正是言無聲無臭之妙，如何却是説氣？」曰：「孟子道性善，只是説人性中皆有理。若曰無善無惡，則是人性中無理，只虚虚無無，豈不是氣？」

思辨録輯要卷三〇諸儒類宋至元儒 節録

陸象山少時讀至宇宙二字，曰宇宙二字是己分内事，便見自任的意思。朱子三歲問天之上何物，便見窮理的意思。

鵝湖之會，朱陸異同之辨，古今聚訟，不必更揚其波，但讀兩家年譜所記，朱子則有謙謹求益之心，象山不無矜高揮斥之意，此則後人所未知耳。

二程子得周子太極圖不以示人，只自受用，朱子却註釋以解，諄諄教人。非二程之秘不肯傳也，性與天道，人所難聞，傳之適以滋惑也。朱子一註太極圖，便有陸子静許多議論。夫子静時賢，尚不可與語性天，況中人以下乎？甚矣，性天之難聞也。然畢竟朱子之功大，若無此一番，則百世而下，至今不識太極也。

陸子静直是壁立萬仞，聞其風者，可以廉頑立懦。尤善鼓舞聰明人，故聰明人亦喜趨之。若下稍肯教人讀書，其學豈遜朱子。

予讀性理，思陸象山直與王安石同病，不過一好高自是。好高自是，便入驕吝，便壞却一生人品學術。

象山只是氣岸高，然爲其學者，便多矜厲。故朱子曰陸子静之徒氣象可畏。不特當時，即近日亦然。凡一涉陸學，便足高氣揚，好與人折辨，其病處只在好勝二字，所以其學終不能有成。

思辨録輯要卷三一 諸儒類明儒 節録

整庵困知記，專爲陽明而作。是時陽明良知之説遍天下，又改大學古本，抑朱崇陸，天下靡然向風，故整庵起而論正之。其開卷數章，即首以心性、儒釋爲辨，蓋爲此也。是時陽明之徒盛，故先生之學，反爲所掩。然精意所存，不可磨滅，至今有識之士，皆能尊而信之，有以夫。

達摩教外别傳，不立文字，然直指人心，見性成佛，大旨亦無甚異。自五宗起，而棒喝機鋒，無所不至，故亡達摩之學者，禪宗也。象山六經註我，我註六經，然八字着脚，必爲聖賢立身，亦無甚錯。自心宗起，而猖狂妄行，靡所不爲，故亡象山之學者，心宗也。

思辨録輯要後集

周子太極圖全從繫辭出，不曾造作一毫。不知者誣之謗之，或謂得之陳摶、种放、穆修，或謂師事鶴林寺僧壽涯。此二氏無稽之言，謬欲引爲己重，如孔子爲釋迦弟子也。至朱子序通書，亦謂莫知師傳之所自。夫繫辭即師傳也，何必舍是而更問哉！

朱子謂：「周子太極圖當在通書之首。先生既手授二程，因本附書後，傳者見其如此，遂誤以圖爲卒章，不復釐正。」愚謂：「周子通書本名易通，山陽度氏載傅伯成未第時，嘗得周子所寄姤説、同人説。今其書獨有乾、損、益、家人、睽、復、无妄、蒙、艮等説，而無所謂姤説、同人説，則知易通之爲書，六十四卦皆有説，特散逸不全耳。其間次第，當悉依周易，非自立體格，别爲一書也。太極圖之在後，實以繫辭在六十四卦後故耳。朱子取以冠通書，於義無不可，然太極圖所以爲通書之卒章，則實因此，故特記之。」

胡敬齋與陳白沙俱學於吴康齋，以程朱爲宗，故敬齋、白沙俱以敬爲主。白沙和此日不再得詩「吾道有宗旨，千秋朱紫陽。説敬不離口，示我入德方」是也。至後來自成一家，始以自然爲宗。敬齋則始終一「敬」字做成。

陽明「致良知」三字尚不妨，獨「無善無惡謂之性，有善有惡謂之意，知善知惡是致知，爲善去惡是格物」四語宗旨未妥。不但「無善無惡」句未妥，即「爲善去惡」句，此是修身，如何謂之格物？

張履祥

張履祥（一六一一～一六七四），字考夫，號念芝，桐鄉人。居楊園，學者稱楊園先生。補諸生。甲申（一六四四），謁劉念臺，遂受業焉。入清隱居教授。其學初自陽明入，後讀小學、近思録有得，悟其失。輯劉子粹言，於師門有補救之力。張氏踐履篤實，學術純正，大要以爲仁爲本，以修己爲務，而以中庸爲歸。康熙十三年卒，年六十四。著有願學記、讀易筆記、讀史偶記及文集等。清史稿卷四八〇儒林傳一、清史列傳卷六六儒林傳上一有傳。

楊園先生全集卷四答丁子式 節録

生今之日，朱陸往矣，薛、胡、陳、王之徒已無復存，所傳者其書具在，可得而論耳。孟子以「讀其書不知其人」爲不可，祥雖愚，亦嘗妄測。象山之所得力，若充四端、辨義利、先立其大之指，朱子少時皆所致力。朱子日新厥德、涵養深粹，以至於廣大精微、高明中庸之地，則有非象山所能及者。惟陸氏傲然自多，不復虚心求益，故安於徑直，見爲支離，遂與朱子終若淄、澠之不可復合也。薛、胡之於程、朱，不啻如七十子服孔子。而陳、王則天資高敏，初以文學起家，簡易、直捷之途已有所得，於程、朱文理密察之學，竟若傲然不以屑意。但恐隱微自揣，實亦不能寧心精慮，以求所爲動而中禮者，故覆從而病之。特於濂溪、明道，間有服膺，則以其言包涵宏闊、高朗要約，易以附託之故。然其所言之當於理者，固皆周、程之本有，其爲周、程所無者，則皆出入釋、老，雜以私智，使先代遺經驅率由己。若裁以伊川、紫陽之繩墨，偏私破裂，不難立見。至王則尤甚矣。世人所以群尚争趨，要匪有他，朱子之學精詳，陸氏之學簡率；薛、胡之律己謹嚴，陳、王之爲教放曠。人情樂放曠而畏謹嚴，便簡率而苦精詳。固易嚮陸避朱，右陳、王而詘胡、薛。又百餘年來，承姚江横流之後，程朱之書鮮行於世；陸王則家誦其言。士人挾册，即已膠錮其耳目；師友論説，益復淪浹其心志。遂以先入之言爲主，不肯舍一己之私，進求維新之益。雖令間讀程、朱，衹本王、陸夙習，苛摘其短長，快己論辨而已。於此兩無所見，則又姑爲調停皆可之説以自覆。誰實虚心篤志，從事於窮理以致其知、踐履以敦其行者？加之異學之徒，竊其近似，竄入儒門，則姚江三教一門之説，有以揖而入之。敗名喪檢之輩，既奉身二氏，梏亡其羞惡、是非，復詭言心學，變亂其臧否、白黑。從前穢迹固可塗飾，復以一旦可託聖人之門，而無慙德也。總緣在此，於天理、人欲、義利、人己之際，一毫不以假借；而在彼，無善無惡、静中端倪、吾心天則之説，便於欺己欺人。此則小人無所不至之情狀，不堪推見者也。是以群咻群和，凡遇與己議論不同，即不難嗔目切齒與之争勝，究其所以争之如此其力者，非獨深信王陸爲果得聖人之傳也，藉以掩護其失而已。

楊園先生全集卷五與何商隱一 節録

象山教人以擴充四端，以孩提知愛，稍長知敬，爲人皆堯舜，學者先立乎其大，則小者不能奪，未嘗非孟子之指。但孟子之言心，有等、有殺之心也，故曰：「老吾老，以及人之老；幼吾幼，以及人之幼。」恩及禽獸，功不至百姓，以爲失權度之甚。又曰：「聖人，人倫之至。」「遵先王之法而過者，未之有也。」象山信其心知，而謂本四端以行，即堯舜所行不過是。夫惻隱而無權度，則其弊恒至摩頂放踵而爲之；羞惡而無權度，則其弊恒至拔一毛而不爲。故「窮理」爲要也，苟理明而義精，則或出或處，或默或語，皆將合乎規矩、方圓之至，而時措之宜矣。象山黜「窮理」爲非是，欲舍規矩而自爲方圓也，正使離婁、公輸子復生，有難任其目力者矣。知其理之一，而不知其分之殊，所由流入於二氏，而其勢不可以止也。若下此以佛、老之真，剽吾儒之似，以文其奸言，遂其無忌憚者，又無論已。

近世學者，祖尚其説，以爲捷徑，稍及格物窮理，則謂之支離煩碎。夫惡支離則好直捷，厭煩碎則樂徑省，是以禮教陵夷，邪淫日熾，而天下之禍不可勝言。記云：「直情而徑行，戎翟之道也。」世儒動稱孟子直捷簡易。夫「動容周旋中禮者，盛德之至」，義，路也；禮，門也。君子能由是路，出入是門，非孟子之言乎？抑何不思之甚也！然則吾人學問，舍「居仁由義」四字，更無所謂學問；吾人工夫，舍「居敬窮理」四字，更無所謂功夫。凡先儒之言，若「志伊尹之所志，學顔子之所學」；若「爲天地立心，爲生民立命」；若「以興起斯文爲己任」，種種道術，舉不外是矣。夫「居敬窮理」之方，朱子以其躬行心得者，諄復言之，至詳至備矣，吾人遵而守之，日夕從事於此，則亦可以有獲矣。入門而升堂，升堂而入室，循之有其階，導之有其相也。或者信之不篤，不免徙倚於歧途，志之不勇，不免徘徊於方軌，以至日暮途遠，進退失據耳。

楊園先生全集卷六答屠子高書

日承下問格物之義，時緣紛沓，未及奉復。又辱手教，辭益加切，慙悚何已。弟末學無知，奚足以開仁兄所疑之一二，而顧以是相質難哉？特以仁兄好問之篤，有不敢不竭其愚者。竊詳來教，非由經文本有可疑，或者我兄平日於「物」之一字，未之體當親切，故有推而遠之之疑也。吾人自有生以來，本無一刻不與物接，大而君臣父子，小而事物微細，無非物也，則無非我性分之所固有而不可辭者，故曰：「萬物皆備於我。」有是物，即有是物當然之理。惟聖人爲能先知先覺，而於人倫庶物，莫不各副其當然之則。下此，即不免仁者謂仁，知者謂知，百姓則日用而不知，而一身之喜怒哀樂，與夫視聽言動，無往而得當其可矣。是以學者始事在即物以窮其理，窮一物則知一物，窮物物則知物物，馴積漸致，以至於無所不知，而吾德之明者，始無不明矣。正如火之德本明，而非麗乎物，則亦何以見其光哉？

近代釋氏之説，亂於吾儒之書，於凡人倫庶物，一切視之爲外，遂離物而求其所爲惺惺者、昭昭者，雖其清浄寂滅之餘，胸中不無所見，然未有不陷於一偏，舉此遺彼，而於大中至正之矩，終以有乖也。今且以中庸之義通之。明善者，即致知之謂也；擇善者，即格物之謂也；博學、審問、慎思、明辨四者，即格之之事也。抑非特學者舍是無所用其力也，雖孔子好古敏求，孟子深造説約，亦若是也。來教「隨處體認力行」，力行，自屬心正後事。陽明以「爲善去惡是格物」，非也。「隨處體認天理」，甘泉嘗有是言，然不免有病。要惟程朱之言無病耳。仁兄但本程朱之意，於日用之事，凡身之所接，無不審察，無不研求，勿厭煩瑣，不求近功，久久熟落，當有自得之効，不覺其若冰之釋而凍之解也。

廿三日之會，弟金已得令外舅先生處置矣。丹叔兄必往，意欲省此一番應酬，不審弟可不出否？舉會亦一物也，見得思義久不忘，固爲是物之理。不特此也，凡與會之人，細及期約、地所、酒饌、平色、人舟之類，無不在所當格。推之物物皆然。若有一知之不明，即有一行之不篤。竊謂吾人自始學以往，至於義精仁熟，只是格之精熟，故能知之精熟，故能行之精熟。兄虛懷好問，率其妄測之見如此。

楊園先生全集卷四〇備忘二　節録

姚江「良知」二字，特其借用名目，其意只欲佐成直捷徑情之説耳。因孟子有「不學而能，不慮而知」之語，故借之作證，實未嘗服膺孟子也。

楊園先生全集卷四一備忘三　節録

朱子精微，象山簡率，薛、胡謹嚴，陳、王放曠。今人多好象山，不樂朱子，於近代人物尊陳、王而詘薛、胡，固因人情便簡率而苦精詳，樂放曠而畏謹嚴，亦緣百餘年來，承陽明氣習，程朱之書不行於世，而王陸則家有其書，士人挾册，便已淪浹其耳目，師友之論，復錮其心思，遂以先入之言爲主，雖使閒讀程朱，亦只本王陸之意指，摘其長短而已，誰復能虛心篤志，求所謂窮理以致其知，踐履以敏其行者。此種習尚不能丕變，竊憂生心害事之禍，未有艾也。

楊園先生全集卷四二備忘四 節録

延陵同學語予曰：「先師於陽明雖瑕瑜不掩，然未嘗不深敬，而子何疾之深也？得毋同異？」予曰：「何傷乎？孔子大管仲之功，而孟子羞稱之，彼一時，此一時，道固並行而不悖也。」

楊園先生全集卷四二備忘録遺 節録

濂溪、明道之書，陽明也理會一過，卻只長得他一邊見識而已。伊川、考亭則有意與之爲難，故一切以己意排擊，而不必當其情實。所以深惡之者何？濂溪、明道之言寬大，儘可從他假借；伊川、考亭之言緊嚴，假借不得，所謂「罪我者，其唯春秋」也。

張楊園先生年譜傳習録總評

讀傳習録，其損爲長傲，習非爲文過，輕自大而卒無得。姚江罪之大者，詆朱子爲異端，本釋氏以爲教，所謂「塗生民之耳目，溺天下於污濁」者也。若夫傲然以生知自處，自堯、舜、孔子而外，未有所服膺，尤其無耻之甚也。

一部傳習録，只「驕吝」二字可以蔽之。姚江自以才智過人，又於二氏有得，逞其長以覆其短，故一意排斥儒先。蓋思論語曰：「如有周公之才之美，使驕且吝，其餘不足觀也已。」世以陸、王並稱，實則不同。王較陸尤多誣人之罪，其不能虛己遜志，則一而已。

或疑陽明與朱子同曰「存天理，去人欲」；同是堯舜，非桀紂；同云「好善而惡惡」。安在良知之言，有害人心世道？曰：陽明欲排「窮理」二字，而惟心之所發便爲天理；又以性善爲無善無惡，未嘗指氣拘、物蔽以爲欲。不知何者爲天理，何者爲人欲也。楊朱、墨翟亦是堯舜而非桀紂，理欲混淆，則好惡倒置，生心害政之禍，何所止極乎！

閃爍變幻，總不出「知行合一」之旨。「不排」二字，是三教一門本領。所論往往首是末非，或末是首非，或首尾俱非中間是，或首尾俱是中間非。正所謂假竊近似，以文其奸也。豈知本領不是，憑他覆蓋掩飾，終不得而隱其情也。

評晚年定論曰：年之晚與不晚、論之定與不定，考之年譜自見。即此，姚江欺己、誣人之罪，雖有儀、秦之辨，不能爲之解矣。

錢澄之

錢澄之（一六一二～一六九三），原名秉鐙，字幼光，一作飲光，號田間，別號西頑，安徽桐城人。明末諸生。南明時授彰州府推官。曾在吴江起兵抗清，後因避黨禍，削髮爲僧。入清不仕。以詩文負重名，又長於詩經學，有田間詩學、田間詩文集行世。清史稿五百遺逸傳一、清史列傳卷六八儒林傳下一有傳。

田間文集卷四書與徐公肅司成書

别後，因人爲汴梁之遊，涉滹沱，過漳河，一路懷古，多有吟詠，無由録呈座右，一悉旅情。弟老矣，念與諸君子尊酒論文，不知後會更在何日也。向與閣下聚首於令母舅寧人寓齋，寧人極詆陽明之學，又出吴江一老生所寄罵陽明書，比之毒藥猛獸，偏示坐客。弟見其方寸敗紙耳，字畫怪誕，文理惡劣，皆陳羹飯語，不惟未嘗見陽明書，并未嘗讀程、朱書者，不知寧人何以欣然夸示人也？弟見寧人罵興甚勇，如此固陋，尚欲引之爲助，其所以惡陽明者至矣，故默不與辨。酒間，問曰：「顧涇陽何如？」曰：「正學也。」弟曰：「余觀其解學、庸，亦頗采陽明語，何也？」寧人大哈，以爲妄，問弟見諸何書，弟偶失記，無以應，益大噱，久之，曰：「君元來於此事甚淺。」閣下爾時亦主寧人之説，以涇陽深闢陽明者也，猶記之乎？弟比大慚，非慚其學之淺，慚其以爲妄也。既抵家，搜諸敝簏，得之，蓋顧先生小心齋劄記也，即命兒子鈔稿奉寄，託爲轉致寧人，以謝此慚。頃再至汴梁，則孫徵君重刻聖學宗傳，所謂小心齋札記儼然載於其後。書行，想閣下與寧人皆得見，故不更寄所録也。徵君學陽明之學，弟不敢知，但涇陽先生采陽明語，一一可按，弟固非妄言也。

寧人學問淹博，弟不能窺其萬一，但似詳於事而疏於理，精於史而忽於經。經如春秋說，不謂不精，要亦史類也。弟嘗與論易，闢象數而主義理，謂程傳、朱義外不宜更有見解，不省程傳但言義理，朱子兼通象數，本義之外，復有啟蒙，故曰程演周經，邵傳羲畫，則寧人於程、朱之異尚未深悉，弟故以爲於經忽也。至於稽古之勤，考證之核，近世罕有其匹，意其目力所到，應無遺編，而顧先生小心齋劄記獨未之見，又可怪也。抑弟更有請焉：陽明宗象山，象山與考亭異者，吴幼清以爲一主尊德性，一主道問學也。聖人之學具是二者，今謂主其一，豈即廢其一耶？亦其所從入不同耳。讀書而有悟，與悟後之讀書何以異哉？若寧人不喜人言性與天道，專以多聞多見、好古敏求爲聖人之爲學，則自不信有悟之一路也，豈其然乎？幸轉致鄙私，期更有以教我。

顧炎武

顧炎武（一六一三～一六八二），原名絳，字寧人，崑山人。明諸生。熟究經世之學，諸經外，好宋人性理諸書。順治乙酉（一六四五），南都亡，庶母不食卒，遺命誡勿事二姓。四謁孝陵，六謁思陵，往來於齊、燕、秦、晋之間。晚居陝之華陰。學主於斂華就實，晚益篤志經學，曰：「經學即理學也，舍經學，則所謂理學者，禪學也。」於陸王之説，辨之最力。生平論學，標「博學於文，行己有恥」二語爲宗旨。著有杜解補正、詩本音、易音、唐韻正、古音表、韻補、天下郡國利病書、肇域志、金石文字記、日知録，另有文集、詩集。清史稿卷四八一儒林傳二、清史列傳卷六八儒林傳下一有傳。

日知録卷一八朱子晚年定論

宋史陸九淵傳：「初，九淵嘗與朱熹會鵝湖，論辯所學，多不合。及熹守南康，九淵訪之。熹與至白鹿洞，九淵爲講君子小人喻義利一章，聽者至有泣下，熹以爲切中學者隱微深痼之病。至於無極而太極之辯，則貽書往來，論難不置焉。」

王文成守仁所輯朱子晚年定論，今之學者多信之，不知當時羅文莊欽順已嘗與之書而辯之矣。其書曰：「詳朱子定論之編，蓋以其中歲以前所見未真，及晚年始克有悟。乃於其論學書牘三數十卷之内，摘此三十餘條，其意皆主於向裏者，以爲得於既悟之餘，而斷其爲定論。斯其所擇宜亦精矣，第不知所謂晚年者，斷以何年爲定？偶考得何叔京氏卒於淳熙乙未，時朱子年方四十有六。後二年丁酉，而論孟集注、或問始成。今有取於答何書者四通，以爲晚年定論，至於集注、或問，則以爲中年未定之説，竊恐考之欠詳，而立論之太果也。又所取答黄直卿一書，監本止云此是向來差誤，別無『定本』二字，今所編增此二字，而序中又變『定』字爲『舊』字，卻未詳本字所指。朱子有答吕東萊一書，嘗及『定本』之説，然非指集注、或問也。凡此，愚皆不能無疑，顧猶未足深論。竊以執事天資絶世，而日新不已。向來怳若有悟之後，自以爲證諸五經、四子，沛然若決江河而放諸海。又以爲精明的確，洞然無復可疑。某固信其非虚語也。然又以爲獨於朱子之説有相牴牾，揆之於理，容有是邪？他説固未敢請，嘗讀朱子文集，其第三十二卷，皆與張南軒答問書，内第四書亦自以爲其於實體似益精明，因復取凡聖賢之書，以及近世諸老先生之遺語，讀而驗之，則又無一不合。蓋平日所疑而未白者，今皆不待安排，往往自見灑落處，與執事之所自序者無一語不相似也。書中發其所見，不爲不明。而卷末一書，提綱振領，尤爲詳盡。竊以爲千聖相傳之心學，殆無以出此矣，不知何故，獨不爲執事所取？無亦偶然也邪？若以此二書爲然，則論孟集注、學庸章句、或問不容別有一般道理。如其以爲未合，則是執事精明之見，決與朱子異矣。凡此三十餘條者，不過姑取之以證成高論，而所謂先得我心之所同然者，安知不有毫釐之不同者爲祟於其間，以成牴牾之大隙哉！又執事於朱子之後，特推草廬吴氏，以爲見之尤真，而取其一説，以附三十餘條之後。竊以草廬晚年所見端的與否，良未易知。蓋吾儒昭昭之云，釋氏亦每言之，毫釐之差正在於此。即草廬所見果有合於吾之所謂昭昭者，安知非其四十年間鑽研文義之效，殆所謂真積力久而豁然貫通者也？蓋雖以明道先生之高明純粹，又蚤獲親炙於濂溪，以發其吟風弄月之趣，亦必反求諸六經而後得之。但其所稟鄰於生知，聞一以知十，與他人極力於鑽研者不同耳，又安得以前日之鑽研文義爲非，而以墮此科臼爲悔？夫得魚忘筌，得兔忘蹄出莊子。蹄，古罘字通，兔罥也。可也。矜魚兔之獲，而反追咎筌蹄，以爲多事，其可乎哉？」

東莞陳建作學蔀通辨，取朱子年譜、行狀、文集、語類及與陸氏兄弟往來書劄，逐年編輯而爲之辯曰：「朱、陸早同晚異之實，二家譜集具載甚明。黄氏日鈔曰：「朱子答陸子壽書反復論喪祭之禮，答陸子美書辯詰太極、西銘，至再而止。答陸子静書辯詰尤切，條其理有未明而不能盡人言者凡七，終又隨條注釋，斥其空疏杜譔。且云：『如曰未然，各尊所聞，各行所知可矣。』書亦於此而止。」近世東山趙汸對江右六君子策乃云『朱子答項平父書有「去短集長之言」，此特朱子謙己誨人之辭，未嘗教人爲陸氏之學也。豈鵝湖之論至是而有合邪？使其合并於晚歲，則其微言精義必有契焉。而子静則既往矣』，此朱、陸早異晚同之説所萌芽也。程篁墩敏政因之，乃著道一編，分朱陸異同爲三節：始焉如冰炭之相反，中焉則疑信之相半，終焉若輔車之相依。朱陸早異晚同之説，於是乎成矣。王陽明因之，遂有朱子晚年定論之録，專取朱子議論與象山合者，與道一編輔車之説正相唱和矣。凡此皆顛倒早晚，以彌縫陸學，而不顧矯誣朱子，誑誤後學之深。故今編年以辯，而二家早晚之實，近儒顛倒之弊，舉昭然矣。」又曰：「朱子有朱子之定論，象山有象山之定論，不可强同。專務虚静，完養精神，此象山之定論也。主敬涵養，以立其本。讀書窮理，以致其知。身體力行，以踐其實。三者交修並盡，此朱子之定論也。乃或專言涵養，或專言窮理，或止言力行，則朱子因人之教、因病之藥也。今乃指專言涵養者爲定論，以附合於象山，其誣朱子甚矣！」又曰：「趙東山所云，蓋求朱陸生前無可同之實，而没後乃臆料其後會之必同，本欲安排早異晚同，乃至説成生異死同，可笑可笑！按子静卒後，朱子與詹元善書謂其説頗行於江湖間，損賢者之志，而益愚者之過，不知此禍何時而已。蓋已逆知後人宗陸氏者之弊。而東山輩不考此書，强欲附會之以爲同，何邪？如此豈不適所以彰朱陸平生之未嘗同，適自彰其牽合欺人之弊？奈何近世咸信之而莫能察也。」姚氏曰：「元虞文靖有送李彦方閩憲詩，其序云：「先正魯國許文正公，實表章程朱之學，以佐至元之治，天下人心風俗之所繫，不可誣也。近日晚學小子，不肯細心窮理，妄引陸子静之説以自欺自棄，至欲移易論語章句，直斥程朱之説爲非，此亦非有見於陸氏者也。特以文其猖狂不學，以欺人而已。此在王制之必不容者也。閩中自中立之歸，已有『道南』之歎。仲素、愿中至於元晦，端緒明白，皆在閩中，不能不於彥方之行發之。去一贓吏，治一弊政，不如此一事有以正人心，儒者之能事也。」按文靖從游吴文正之門，文正之學以象山爲宗，而虞公立論如此，則師弟所學亦有不必同者耶？又是時文學修明，談道講藝，各有師承，洛、閩之教方昌，而好異之士已復别鶩旁驅，則源遠而末益分，無惑乎後此岐途之百出也。昔裴延齡掩有爲無，指無爲有，以欺人主。陸宣公謂其愚弄朝廷，甚於趙高指鹿爲馬。今篁墩輩分明掩有爲無，指無爲有，以欺弄後學，豈非吾道中之延齡哉！」又曰：「昔韓絳、吕惠卿代王安石執政，時號絳爲傳法沙門，惠卿爲護法善神。愚謂近日繼陸學而興者，王陽明是傳法沙門，程篁墩則護法善神也。」此書於朱、陸二家同異考之極爲精詳，而世人不知，但知其有皇明通紀，又不知通紀乃梁文康儲之弟億所作，而託名於清瀾也。

宛平孫承澤謂：「陽明所編，其意欲借朱子以攻朱子。且吾夫子以天縱之聖，不以生知自居，而曰『好古敏求』，曰『多聞多見』，曰『博文約禮』，至老删述不休，猶欲假年學易。朱子一生效法孔子，進學必在致知，涵養必在主敬，德性在是，問學在是。如謬以朱子爲支離，爲晚悔，則是吾夫子所謂好古敏求、多聞多見、博文約禮皆早年之支離，必如無言、無知、無能爲晚年自悔之定論也。」以此觀之，則晚年定論之刻，真爲陽明舞文之書矣。蓋自弘治、正德之際，天下之士厭常喜新，風氣之變已有所自來，而文成以絶世之資，倡其新説，鼓動海内。文成與胡端敏世寧鄉試同年。一日謂端敏公曰：「公人傑也，第少講學。」端敏答曰：「某何敢望公，但恨公多講學耳。」嘉靖以後，從王氏而詆朱子者，始接踵於人間。而王尚書世貞發策謂今之學者，偶有所窺，則欲盡發先儒之説而出其上，楊氏曰：「盡發先儒」之「發」，當是「廢」字，不學則借一貫之言以文其陋，無行則逃之性命之鄉以使人不可詰。此三言者，盡當日之情事矣。故王門高弟爲泰州王艮、龍溪王畿二人。泰州之學一傳而爲顔山農均，再傳而爲羅近溪汝芳、趙大洲貞吉。龍溪之學一傳而爲何心隱本名梁汝元，再傳而爲李卓吾贄、陶石簣望齡。昔范武子論王弼、何晏二人之罪深於桀、紂，以爲一世之患輕，歷代之害重；自喪之惡小，迷衆之罪大。而蘇子瞻謂李斯亂天下，至於焚書坑儒，皆出於其師荀卿高談異論而不顧者也。困知之記、學蔀之編，固今日中流之砥柱矣。

姑蘇志言姚榮國廣孝著書一卷，名曰道餘録，專詆程朱。實録、本傳言廣孝著道餘録，詆訕先儒，爲君子所鄙。少師亡後，其友張洪謂人曰：「少師於我厚，今死矣，無以報之，但每見道餘録，輒爲焚棄。」少師之才不下於文成，而不能行其説者，少師當道德一、風俗同之日，而文成在世衰道微、邪説又作之時也。

嘉靖二年，會試發策，考試官蔣文定冕，石文介珤。謂：「朱、陸之論終以不合，而今之學者顧欲强而同之，豈樂彼之徑便，而欲陰詆吾朱子之學與？究其用心，其與何澹、陳賈輩亦豈大相遠與？至筆之簡册，公肆詆訾，以求售其私見。禮官舉祖宗朝故事，燔其書而禁斥之，得無不可乎？」成祖實録：「永樂二年，鄱陽人朱季友詣闕，獻所著書，詆毁宋儒。上怒，遣行人押赴饒州，會司府縣官杖之，盡焚其所著書。」當日在朝之臣有能持此論者，涓涓不塞，終爲江河，有世道之責者，可無履霜堅冰之慮。

以一人而易天下，其流風至於百有餘年之久者，古有之矣。王夷甫之清談，王介甫之新説，宋史：「林之奇言，昔人以王何清談之罪甚於桀紂，本朝靖康禍亂，考其端倪，王氏實負王何之責。」其在於今，則王伯安之良知是也。孟子曰：「天下之生久矣，一治一亂。」撥亂世反之正，豈不在於後賢乎？

日知録卷一八舉業

又曰：近日講學之輩，彌近理而大亂真，士附其門者皆取榮名。於是一唱百和，如伐木者呼「邪許」，然徐而叩之，不過徼捷徑於終南，而其中實莫之能省也。

東鄉艾南英皇明今文待序曰：「嗚呼！制舉業中始爲禪之説者，誰與原其始？蓋由一二聰明才辯之徒，厭先儒敬義誠明、窮理格物之説，樂簡便而畏繩索，其端肇於宋南渡之季，而慈湖楊氏之書爲最著。國初功令嚴密，匪程、朱之言弗遵也，蓋至摘取『良知』之説，而士稍異學矣。然予觀其書，不過師友講論、立教明宗而已，未嘗以入制舉業也。其徒龍谿、緒山闡明其師之説而又過焉，亦未嘗以入制舉業也。龍谿之舉業不傳陽明、緒山，班班可考矣，衡較其文，持詳矜重，若未始肆然欲自異於朱氏之學者。然則今之爲此者，誰爲之始與？吾姑爲隱其姓名，而又詳乙注其文，使學者知以宗門之糟粕爲舉業之俑者，自斯人始。嗚呼！降而爲傳燈，於彼教初説，其淺深相去已遠矣，又況附會以援儒入墨之輩，其鄙陋可勝道哉！今其大旨，不過曰『耳自天聰，目自天明』，猶告子曰『生之謂性』而已。及其厭窮理格物之迂而去之，猶告子曰『不得於言，勿求於心』而已。任其所之而冥行焉，未有不流於小人之無忌憚者。此中庸所以言性不言心，孟子所以言心而必原之性，大學所以言心而必曰正其心。吾將有所論著，而姑言其概如此，學者可以廢然返矣。」

應撝謙

應撝謙（一六一五～一六八三），字潛齋，錢塘人。明諸生。性至孝。殫心理學，以躬行實踐爲主，不喜陸、王家言。康熙十七年（一六七八），詔徵博學鴻儒，撝謙力辭得免。二十二年（一六八三）卒，年六十九。撰教養全書四十一卷、性理大中二十八卷。

應潛齋先生集卷四紫陽大指序

紫陽之學行於天下者三四百年，至正嘉之時，既已一道同風矣，天下之人日以多聞爲貴，記誦爲賢。有陽明王子出焉，其心不以爲然也。夫其不以爲然也，非正紫陽之所深然，而欲自拯其末流者哉？而陽明不之知也，乃日取大學格物之訓，與其徒紛更之。其後不免大喧物論，始悉觀朱子全集，與己之所詆者若不相似，爰恍然以爲吾之所詆者，亦朱子之所非也。使陽明於此自悔其知前賢之不深，而表章其立德立言之心以範世，則學術何至於歧途，而使學者紛爭一至於此哉？乃取其言之近己者，以爲晚年之定論，而判其生平著書，皆以爲中年未定之論也。整庵羅氏起而駮之，以爲何氏叔京卒於淳熙乙未，而朱子集註乃在其後，今取於何書者四通以爲晚年定論，則恐其考之未詳而立論之太果也。陽明答之，以爲其中年數誠有所未考，然則既已知其失言矣，而又不亟行改正，以疑誤後世，亦何爲哉？予友秦子開地，始嘗從事陽明之學，後頗疑晚年之説。反覆紫陽之全集，以爲朱子受業延平，去禪寂、觀未發，至延平之殁，遊湖南，與張欽夫累書辨析，而後知以心爲主，則性情之德、中和之説可以有條而不紊。自是以還，一以貫之，終身之論，蓋決於此矣，又何以晚年爲哉？於是有紫陽大指之集，而於先後之次、中晚之辨，三致意焉。余嘗得而讀之，朱子之意，蓋莫重於小學之教，以爲小學之中既以養成氣質，而後可進以致知格物之功，致知格物又莫要於四書。論先後，知爲先，論輕重，行爲重。行遠自邇，登高自卑，非有玄虚夸誕、怪妄可愕之事也。其德雖與年俱進，豈可以晚年之從心駁初年之志學哉？故其言曰：「非以今此之誠意正心爲是，即以前此之致知格物爲非也。」抑余又有歎焉，先儒致知格物之先，其志已立，若余三十之前尚未有定向，但可謂之讀書作文，未可謂之致知格物，及其稍知學問，則湛於憂患，終身空室蓬户，正朱子所謂「人倫切近處，不得毫毛氣力」者也。復何言哉！以良友屬之以序，姑言其所知如此。

應潛齋先生集卷七與秦開地論紫陽大指書

弟撝謙再拜言，十三日承諸君子見過，論學問之事，不勝歡然，適有遠客，未及請益，敢復略而陳之。前紫陽大指吾兄命作一序，撝謙不揣，欲稍述吾兄發明先賢之意，而辭不別白，仍有未盡，及觀凡例，又微有同異，業已刻成，不便往復。今既擬共爲切磋，須悉所欲言，方無負同學。明知瀆聽，然始雖睽，而辨之明則終必合。始有未立相持之門户，「斯道平鋪，寧須蓋覆？足音空谷，何忍鬩牆？疑誤後賢，開罪名教，素所深痛，不敢效尤」，斯言也，撝謙又有不敢仰同者。何也？大學者，程子所謂「初學入德之門」也，而致知格物又「門前從人之路」也。今有人家大門被勢家堵殺，其祖父争之百餘年而不能得，爲之子孫者無力清楚，不免長太息，可也。今乃以前人之争爲多事，各開後門，謂之爲己，反以同堂兄弟不忘大門者爲鬩牆而痛恨之，其可乎？夫陽明不特疑朱子爲「影響」，且詆朱子爲「神姦」，見之手筆，有不可以調停者。昔林次崖先生曰：「經文言『物格而後知至，知至而後意誠』，是意誠功夫又後格物一步也。既以格物爲去私意，則當物格時，私意已無了，又何須再去誠意，再做毋自欺許大功夫，得無疊牀重屋邪？若謂格物即是誠意，又不應説『物格而後知至，知至而後意誠』，分作三節，中間又用箇『而後』字。」關西王無異謂此論，「雖陽明復起，能無口塞」。近又有兩是騎牆之見，謂格物作窮理亦可，解作爲善去惡亦可，只要力行。夫言而不行，是謂不誠無物，只能自害，安能害人？妄言妄行，果敢而窒，此其疑誤後學，爲害也大矣。且三達德以智爲先，是非之心，智之端也，無是非之心，非人也。今縱不能擴充此端，而先塞其是非之心，使之模棱兩可，草野論學，論古人而不敢稍伸其説，況於立朝之際，其敢爲諍臣乎？且主敬之説，亦自有辨。主敬則凡言不敢輕發，凡事不敢輕爲，默而成之，亹亹孜孜，仍如無有，此所謂敬也。若如陸氏之空腹高心，妄自尊大，厲色忿辭，如對讎敵，其去敬也遠矣。論語曰：「文，莫吾猶人也。躬行君子，則吾未之有得。」謂文猶可如人，行則不能如人也。故又曰：「君子之道四，某未能一焉。」「君子道者三，我無能焉。」而陸氏乃言「六經皆我註腳」，此其視聖人之氣象何如哉？陽明又從而祖述之，謂「舉世之儒，皆知而不行，由於格物之誤」。吾未見格物變解以後之士，皆勝於未改以前之人也。蓋道之不行，不繫於格致之改與未改，而道之不明，學術分裂，則已百年於兹矣。撝謙孱弱人也，私心自檢，以爲名不可浮於實，防其不祥，毀不妨多於譽，可以内省。又無爵無位，翹翹然於争名利之世講學，以爲衆射之的，實所不敢。有友人弟子相與問難，言及此事而一味唯阿，亦所不甘。但年之既老，力不從心，雖欲出身以相切磋，而衰朽已甚，欲得好友肩此重任，側耳其旁，一在下風，不勝大願。今吾兄既以講學開其端，願即一覽鄙言，力荷斯道，率之以無我，然後可化同以克己。不揣莛擊以叩洪鐘，伏惟教我。

應潛齋先生集卷七再與秦開地書

承教，極見牖掖同人至意。「敬」字填補小學，實聖學始終之要。弟自幼服膺朱子，自三十以後始覺此語親切，方以此冠於大學註之前，豈敢反揜朱子居敬之功？況商紂「謂敬不足行」，從來學者無祖述商紂之理，吾兄奈何遽以此相加也？前日之説，蓋以吾兄凡例中，謂「有喜談窮理，以朱子中年所悔爲楷模」兩句，似朱子中年已悔窮理，則大學註所謂「窮至事物之理」在已悔之例，恐非朱子之意，並未曾言不必主敬，而吾兄已謂弟陰壞其整頓修輯之法。夫紫陽主敬之教已昭如日星，若弟欲陰壞之，是兩手自掩其目，謂人皆從此不見天矣，非癡愚之人何以若此？然朱子言窮理主敬，如車兩輪，如鳥兩翼，未有去其一而可行可飛者也，恐亦非弟之私言也。向弟疑吾兄於人我之見有未忘，今有以驗之，何也？凡人有著述，修辭立誠所以存義，既恐誤己，又恐誤人。常欲同志之友爲之琢磨，及身改削，而不使遺恨於身後。苟有是心，則人將輕千里而來告之以善。今則止有一友略行規彈，即以爲誣，且以爲鬩，而加以堵塞聖門之罪，毋乃已甚乎？夫前之人，或謂其堵塞學門者，以其誤障格物也，今弟既不敢改主敬之訓，又不敢改窮理之言，何爲而謂之堵塞？夫陽明正以格物非窮理，今以喜談窮理爲立異，則陽明之闢註，不火而炎，豈可以弟爲誣？夫博文即是窮理，約禮即是主敬。知崇效天，窮理之謂也；禮卑法地，主敬之謂也。此皆先儒定說，來教以知崇禮卑只好作行字，敬貫知行，未可便以爲主敬，弟亦未敢以爲然也。夫千人之諾諾，不如一士之諤諤，朋友切切偲偲，有所未洽，必須商榷。有終日往來威儀之間頗有可觀，凡及學問不通一言，弟未敢以爲深交。必講習切磋，薰然太和，絶無形骸之隔，同而異，異而同，日進無疆，方稱好友耳。弟於論學從不詭隨，亦無彼此，吾兄數十年之交，必諒之久矣。歷觀先儒成德，未有不相違覆，若一味依阿輭美，有都俞而無吁咈，恐如考亭所謂琉璃禪一彈即破耳，吾兄以爲如何？來札謂弟不遵朱子之重居敬，前書並無此言，不知此語何自而來？謂弟不能居敬，弟不敢辭；謂弟不遵居敬，弟不敢任。

應潛齋先生集卷七與秦開地第三書

承教，領悉至意。弟向以朱子臨卒改大學「誠意」章註，而不改「格物」「窮理」註，其答方賓王書曰「非以今日之誠意正心爲是，即悔前日之致知格物爲非也」，故言朱子之悔窮理也。質之吾兄，以爲不然。易曰：「默而成之，不言而信，存乎德行。」以弟之不德而言此，宜其未見信也。孔子尚言六十九歲無所得聞，至教敢不虚心？撝謙犬馬齒已六十有八，而言之然諾，多不能信，義所當爲，多不能果，尚不能望十室之忠信，吾兄教之以敬，而弟敢終之以争乎？敬聞命矣。

郜成

郜成（一六一五～一六九二）字憲公，號冰壑，絳州人。學以朱子爲宗，四子書反覆玩味，於學、庸尤精。著有大學澮言、中庸澮言、中庸學思録、致知階略、仰思記、冰壑文集。清史稿卷四八〇儒林傳一有傳。

鄦冰壑先生全書辨朱陸異同

本心、物理，原非二道，朱子之意，謂夫物理之即我心也，惟氣拘物蔽，本心之量，多有未盡，故務精究物理，以存養充廣之，久焉，則物理明而心量全矣。陸氏之學，亦謂本心之理無不具也，乃專事本心而脱略典籍，遂使本心不充，而學流於曲。此二家之大略也。今人類有兩可其説，以爲陸是尊德性，而朱是道問學者，此言殊未然。蓋朱子之道問學，而實尊德性者也，陸氏則自錮其德性矣，尚何尊之可云乎？此是則彼非，此正則彼邪，有不容兩可於其閒者也。陸氏嘗曰：「不求本根，馳心外物，理豈在於物外乎？此告子義外之學也。」朱子曰：「本心物理，原無内外，以外物爲外者，是告子義外之學也。」即此數語，可以見二家之異同矣。若粗論其同，二家皆爲君子，皆欲持世教，皆欲崇天德，皆欲無私欲，其秉心似無大異者。而實究其學宗，則博文約禮者，孔、顔之家法，屢見於論語，朱子得乎其正矣。陸氏乃言「六經皆我注脚」，又言「不識一字，管取堂堂作大丈夫」，蓋倚「吾心即宇宙，宇宙即吾心」之見而偏焉者也。本宗杲、德光之緒，亂鄒、魯、濂、洛之傳，稽其流弊，較孟子之言楊、墨，其害有甚焉者也。

鄙冰壑先生全書辨陸書

象山議論猶其近理者，至陽明則其大亂真者也。論象山外迹，則誠如陽明之序，若探其原本，人倫物理、天下國家，象山果無害乎？此義自可向知者道也。不尊德性，不可謂道問學；不道問學，不可謂尊德性。若曰用力居多，此學便屬偏曲，項平父書雖出朱子，亦陽明定論中所隱括者，何可據以爲的實也？朱子之學，居敬窮理也，存心致知也，存養省察也，的是博文約禮家法。台教摘出「格物窮理」四字，而謂其務節目而遺原本，似乎於朱子面目尚未肖也。若就原本言之，陸氏之學，自是著力原本者，第恐彼之所謂原本者，非吾之所謂原本者耳。教中所指先儒經書之語，何語非該貫動静而敦篤夫原本者？昔朱子幼時，亦曾好禪，比見延平先生，每有論説，先生只言不是，朱子再三叩請，先生曰：「只讀聖賢書便見。」今存養主敬許多話頭，皆聖賢精旨所在，人苟虚其心，平其氣，去其好惡之念，忘其先主之言，只於四書、五經、性理大全中將此等話頭一一領會，而不敢誣爲我心註脚，此道正義，可指日而了然矣。倘不屑務此，而醉心於傳習、定論諸書，則彼家立論，將此等字眼解註一齊换過，如論語博文，中庸博學，皆不肯解作讀書；大學格物，只解爲「爲善去惡」，令人一見，即爲所惑，不知曾於此等處看破否也。象山之徒，有病狂喪心者，有飲酒駡人者。其病狂喪心者，即異教中所謂著魔者也。其飲酒駡人者，即異教所謂訶佛駡祖者也。以爲我既了道，便一了百當，任我棒焉，任我喝焉，無所不可也。凡此等者，固其人之不才，實師學之誤人也。堯、舜之道，譬則日月也；陸氏之道，譬則燭炬也。堯、舜之静，淵淵其淵也；陸氏之静，池沼之澄也。神聖而至堯、舜，其閒儘有等級，若謂屏去私欲，心不外放，即是絶頂踞巔，遂將堯、舜、孔、孟併歸於守心地位，高下實覺不倫，此事當更作商量也。正道一路也，邪蹊百千也，凡百異學，誰不高言原本？但正之與邪，所差别處，只在原本上豪釐之閒。總之，彼家皆是養神，吾儒獨是盡性；彼家話頭亦有閒似吾儒者，吾儒話頭亦有閒似彼家者，世之學人，始欲以非而混其似，久將以是而斥爲非矣。是在精義，君子虚其心，平其氣，只細心於聖賢書籍，久當有以見之，非一時筆舌所能取辦也。

魏裔介

魏裔介（一六一六～一六八六），字石生，號貞庵、昆林，直隸柏鄉人（今河北邢臺市柏鄉縣）。順治三年（一六四六）進士，官至吏部尚書、保和殿大學士、太子太傅。著述有兼濟堂文集。清史稿列傳四九有傳。

兼濟堂文集卷四顧端文先生罪言序　節録

陽明爲嘉、隆間名臣，其功業爛然，自可稱述，若學問之間，關乎天人治亂，天泉橋上之言，係告子之剩論，子輿氏辨之，先生故不得不辨之也。陸象山之學，涉於頓悟，朱晦庵猶目之爲告子，況公然紹述而爲之樹赤幟者乎？善乎先生之言曰：「無善無惡四字，就上面做上去，便是耽虛守寂的學問，弄成一個空局，釋氏以之；從下面做將去，便是同流合污的學問，弄成一個頑局，鄉愿以之。」空局之與頑局，其爲世道人心之大害一也，先生烏得不辨之哉？先生之功大矣，而乃曰罪言，此亦春秋之微旨也。愚不揣固陋，爰述所聞，發先生之意，以告天下後世之言心體者。

兼濟堂文集卷九與魏環溪論學書　節録

昔朱、陸之辨紛紛，然尊德性、道問學實非二事，故晚而相合。

兼濟堂文集卷九答孫徵君鍾元書

來教褒奬過深，自慚樗朽，豈如所云。所諭王文成公生平學問功業，儘自輝煌絢爛，其闡發良知，有功後學，但傳習録一書大段透露，而無善無惡一語，曲徇其徒王龍谿之言，未免遺誤後學，此顧涇陽所以深闢之也。僕於昨歲之七月，嘗語賀宣三曰：心性一也，謂無善無惡者心之體，亦可曰無善無惡者性之體乎？若曰無善無惡者性之體，是又一告子也。尚論前輩固宜渾淳，然此所關性學甚大，故不容忽視也。吾輩以孔孟爲律令，合者尊之，不合者置之，豈容有心向背於其間哉？僕知統録一書，尚有統翼數十人，已有頭緒。因八月間忽忽歸里，未及每人作論。如董廣川、王仲淹、韓昌黎等，亦皆維持世運不得泯滅者。又如明之諸儒，向未有定論，今亦一一爲之差次，寬收之中而嚴析之，不開後世議論之端，是所貴於吾輩生同此世之意也。何如何如？保陽初二日，草復不盡。

兼濟堂文集卷九與白涵三書

人生若不學道，實爲虚度，而異學往往簧鼓，是以君子樂於就正前書，殷殷質之高明，良以此也。性有體有用，老氏襍之，申、韓壞之，佛氏亂之，故知性者鮮矣。薛文清，明代之紫陽也，醇然一出於正。陽明良知，亦是聖學正脉，而晚年爲王龍谿所誤，以無善無惡之説，筆之於書，未免遺誤後學，顧涇陽先生辨之詳矣。孫鍾元亦心服涇陽者也，然於陽明此處，未敢公然勘破。僕素推尊孟子，故其説與涇陽同，而欲以性善補陽明良知之缺耳，先生以爲何如耶？今世尚此者甚少，都門惟有孫北海，山右有魏環極，頗號同志，吾鄉則先生與申梟盟、周茗柯，指固不多屈也。因謙懷輒爾刺刺，未審是否。

兼濟堂文集卷一六王陽明之學有是有非辨

或問：王陽明之學何如？曰：是非聖人之學也。或曰：聖人之學何如？曰：觀四子之書，則知聖人之學矣。論語言仁，孟子言仁義，大學言恕，中庸言誠。推而致之，天人合德，道濟萬物，聖人之能事畢矣。陽明之學果有合於此乎？或曰：陽明之學主於良知，知即覺也。陽明以良知提醒斯世，其意與先知先覺豈有殊乎？曰：陽明之言「良知」，是也，其言「無善無惡心之體」，非也。良知何物？即心之體也。人心無無知之時，此昭昭烱烱者，即當喜怒哀樂未發之時，全是天理，知正是善，何得謂之無也。而其徒巧爲之説，曰「無善乃言其至善」也。若是，則何不曰「有善無惡者心之體」，直捷明白，省却天下後世多少葛藤，而乃爲此流弊無窮之語也。聖人何思何慮，心如明鏡止水。静固止也，動亦止也，以是爲心之體，即以是爲性之體，心中有性，而豈「無善無惡」之謂哉？至於格物之説異於紫陽，知行合一近於躐等，此尤其小者耳。余悲學者浮慕陽明之説，而不考其差謬之端，流於天竺之學而不自知，故存其「良知」之是，而辨其「無善無惡」之非，所謂瑕瑜自不相掩，固不可概以爲是，亦不可概以爲非也。

兼濟堂文集卷十六山西程策第二問對

今夫善爲學者，求之於其源而已，不窮其源，堅白異同之説起而勝之，則羊亡於多岐。善爲學者，致之於其用而已，不致其用，雖炙轂談天，且爲徂丘、稷下之徒，而無益損於世。源者何？經是也。用者何？經術是也。上古不以經著，有性不能無情，有情不能無欲，而後天地之心見，君師之道興。龍馬啟索於先天，滎河肇爻於一畫，是爲易始。墳典聚三皇之迹，丘索彙州野之文，是爲書始。衣皮偕伉儷之好，乾坤正衣裳之宜，是爲禮始。葛天之牛尾八闋，有熊之鹹池三籟，是爲樂始。敕天之載賡三章，百工之卿雲兩和，是爲詩始。嚚訟懲胤子之驕，圮族書鯉熊之敗，是則春秋之始。自是尼父删詩、書，正禮、樂，因時以紀事，著人以存天，而六經之用，與天地俱爲不朽矣。經淆而有子，經駢枝而有傳有注，然子自子也，猶傳注自傳注也。經言仁，彼言蹩躠非仁。經言義，彼言踶跂非義。黜仁義言道德，道德化陰陽，陰陽化楊、墨而悖，傷教拘生，畏險難遵，是離經也。離經者，終不可以勝經。經言禮，彼曰王不襲禮，經言樂，彼曰帝不言樂。黜禮樂，治刑名，刑名化縱横，縱横化法術而嚴，寡恩詐棄，信名失情，是叛經也。叛經者，終不可以竊經。此經所以維風範俗而爲百世不祧之宗也。説者曰經盛則才盛，經衰則才衰。才盛則治盛，才衰則治亦衰。治亂盛衰，如燈取影，響應聲。秦燼經，經不燼於秦，秦自燼耳。詩、書之熖未熄，咸陽之火已炎，故秦無經。漢興馬上，絳、灌諸大臣不悦文教，疑無經者也。自鼂錯遺濟南，古文出魯壁，而始有書。其詩、禮、春秋、易，各有大小夏侯、轅固、韓嬰、高堂生、胡母生、杜田生等學。武帝抑百家，尊六經，元光、元狩，公卿將相，炳炳麟麟。漢之經盛，漢之文章亦盛；漢之文章盛，漢之事業亦盛矣。然或者曰，秦人焚經而經存，漢人窮經而經亡，意在注疏訓詁之學，未達於性命之指乎。故漢有經之用，而未得經之源。魏、晋之際，土裂於寇，恩戕於宗，堂淪於陛，威擅於閫，故魏、晋以下無經。唐人之爲經也，以襲而成其疏。其時劣明經，優辭賦，風雲月露，靡襲六朝。唐人以不精經之故，而歧文與經爲二，則唐有經而無經。宋人之爲經也，以易則有程傳、朱子本義，詩則有朱子集注，春秋則有胡文定傳，書則有蔡西山注。他若邵子之皇極經世，易象之别解也。張子之正蒙、西銘，禮經之遺義也。紫陽之通鑒綱目，春秋之續筆也。周子之太極圖、通書，圖書、中庸之秘奥也。極深研幾，直接洙泗心傳，可謂有經矣。然一則阻於王安石、章惇，再則阻於韓侂胄，未嘗一日得行於時，而反指之爲僞學，徒與其徒私淑於其身而已。則宋之時得經之源，而未得經之用。明興，修五經大全、性理等書，得理學之正傳，故嘉、隆以前，一道同風，人材蔚然興起。自王龍谿、李卓吾之徒亂之叛之，以道學爲詬厲，而士習大壞，牛鬼蛇神，訖至於亡。則明之時，其初有經，而其後無經。皇上法古無愆，監於前代，以網羅天下士，易曰「窮則變，變則通，通則久」，則所以因其窮以求其通者，不可不講矣。一曰去累，所以聚學也。蜣之蹟也，丸累之，坊刻之牘，士之丸也。而彼以爲徑變之而精神一，精神一則抱璞者不必刖，而懷石者必不收矣。一曰端型，所以修業也。始駕馬者反之，車在馬前，學宮者，士之車也。而今鞠爲茂草，重其所爲，非通經博史者不擬授，非有其人不授，即非有其效不遷矣。一曰探策，所以核實也。炫櫝者還珠，不如徑探其珠也。蓋文辭旁引，執燭可以説燕，疑義直陳，指鼠難以名璞也。一曰清問，所以訪道也。撤霾者待日，經術陰霾，以人主之精神爲日。如太后受尚書，太子通論語，天子可平公、穀同異也。一曰尊師，所以示的也。航海者不知東西，見斗極則悟，師範者，人之斗極也。蓋命教胄子，后夔可以典樂，天敘有典，維契乃任司徒。此又鼓舞變化，不在下而在上之大略也。操此五要，去彼數失，興經學，治性情，將見窮鄉下邑，人慕稽古之榮，士解道腴之樂，所謂得經之源，而並得經之用，於以衍洙泗、濂洛之正學，堯舜、禹湯、文武之盛治，其必權輿於此矣。

約言録外篇

無董仲舒、毛公諸子，則必無兩漢四百年之太平。無周、程、張、朱諸子闡明道學，則必無有明三百年之太平。六朝之離亂，老、莊誤之也。南宋之不振，安石新學誤之也。明末之衰，禪學誤之也。第漢學收其效於本朝，宋學見其功於隔代，則以朱有僞學之禁，明有尊朱之令也。然宋儒之效，豈獨見於明朝也哉？溯流窮源，實爲孔孟之肖子，雖百世尸祝可也。

聖學知統録卷下朱晦庵先生

或謂朱子之學，流於訓詁，即其自言亦曰：「竊好章句之習，向來涵養功夫全少，而講説又多尋流逐末之弊，推類以求，衆病非一。」又曰：「邇來功夫頗覺有力，無復向來支離之病。」似自悔其著作之多者。要之，此不過卑以自牧，接引後學之虛懷，而非有慕於不立文字，不假修爲之説也。故其言曰：「若保此不懈，庶有望於將來。」然非如近日諸賢所謂頓悟之機。夫性與天道，爲中人以上言之也。文行忠信，則徹上徹下，盡人可爲之學也。假令學可以頓悟而遂已，則聖人又何必信而好古，何必筆則筆，削則削，而韋編之絶哉？若晦庵之學，可謂博學篤志，切問近思，而仁在其中者也。明之袁黄，將集註改爲删正，肆其譏評，甚且謂朱子自十八歲登進士第，學問之時原少，多見其不知量也。

魏象樞

魏象樞（一六一七～一六八七），字環極，一字環溪，號庸齋，蔚州人。順治丙戌（一六四六）進士，改庶吉士，授刑科給事中，歷工科、吏科。以事降補詹事府主簿。累遷光禄寺丞，授貴州道監察御史。康熙二十三年（一六八四），以病乞休，歸。二十六年（一六八七）卒，年七十有一，謚敏果。先生自少至老，未嘗一日輟書不讀，讀有所得，未嘗不見之行事，而尤邃於宋儒之書，故所得於理學者爲深。著有大學管窺、庸言、儒宗録、知言録、寒松堂集。

寒松堂集卷八知非録序

知與行是一乎？是二乎？竊嘗疑焉。自姚江倡爲「致良知」之説，其於大學之致知格物，猶未大失也。惟當日及門之士，頓悟者多，謬謂朱子即物窮理爲支離之學，而以沿門持鉢鄙之，俾一部大學幾墮禪窟中。余每聞至此，未嘗不廢書而嘆也。應州左翼宸先生著知非録一帙，寄余商訂。三百里之遥，如同堂焉。既卒業，知爲先生篤行之事，欿然若不自足者，筆之於書，一以自勉，一以勉人也。余維大學所謂格物，只在天理人欲處格之，即物窮理，正孔門真派。今觀此録，自立身行己，以至待人接物之間，步步踏實，務去人欲合天理而止。知病即藥，知非即是，此即先生耄年好學實録也，四十九年云乎哉？昔陳布衣云：真能知之，則行在其中矣。余反一語曰：真能行之，則知在其中矣。因附先生道誼之末，不敢以過譽聞，願與先生共勉之。

方孝標

方孝標（一六一七～一六九七），本名玄成，避康熙諱，以字行，别號樓岡，安徽桐城人。順治六年（一六四九）進士。累官至弘文院侍讀學士，坐事流寧古塔，後得釋。康熙九年（一六七〇）入滇，事吴三桂。吴敗，以迎降免死。著有純齋詩選、純齋文集、光啟堂文集等。

光啟堂集卷四答董叔迪書

僕少好學易，而家世以春秋傳，故所學不過取其象數占驗之有合於春秋者。後勤王事，罹患難，馳驅尾璅，又不得多讀書，專心玩索。雖漸學漸深，不敢不勉，然亦祇得其端緒梗概，而於廣大精微，皆志有所窺而未能逮也。昨聞足下皆有當之言，驚喜過望，不覺自忘其陋，而求教激切，乃終教之，捧讀來翰，不異暗室之睹容光，嘉禾之沃甘露矣。調停影響之説，僕泛論用世爲學之病耳，非謂如足下之高深而猶有此也。足下可爲好學也已。無極太極之辯，來教皆深造自得之言，僕何敢望。然僕愚於此向亦幾經疑信，而後稍有所見，終未知於道有合與否，敢因下教而悉陳，以求指示可乎？僕束髮時，曾聞教於一二浮屠氏，退而讀宋儒之書，乃覺陸子之言是而朱子之言非。及後受學於先師武陵夫子之門，粲然有見於心，則又覺朱子之言是而陸子之言非。近年以來，始覺兩夫子之言，本無是非，而亦不妨其有是非。何也？陸子天姿高邁，不屑屑於語言文字之間，觀其言曰「六經皆我註腳」，是羲畫且不有，而何有於太極？何有於無極？朱子天性篤實，於聖賢之言，不敢臆度，一有所見，遂確然以爲是，而煩詞屢辨之不可搖。自僕論之，陸子之學，得乎天之道者也；朱子之學，得乎地之道者也。天體本方，其用爲圓；地體本圓，其用爲方。自二氣五行，寒暑晝夜，以至萬事萬物之生死化育，對待流行，莫非自無而有，又自有而無，皆有定時，有定所，豈非方乎？然一尋其時與所之所謂定者，而今之時已非昔之時，此之所已非彼之所矣，豈非圓乎？孔子曰「易有太極」，蓋易中自有，非孔子創言之也。若昔未有知其有者，而孔子始言之也，且不特曰極，而曰太極，是有見乎六十四卦、三百八十四爻之理，無不至極於此，非極之不盡其形容，而必尊之以太，蓋恐人之視極爲一物，而伸之太，以窮其妙，已駸駸乎有無之意矣。故周子灼見及此，而勇往直前，曰「無極而太極」，非太極之上更有無極，亦非先有無極而後生太極也。此無時與所之可言，而又未嘗無時與所之可言也。故以言觀之，孔子是無中說有，周子是有中說無。然以義觀之，孔子乃自有中說無，而周子實自無中說有也。以至陸子之於方中說圓，適以成朱子之於圓中說方。朱子之信其無方圓而有方圓，固不礙陸子之不信有方圓而無方圓也。故曰：本無是非，而亦不妨其有是非也。足下以爲是耶？否耶？然此非滋辯說之事也。記昔從先師講學於萬壽宫，其時聽者數百人，有一人起而以此問，先師曰：「不過兩夫子各有所見，不能强同，無甚深意也。」其人憮然曰：「大道根本之異同，其端在此，數百年辯論不決，師何謂無其深意也！」先師笑曰：「賢果於此見得個大道根本，深體而力行之，有可也，無可也，又何辯哉？」由今思之，先師之言，乃可當來教所謂集孔、周、朱、陸之大成，而無疑於天下後世者矣。

佛氏之説，初甚鄙穢，惟後來才智之士，矯意孤尚，而道力未至孟子之人，距放欲爲孟子之事，又闢之未得其要，而從者遂不見其非，於是陰竊吾儒之説，以飾其藩籬，而義始精。故韓氏之後，佛更精於漢；歐陽氏之後，佛更精於唐；程朱之後，佛更精於宋。然究使至精，亦止能竊其一説，而不能假其全功。何也？彼止在物格而後知至之時，於家國天下，未能放之而準也。雖家國天下皆之於知，而其致此知於意於心於身，且寔有條理，寔有次第，況其遠乎？即以其顯與用論，佛曰：「度盡衆生，方得成佛。」度盡者，必天下後世，無貴無賤，皆服其服，誦其言，行其行，而後可謂之盡。試使九廟不設，牲牢不陳，閶闔晨開，梵唄齊作，天子與百執事，倶披緇膜拜於殿陛之間，而曰此治國也，平天下也，可乎？祖考不祀而祀瞿曇，詩書不教而教釋典，父子兄弟努唇怒目而棒喝一堂，曰此齊家也，可乎？然而其術，則未始不可用也。何也？彼之術，本我術也。我不能守，彼竊之。苟反而用之，以會歸吾儒之一源，此陸象山、張子韶、吴草廬、劉静修、王陽明、王龍溪、羅近溪諸先生之所以廓然大公，物來順應，又何自在安樂之他求也？或曰：儒何雜禪？曰：非雜也。入門之術，我已無之，不得已假道而入，寔皆我有。僕嘗有喻，如巨室有寳，偷兒竊以富，巨室子孫有賢者，取之還，觀者習見寶爲偷兒之有，而反訝巨室之盜，夫亦知寶其原有者乎？故僕願與足下，同勉精進，直取其寶。寶在，偷兒即巨室；寶亡，巨室亦偷兒。究之巨室、偷兒，寶皆自有，而所有有此寶者，未可一蹴而了。僕意如此，非敢云辨，惟承足下之教，敬申所懷，又何待僕之鰓鰓也。

張能麟

張能麟（一六一八～一七〇三），字玉甲，又字西山，順天大興人。順治四年（一六四七）進士，除浙江仁和縣知縣，升四川按察司副使。康熙十八年（一六七九）舉博學鴻儒試，罷歸。學宗程朱，於金溪、姚江直指爲禪，陸隴其甚稱之。著有西山文集、詩經傳説取裁等。清史列傳卷六六儒林傳上一有傳。

西山集卷四朱陸異同説

人同心也，心同理也。苟非下愚，其聰明才智豈遽遜於人者？但同是聰明，同是才智，正用之其究必歸於正，誤用之其始已墮於偏。迨墮於偏而不覺其非，又恐人之議其後也，故寧執始學之誤争勝是非，而一時頗僻之徒，復喜爲新奇便易之説，轉相師習，世道人心，因之蠱壞。此非聰明才智之禍，更什伯於下愚者哉？如朱陸異同，前人辨之已詳，何容復贅？但鱗謬輯五子一書，區區苦心，不唯欲世之宗異端者廢然知返，即世之宗理學者，本末源流，尤不可以不察也。

孟子曰：「人之所不學而能者，其良能也；所不慮而知者，其良知也。」良知、良能，豈不足貴，但此爲孩提之童未嘗學問者發耳。吾儒自入學以來，格物致知，皆從平實地上真積力踐，以至於天地萬物皆育。若云「不假修爲，合下便是」，孔子何以言「時習」、言「克復」，子思子何以言「戒慎恐懼」耶？夫格致工夫，莫先居敬，居敬之道，莫先主一。積累漸摩，自覺煩苦，聞有一術焉，簡而易從，則相與尤而效之。然天下之事物無窮，其理亦難執一，勞有常變，法有經權，譬如忠孝難以兩全，必求忠不礙孝，孝不礙忠，自非聰明才智之人不可。而苟無學術以濟之，伍員、王陵，其得謂之善全否耶？象山之學但守一心，故以涵養爲主翁，以省察爲奴婢，甚至以粗惡之性，皆認爲此心妙理。正如禪家者流，冥心求悟，不落言詮，此朱子所云大段粗暴，深似告子者也。至王陽明獨提「良知」二字，空諸所有，益爲禪家立幟，可與大學之道同年而語哉？若朱子一生學問，窮理以致知，反躬以踐實。其存之也，静而虚；其發之也，果而確；其用之也，應事接物而不意；其守之也，歷變履險而不易。其教人必以大學語孟中庸爲人道之序。以爲不先大學,則無以提綱挈領,而盡語孟之精微;不參之語孟,則無以融會貫通,而究中庸之旨趣;不會其極於中庸,則又何以建立大本、經綸大經,而論天下之事、垂萬世之則也哉?觀其所與象山論質諸書,初如旗鼓互陳,終能折服其心,自云力弱,不能僅於幾微。此本末源流之辨,朱子所能上接孔孟之傳,而下廣濂洛諸儒之教也。雖然,象山之病止任一己之私,至於持守此心,堅凝强固,用力特勤。學者不察其用力之勤,而便祖其「合下便是」之説,其流至於空虚寂滅,陷入異端而不自覺,其不爲象山罪人者幾希。嗚呼,佛老之害,彰明較著,儒者猶得以正言距之,至號爲吾儒,浸淫異教,如父捍敵於外而子納欵於内,滅人倫而絶天理,豈不哀哉!讀五子之書,源流本末,釐然具陳,千古來聖聖相傳之統,如日中天,雖與六經並垂可也。

西山集卷八讀朱子緒言

陸象山少時讀至宇宙二字,曰宇宙内事是己分内事,便是自任的意思。朱子三歲問天之上何物,便是窮理的意思。

鵝湖之會,朱陸異同之辨,遂成聚訟。不必更揚其波,但讀兩家年譜所記,朱子則有謙謹求益之心,象山不無矜高揮斥之意,則後來所未道耳。

施閏章

施閏章（一六一九～一六八三），字尚白，號愚山，宣城人。順治丙戌（一六四六）舉於鄉，己丑（一六四八）進士，授刑部主事，歷員外郎，奉使督學山左，率諸生論道講學，鄒魯之風，蔚然振起。尋以缺奉裁歸，四方知名士咸來問業，尊之曰愚山先生。康熙己未（一六七九）以博學宏詞徵入翰林，官侍講，纂修明史。辛酉（一六八一）主試河南，復命轉侍讀。癸亥卒於官。有學餘文集、學餘詩集存世。清史稿卷四八四文苑傳一、清史列傳卷七〇文苑傳有傳。

學餘堂文集卷二五朱陸異同略

朱陸之立教不同，其同歸於性學，一也。其歸既同而不能無異者，同源而異流，其從入之門徑然也。

道原於天，維皇降衷於民，厥有恒性，所謂「天命之謂性」也。而率性爲道，性不麗於空虛。修道以教，教必兼乎人事。凡古聖賢所爲垂世立教者，皆修道以復性之事也。夫子無行不與，而罕言性與天道，豈不樂語人以最上哉？天下上智少而中人多，其教以文、行、忠、信，言惟詩書執禮，使之循循，下學由焉而各得其性之所近。上之可至於聖，次之不失爲賢，層積既久，一旦涣然冰釋，有不自知其然者，所謂神而明之，存乎其人，非可以躐等而頓入也。

陸子以不世出之豪傑，獨爲直截簡易之説。以爲直見此心，萬理皆備，千聖悉同，無俟乎外求旁騖，兼容并包，致者致此，格者格此，充塞天地而不懼，横亘宇宙而無窮。此其説與夫子之一貫、孟子之收放心，誠有同原，非陸子創論也。然直舉本體，屏絶詁訓，遂以講學爲異端，以鑽研六經爲故紙，以學問思辨爲支離。充其説，遂將焚六經，罷講習，相尋於閉目冥心之地而後止，則其説亦太甚矣。

朱之説，自博而反約，由下以達上，所謂「自明誠」者也。陸之學，即約以該博，即心以具理，所謂「自誠明」者也。由朱之説，致知格物，豈其馳騖廣覽而不求諸心者乎？陸子即從而矯之，其能高談性命，塞聰蔽明，廢書不觀乎？吾又知其不然也。吴草廬嘗辨尊德性、道問學矣。夫不尊德性，所學何事？不道問學，德性又安在？二賢之教，未嘗不相成，而卒於相反，互相訾訢，其徒又加厲焉，黨甚洛、蜀，戰等玄黄，則亦學者之過也。陸子與朱子辨太極不相下，或以諫陸，陸曰：「建安亦無朱元晦，青田亦無陸子静」，蓋言道無我見也。朱子遺陸書云：「邇來頗覺向來支離之病，恨未得從容面論。未知異時相見，尚復有異同否？」又曰：「南渡以來，理會著實工夫者，吾與子靜二人而已。某實敬其爲人，未可輕議也。」然則朱陸二子殆已泯其異同矣，又奚俟乎後人沿波修釁，苦操同室之戈也。

或曰：「朱陸之異久矣，王文成亦嘗宗陸而闢朱，而子乃比而同之，可乎？」曰：異即不必諱也，亦不害其爲同，以顏曾由賜同出於夫子之門，所得不無小異，要不謬於聖人。夫子不云乎「殊塗而同歸，一致而百慮」。程子所謂「識得此仁，以誠敬守之，不俟防檢推索」。李延平教人觀未發氣象，蓋已直露最上一著。陸子之意，以爲先立其大，則吾目自明，吾耳自聰，大指亦與程李相同，而偏執其説，或流於無忌憚之小人，又非陸之本指也。朱子憂其然也，故表明六經，折衷諸儒之説，枝分節解，不能無小得失，而使學者有所依據，外之有物有則，終於無聲無臭。由思孟以及周程之言，至是集其大成。文清薛氏有言曰：「朱子之功不在孟子下。」蓋其度越諸子者，眎陸氏宏遠矣。

學餘文集卷二七復孫徵君鍾元 節録

上略。姚江立教，有間涉禪語處，其徒從而張之，致滋口實。然致知良知，語本孔孟，姚江從萬死一生中體驗得來，正大有攻苦在。學者循聲失實，空説本體，咎在不致其知，非良知之罪也。姚江之説曰：「所惡於上是良知，毋以施於下是致知。」何等知行合一。但單提此説，便覺一切記誦學問可廢，未免偏枯。此是朱陸之辨。其實尊德性，未有不道問學者。楊慈湖曰「識得此體不用工夫」，語亦有病。先生稱薛文清，明之醇儒；王文成，明之大儒。殊途同歸，不失尺寸。近日談道之儒，遂舉陽明而斥之，絶以異端，且自謂能闢王氏即爲有功斯道，心竊惑之。譬有人於此，無立錐之地而日訟其鄰人，與争界址、角門户，亦徒見其太早計也。

儒宗一書，門徑不隘，要歸一揆。就中指示精切，往往發人深省，二三同志之友，競相傳寫，日苦不給，便中再得一二册，並牋刻短言見寄，誠大惠也。家居附郭，人事沓冗，惡動求静，正是動静未合一處，此道要須静處立根，久之即動是静，乃爲得手。今尚未免憧憧，祇增纏結耳。孔伯於此大具猛力。惜草草萍散。蘇門遊記詩附呈記室，不腆之私，聊當三千里外一觴，伏惟爲道自愛。

王弘撰

王弘撰（一六二二～一七〇二），字文修，一字無異，號太華山史，華陰人。監生，博學工書。康熙十七年（一六七八）薦博學鴻詞，堅辭不就。世居華山，有讀易廬，著易象圖述、山志、砥齋集。清史稿卷五百一遺逸傳二、清史列傳卷六六儒林傳上一有傳。

砥齋集卷三朱子晚年之悔論

夫學有道也，孔子分之以三等：爲生知安行、學知利行、困知勉强行，而其成也則歸於一。歸於一，則困與勉强者，與生與安者等。與生與安者等，則視前之所爲困與勉强者，宜悦而無悔。而君子或以悔言者，蓋其自得之詣，而非直以爲悔也。直以爲悔，是廢學也，奚可哉？孔子之門，有顏子、曾子，二子之學不同，論者擬之，亦如外氏之有頓、漸兩途焉。然曾子有一貫之「唯」，而顏子之歎曰：「循循然，善誘人。」「博我以文，約我以禮。」是將何以定之與？孔子自言其學曰：「多聞，擇其善者而從之，多見而識之。」又曰：「好古，敏以求之。」其論思學之功，既曰：「學而不思則罔，思而不學則殆。」又曰：「吾嘗終日不食，終夜不寢，以思無益，不如學也。」然則聖賢之所爲學與今按：原無此數字，據點校本改。聖賢之所爲教，皆可知矣。明乎此，而金谿、新安之得失，有不待辨而決者。姚江之定論、休寧之道一，皆左袒金谿，因極言朱子晚年支離之悔，有數數然者。

夫朱子之悔誠有之，在朱子自悔則可，論朱子者，何可爲朱子悔也？爲學之功，以日新爲貴，擬議之力至變化始融。孔子之學，大約十年而一進，當其「從心所欲不逾矩」之時與「志學」之時自異。如以「從心所欲不逾矩」爲孔子晚年之定論，而以「志學」爲早年未見道之失也，可乎？

或曰：孔子何以不言悔？曰：孔子謂子貢曰：「賜也，女以予爲多學而識之者與？」此必其平日有所爲多學而識者，故有此問也。子貢曰：「然。非與？」此必平日有見其爲多學而識者，故有此對也。而後孔子曰：「非也。予一以貫之。」此朱子悔之之義也。後之儒者，空疏不學而高談性命，借「悟」之一字以飾其寡陋者，比比有之，是欲求其所爲支離者而不可得，而悔於何有？如陳白沙者，非近代之名儒乎？楊升庵譏其胸中全無古今，崔后渠遂以曹溪目之，況其下焉者哉？

嗚呼，今之所病於朱子者，爲其支離也。予謂學者爲學有道，當即自所爲支離者始，斯不失爲聖人之徒也。不然，其不流於異端者幾稀。

砥齋集卷四頻陽札記

丁巳秋九月初三日，顧寧人先生入關，主於予明善堂，將同築山居老焉。頻陽郭九芝明府使來，附朱山輝太史之訃札云：「憶前歲之冬，與先生坐張鹿洲將軍席上，辨尊經閣記。今已再歷春秋，而張將軍丘首故園及期矣。世事蜉蝣，可勝浩歎。朱太史晚年好學，文章卓然有體，一旦盍逝，關中喪一名名紳。弟與天生憑弔隕涕，哀不自禁。聞先生邇年潛修，十倍曩昔，德進名藏，甚得古處樂道之益，私衷甚爲聳悦。今聞顧寧人先生已抵山居。寧人命世碩儒，道駕儼然，非無所期而至止。關學不振已久，斯豈爲大興之日耶？」

予復之曰：「尊經閣記，大要是衍『六經皆我註腳』之緒。茅鹿門謂程、朱所不及，弟謂程、朱正不肯爲耳。知先生有未忘於懷者，而弟亦執其愚見如故也。朱山輝忽捐賓客，聞之驚悼彌旬，不勝哲人其萎之嘆。弟少耽聲色，好雕蟲之技，近五十始歸正學。今幸寧人先生不棄遠來，正欲策勵駑鈍，收效桑榆，但以有室家之累，不能脱去俗務，方自悲悔無及。先生譽逾其實，祇增赧悚耳。」

是月十有九日，予往弔朱氏，哭於山輝之柩。九芝要予入城，坐定，問别後爲學之功。予出所爲正學隅見述一册視之。九芝攜歸署，尋有札云：「敬讀大著，極其真切平正，最透徹者，尤在格物一段。如所引『天生烝民，有物有則』，舜『明於庶物，察於人倫』，認物既真，充義亦到。蓋人倫者，庶物之則也。能在『物』、『則』二字會解，物之則明，格之義自明矣。此解得之天然，當與文成『致良知』本義同尊。至云『聖人爲學有序，斷無一蹴而至之事，知行原不相離，亦斷無行在知内之理』。以傳芳思之，道理原自一貫，在己得者可，不庸其層次，若蹶下學至上達，須是自邇及遠，如知到百步地位，即從一步用心起，工夫不敢間斷，方可行到百步，若是止五十步再五十步，即有支歧舛錯之處。以此推之，行實不在知之外也。先生以爲何如？」

予復之云：「承教『物之則明，格之義自明』，此真實之解，即精辟之解也。然庶物、人倫皆此一理，言人倫者庶物之則，不如言庶物有庶物之則，人倫有人倫之則耳。弘撰之説與文成頗異，唯先生更察之。至知行之説，朱子有輕重先後之别，爲不易之言。有知而不行者矣，未有行而不知者也。豈真謂行在知外哉？亦言其序如此耳。尊札云『知到百步地位，即從一步用心起，工夫不敢間斷，方可行到百步』，此正知先行後之明徵，而先生推以爲行不在知外之證，何也？」

時李中孚先生寓居頻陽之軍砦，聞予至，使其子伯著來札云：「適聞駕臨頻城，喜出意外，謹令小兒晋謁，希與進是荷。」蓋中孚有不出門拜客之禁，予隨詣之。中孚偶患腿痛，卧病於榻，爲予强起，具雞黍，爲竟日之談。伯著侍恂恂雅飾，不愧其家學也。又數日，九芝以中孚所爲格物説見示，大要謂格物乃聖學入門第一義，入門一差，無所不差，毫釐千里，不可以不慎。古之「欲明明德於天下」節，與「物有本末」節原相連，只因章句分作兩節，後儒不察，遂昧卻物有本末之物，將格物「物」字另認另解，紛若射覆，爭若聚訟，以成古今未了公案。又謂欲物物而究之，入門之初，紛紜膠葛，墮於迷魂陣，此是玩物，非是格物。真能爲格物之學者，其用功之序，先之以主静，令胸中空空洞洞，了無一塵。物欲既格，而後漸及於物理，誠正之基本既立，然後繇内而外，逐事集義，隨時精察，天德王道，一以貫之矣。否則縱博羲皇以來所有之書，辨盡羲皇以來所有之物，總之是騖外逐末。昔人云「自笑從前顛倒見，枝枝葉葉外頭尋」，喪志愈甚，去道彌遠。末云：「姑誦所聞，藉手請教，並以質之山史先生。」

蓋九芝有札與中孚，以予札附往，故中孚以此札來，而予未知也。於是即以正學隅見述馳致之，因求其指示。中孚爲書云云，今具載卷首。予復之云：「讀手札過，蒙奬借所不敢承，而中亦尚有致疑者。以弘撰愚魯之資，固守考亭之訓，於先生『内外本末一齊俱到』之旨，實未信及。如以欲物物而究之爲玩物，則易所云『知周乎萬物』、『遠取諸物』，孟子之『明庶物』、『備萬物』，皆何以解免耶？且格物『物』字原兼物有本末之『物』在內，亦非另認

『物』字。以格物『物』字爲物欲，乃與物有本末之『物』異耳。如云『物欲既格，而後漸及於物理』，則合二説而一之，是欲致其知者先誠其意矣。於經文不合，皆心所未安也，更望教之。」

中孚札云：「承教謂『知周乎萬物妙妙』，蓋必知周萬物，始能經綸萬物，物物咸處之得

其當，而後可以臻治平之效。然遠取諸物，必先近取諸身。知明善誠身爲本而本之，則心無泛用，功不雜施，本既格，方可繇本以及末，然後明於庶物，使萬物皆備於我，何樂如之？茲因有感於大教，而弟之格物説不可以不改也。唯付來手是望。」

予即以原稿付之。過日，中孚又札云：「昨承示疑於『内外本末一齊俱到』之言，其意必爲先博文而後約禮，理窮而始可主敬也。若然，則文與理浩乎無涯，將終其身無有約敬之時矣。夫博文窮理而不約禮主敬，則聞見雖多，而究無以成性存存，便是俗學。徒約禮主敬而不博文窮理，則空疏無用，而究不足以經世宰物，更是腐儒。故必主敬以窮理，使心常惺惺，方能精義入神，隨博隨約，當下收斂，不至支離馳騖，德業與學業並進，此内外本末之貴於一齊俱到也。知行合一，其在斯乎！欲易之以内外兼詣，本末無遺，然終不若此言之吃緊而警策也。如何如何？」

予復之云：「承示教我多矣，然繹顔淵循循善誘之訓，固謂必先博文而後約禮也。又證之以博學而詳説之，將以反説約之言，益信聖賢爲學之序，窮理主敬，如此而已。然所謂先後者，豈真截然分爲二事？蓋禮即在文之中，約亦在博之際，即朱子所云『非謂窮理時便不主敬也，其間有淺深之别』，朱子於或問中言之已詳，今具載鄙著中，□□察耳。先生俗學腐儒之論，正符此旨。今以格物致知爲窮理，誠意正心爲主敬，本末不離，終始有序，自可斬斷葛藤，何必舍確有可循之指，外生支節，以滋紛紛乎？至文理無涯之説，似無庸慮。孟子云：『知者無不知也，當務之爲急。』今如此則只存『當務之爲急』一句，而『無不知也』四字，竟可删去，恐非聖賢立教意也。」

適予借閲紫陽通志，中孚札云：「先生恬定静默，弟所心服，居恒逢人説項，今近在咫尺，而不獲朝夕聚首，快我心型，中心殊悵。頃匆匆報札，唯先生可以語此，不敢令世人見也。紫陽通志録中如有論斷，乞見示。」

予復之云：「紫陽通志匆匆卒業，此極得正學之傳者，弘撰豈能有所論斷。但中有未安者，既承尊諭，亦不敢隱。如新安汪氏稱朱子之功不在孟子下，信矣，然歷數朱子之功，有云發揮於辯論，則有辨無極太極一書，以祛絶江西之頓悟，此言非也。今其書具在，試取而繹之，與所謂頓悟者有何干涉？此卻立意尊朱子而不審其實者，無乃聞其聲而不辨其音乎？至答高彙旃問中庸不傳之緒，有云：『合下先有戒慎恐懼存養一步功夫，此直造無極先天之本旨。』又云：『主静在一切動静之先，所謂無極太極不落陰陽五行者也。』弘撰謂動静一理也，主静者即主此動先之静，所謂不動之體也，安得有静先之静？先儒所云『未發不是先，已發不是後』，祇是言體用一源，顯微無間。今云主静立極在一切動静之先，恐令學者無用力處。且後儒明理之原，祇舉孔子之所謂太極足矣。今或舍太極而單舉無極，或以無極太極並舉，不特顯違孔子之言，亦大失朱子無形有理爲訓之本義矣。先生以爲何如？」

時予將東歸，中孚札云：「動静説領到，弟於先生篤好之私，有不可得而形容之者，故此來謬不自度，妄有請正，蒙先生卧榻之論，一一中弟膏肓，非道義骨肉之愛，不至此厚德之賜，感何如也。駕旋不獲祖送，中心悵結。」

予復之云：「弟於學無所得，特以辱在夙好，故中有所疑，直言無忌。卧榻之論，弟竟茫然，唯先生恕其狂瞽，幸甚。」

中孚天資高明，學識淵邃，近代之好古篤行者，罕見其匹。但意主文安、文成之説，其所從入似得之禪，故談論筆札，往往不諱。此番相會，不覺多言，亦實以心所敬事者，不欲草草負金蘭之誼耳。

次日，予遂歸。而在頻陽，又别有往還者，田憶東、李賓岱、楊白公、唐大章、武秉文、田玉田、李素心、李閶君、田子經、田傅若、周静生、田南若、楊贊石諸君，文章翰墨，唱酬無虚日。唯李天生以女病，與弟大生不獲從容晤談，及予瀕行，其女竟殤矣。山輝之子長源在苫之次，不暇及他，而喪葬盡禮，則可稱云。

砥齋集卷八下復於密庵

周子平生之學，在通書不在太極圖説也。通書與太極圖説，其理亦元不異，而發揮詳明，特絶不及無極二字之説耳。當日朱子發謂太極圖説出於穆伯長，其言斷非無因。伯長之學近於道家者流，今道藏中特載周子此篇，而他言無極者不一而足，不止老子知其雄章云然也。朱陸辨論，往返數四，陸子之言較朱子之言更爲平實。故愚意删去無極二字，以還孔子之太極，庶可以免後世之葛藤。徹去藩籬，平心細繹，當知吾言之不謬也。

山志初集卷二馮恭定

馮恭定之學，恪守程朱之訓，可謂純而正矣。稱其「口無擇言，身無擇行」，此吾輩之所當奉爲神明蓍蔡者也。讀其集，但觀其語録足矣，其詩文固可略。在公，元不欲以詩文自見也。公嘗云：「陽明先生『致良知』三字，洩千載聖學之秘，有功於吾道甚大。而先生又曰『無善無惡心之體，有善有惡意之動，知善知惡是良知，爲善去惡是格物。』夫有善有惡二句與『致良知』三字互相發明，最爲的確痛快。爲善去惡一句，雖非大學本旨，然亦不至誤人。惟無善無惡一句，關係學脉不小，此不可不辨，何也？心一耳，自其發動處謂之意，自其靈明處謂之知。即『知善知惡是良知』，可見有善無惡是心之體。今曰『無善無惡心之體』，亦可曰無良無不良心之體耶？近日學者信『致良知』之説者，併信無善無惡之説，固不是。非無善無惡之説者，併非『致良知』之説，尤不是。或曰『果如致良知之説，然則諸儒所稱，或主静，或居敬，或窮理，或静坐，或體認天理，或看喜怒哀樂未發氣象，彼皆非歟？』曰：『不然。良知是本體，居敬、窮理諸説皆是致良知工夫。致之云者，非虚無寂滅如二氏之説也。致乎，致乎，豈易言哉！』」公之論陽明，可謂公而平矣。獨於爲善去惡一句，猶有昶詞。予謂此句正不可不辨，蓋學者用功分途，正學異端分途，皆在於此，豈可謂「非大學本旨」，「而猶不至誤人」耶？

或問：「近日學者，亦知無善無惡之説之誤。又講有善之善，有無善之善。若謂善之善，對惡而言也。無善之善，指繼善之初，不對惡而言也。何如？」公曰：「吾儒之旨，只在善之一字。佛氏之旨，卻在『無善』二字。近日學者，既惑於佛氏無善之説，而又不敢抹摋吾儒善字，於是又有無善之善之説耳。又有一譬云：山下出泉，本源原清。漸流漸遠，有清有濁。謂有濁而清名始立，則可。謂流之清對濁而言，則可。謂水之源無清無濁，則不可。謂流之清爲清之清，源之清爲無清之清，則不可。知此則本體無善無惡之説，有善之善，有無善之善之説，是非不待辨而決矣。」此皆不易之論也。

公曰：「『此謂知本，此謂知之至也』一節，與上『聽訟』節雖分兩節，原是一章，非衍文，亦非别有闕文也。『右傳之四章釋本末』八字，當序在『此謂知本』節之後。」予謂以「此謂知本」接「此謂知本」，連説兩句，似禪僧機鋒語，聖賢斷無此文法。又云「一本大學都是釋格物，不必另補格物傳，傳止該九章」，然格物傳固可以不補，而今觀所補之傳，語意俱到，明晰痛切，有功於聖人，有益於來學，遂覺其有必不可少者，朱子第一作也。聞當時有人問，何不即用大學文法？朱子曰：「亦嘗擬之，終不似，故不用。」此朱子識高處。夫文以明道，道既明，不在文之似與不似也。文中子於聖賢之學，實有心解，而以模範論語遺譏後世，又不可爲鑒耶？

或曰：「書云『人心惟危，道心惟微』，解者多指人心爲人欲，道心爲天理。此説非是。心一也，人安有三心？自人而言則曰惟危，自道而言則曰惟微。『罔念作狂，克念作聖』，非危乎？『無聲無臭，無形無體』，非微乎？」此言極可思，而公非之，斥之爲異學誤人。乃公又有云：「使人有兩箇心，一箇是人心，一箇是道心，有何難精？惟其只是一箇心，所以難於辨别，難於分析。」即公此言觀之，與或所言正可相發明，而公斥之，豈以其出於陸子而遂棄之耶？

山志初集卷二臨川文選 節録

上略。千子謂「朱陸論無極、太極書，兩是而兩足存。」此意乃申陸子之説，於理實長，朱子特爲學者過慮耳。今取兩書平心細繹，自可見矣。

山志初集卷五無極先天後天龍圖太極 節録

朱子論太極、陰陽、五行，其周密過於周子，此不易之言也。但以分疏無極二字，反致費詞。

朱子既以「無形而有理」釋「無極而太極」，則「無極」二字當輕看。諸儒將無極、太極在一處苦苦較問，皆失於滯，而朱子立訓之義反晦。

山志初集卷五格物

王陽明不取朱子格物傳，謂「若待天下之物皆表裏精粗無不到然後行，則無可行之時」。此似未曾讀朱子或問：「予所謂於其分疏已明者猶骨突致詰者也。」林次崖曰：「知行相資而進，日用應接，俱不可缺，非謂天下之物未能盡知且停卻不行也。若論用功之極，則必天下之物盡格，然後爲學之成耳。補傳意蓋如此。今不悟其意，輕以終身不能行爲朱子病，竊恐未足病朱子，適自病耳。」又曰：「孟子時邪說，如許行至爲詭怪無謂。夫人君治天下許多事，費許多心，設許多官，猶不能理，況欲與民並耕而治，其勢得乎？今日又有一等人倡爲致良知不用讀書之說，不知天下義理之間許多曲折微妙，又有似是而非者，惟大聖大賢方能見得透徹無差，其餘雖盡力講解，猶不能了，如何只格去物欲便能知得？可怪可怪！又有一般人信從他，都不可曉。」吾友王仲復曰：「格物致知是大學最初用功處，其傳信不可闕。故朱子既取程子之意以補之，而復緝其說於或問中，凡十有六條。學者必合而讀之，庶可知所用功矣。」又曰：「天下有一物，必有一理。人於此理亦不至全然無知，須即其所知一二分，直推究到那十分處，方是至乎其極。此極字即事理當然之極，所謂至善者也。」又曰：「朱子謂表者人物所共繇，即所當然之則，天下之達道，而性之各具也。謂裏者吾心所獨得，即所以然之故，天下之大本，而性之一原也。學者但遇一物，須反覆推究，不惟窮其所當然，亦即究其所以然。如此既久而脱然有悟，則在物之理與吾心之理，自相會合而無不貫通。所謂『衆物之表裏精粗無不到，而吾心之全體大用無不明者』，意蓋如此。」又曰：「陽明致良知、不用讀書與心體無善無惡、知行合一等議論，皆邪說也。朱子謂：『邪說害正，人人得而攻之。』然則爲吾徒者，可不同致其力哉！」予嘗謂仲復之學所守極正，於此亦可概見。大抵陽明之學，真所謂彌近理而大亂真者，而其實始於陳白沙，至陽明而盛。白沙元無學，故人惑之者少。陽明事業、文章，炫燿一時，故天下靡然從之。其徒如王龍溪者，遂離經叛道而莫之知反矣。再傳而爲李贄，則其去白蓮、無爲等教一間耳。次崖謂「天地間自來有此差異事，有此祆怪人」，至此益信。此仲復所以謂不可不力攻也。

山志初集卷五格字訓正

「格」字訓正，亦本於朱子，然一字嘗有數義，用之各有其當，不可執一也。昔劉安禮問御吏，程子曰「正己以格物」，朱子註云：「格，正也，此乃感格之格，與大學格物字異。即如動字，知者動之動與至誠動物之動，自不同也。」

山志初集卷五知行

吕文簡與鄒文莊同遊一寺，文簡謂文莊曰：「不知此寺，何以能至此寺？」文莊曰：「不至此寺，何以能知此寺之妙？」二公相視而笑。馮恭定謂：「二説皆是，不可執一。」予謂畢竟先有知此寺之知，後乃有知此寺之妙之知。此朱子所以有先後輕重淺深大小之説也。

山志初集卷五尊經閣記

王文成尊經閣記，大要衍金谿「六經皆我註脚」之緒耳。如其所言，是經可以不尊，尊經亦可以不閣也。題曰「尊經」，文先埽經，於爲記之意不已悖乎？然金谿「六經皆我註脚」之言，謂學貴心得，亦一時自喻之見，但不可以立訓，而後儒更襲之，無論不可爲學，亦成語録套話，入耳厭聽。究其病源，皆本之禪，所謂達摩西來，不立文字者也。即如世尊上座，文殊白槌云：「諦觀法王法，法王法如是。」世尊便下坐。論此公案，亦小有理。若重拈起，豈不索然？又況帝王之道、聖賢之學哉？茅鹿門謂「此記爲程朱所不及」，不知程朱正不肯爲耳。鹿門徒以詞章名家，宜其云然也。

山志初集卷五王文成 節録

王文成道德、事功、文章，皆一代之選，而學從禪入，多涉於偏，非聖賢之訓，不能無遺議。乃今之攻之者，抨擊不已，而爲詆毁，則過矣。屠緯真稱文成異人哉！異人哉！此其贊文成至矣。然云「學爲儒而不拘於爲儒，究仙釋而不露其仙釋」，則又深於訾者也。

山志初集卷六論格物

白門有友與余論格物之義，以格去物欲爲主，反復之，終不合而罷。夫人性本善，物欲是性之所無，人欲修身，須先窮究此理，是格物。見得分明，何者是理，何者是欲。是致知。而後存其理去其欲。是誠意。欲既去，理自存，而養之充之，是正心。以至見於言動之際，爲之節文。是修身。此自然之序，必不可易者。今劈頭便說格去物欲，是直從誠意說起。況未曾窮理，則於理欲之辨尚未明晰，如何便格？且如此說，自格物以至於平天下，終無窮理之學，將聖人所謂「博文」，所謂「多聞擇善」，所謂「學問思辨」，所謂「好古敏求」之功，俱屬無有，爲大學者，只一格去物欲，空空洞洞而已。然則林次崖謂之「差異事、祆怪人也」，宜哉！

毛奇齡

毛奇齡（一六二三～一七一六），字大可，又名甡，蕭山人。康熙十八年（一六七九）應試博學宏詞科，授翰林院檢討，充明史纂修官。康熙五十五年卒，年九十四。毛氏淹貫群書，所自負者在經學，然好爲駁辯。著毛詩續傳、國風省篇、推易始末、春秋占筮書、河圖洛書原舛編、太極圖説遺議、春秋毛氏傳、春秋簡書刊誤、春秋屬辭比事記、古文尚書冤詞等。清史稿卷四八一儒林傳二、清史列傳卷六八儒林傳下一有傳。

西河合集折客辨學文

嘗讀徐仲山傳是齋日記，其中作事物心性之辨，有云：「紫陽説知行俱向外求，故知則格物，行則求事物，未免馳騖向外，若與聖賢存心知性之學有所不合，所以陽明以事物在心上求，對照挽之。然俗儒猶嘵嘵者，以爲反求心性，即禪學也。」吾謂陽明多事，尚周旋俗學，故有事物在心性上求一語。孔孟即不然，孔孟絶去事物，專求心性。大學不云乎：「心不在焉，視而不見，聽而不聞，食而不知其味。」心逐事物，便是不在，故聖賢爲學，專求此心。孔子曰「操則存」，非操此心乎？「舍則亡」，非言此心不可舍乎？孟子曰「求放心」，則惟恐其舍之，而專求此已舍之心。此一聖一賢，斬斬截截，千秋萬世，又誰敢以禪學非之！惟性亦然。中庸「不睹不聞」，此中並無事物也。孟子平旦之好惡，此中並無事物可參求也。故大學言心，祇曰慎獨；中庸言性，亦祇曰慎獨。獨者，獨也，謂一物不交，一事不接，獨有此而無有他也。慎者，謂即此而加之功也。然則聖賢之爲學，其專求心性，必不容有一毫事物參擾其閒，亦已明矣。往者施愚山作湖西道時，講學於廬陵書院，楚人楊恥庵與其徒來，正作事物心性之辨，恥庵咨嗟曰：「事物在心上求，則有心、有事物，萬物皆備，即反身而已得之，孟子之言也。若在事物上求，則天下事物必不能求，而此心已先失矣。千文曰『逐物意移』，此在兒豎能誦之，況學人乎！」時聞者嘈嘈而起，目之爲姚江之學，且有昌言孔、顔學徒，定無心上求事物者。愚山亦不省，唯唯而别。次日，愚山自言曰：「講學甚難，只一顔子不遷怒，必不能到。昨會中多人盤飧闕具，吾已取官庖責之。今晨治魚不去乙，吾又取責，則未免遷怒矣。且昨所責者，誤公也；今以口腹而責人，公私謂何？如此者，將何以治之？」恥庵曰：「治之以心而已。」衆方愕然，恥庵復徐徐舉手肅四坐云：「如此者，請列坐各道一言，可能在事物上求乎？」四坐數百人，皆俯首無一言，耳可察蠮螉。半晌，愚山幡然折膝曰：「先生言是也。吾講學二十年，憒憒久矣。今知所歸矣！」時廬陵學徒有羅姓者，自言先輩有從姚江舊講會中，學得歌法，請試之，乃歌孟子「牛山之木」篇，衆皆悚然，歌者亦慷慨悲哀，涕泗被面。歌畢，衆各起，揖謝乃罷。然則儒者求心，有必不能在事物上求者如此。

或疑心在事物上求，他無可見，然夫子與仲弓言仁，曰出門使民，則曷嘗僅求之心？不知此正求心之極功也。向謂周子主静，尚非聖學，以但求之静邊耳。聖人静固求心，動亦求心，無時無刻而不求此心，所謂無終食之間，造次必是，顛沛必是，況出門使民乎？是以出門不在門上求，曰如見大賓，則并不在賓上求。何也？以並無賓也，心也。使民不在民上求，曰如承大祭，則並不在祭上求。何也？如祭非祭也，心也。夫出門自有事物，況使民則更有使民之事與使民之物。於此而不求事物，則無處求事物矣。立與在輿亦然。世幾見事物之來，可以影響倏忽，一如飄風之當前，鬼倀之掩至者，乃曰參前，曰倚衡，此則非事物之求，而心之求矣！曰惟心之求，豈不是佛？曰聖與佛不同，而人則同；人與人不同，而此心則同，此非佛法入中國而後裁生此心，亦非佛法入中國而後裁言此心、求此心也。正心盡性，大中言之；存心養性，孟子言之。今以佛家有明心見性之説，遂使聖賢正心盡性、存心養性之正學反不敢道，裁言心性，便類佛氏，坐使上天所生，吾身所有，千聖千賢所共講共求之心性，而一旦委而歸之佛氏，可乎？夫佛氏不患其相類也，人之不類於佛氏者何限，自此心性而外，即此身已自不類，而況由身而家而國而天下而萬物，有何一可相類者！吾儒求心，有體有用；佛氏求心，有體無用。其體同，其用不同也。吾儒求心，有功有效；佛氏求心，有功無效。其功同，其效不同也。今陽明以有體有用有功有效之學，專求之心，毋論陽明所求之學與佛不類，即使有類於心，而由身而家而國而天下而萬物，全體大用，弘功極效，仍與佛氏毫不相類，則即此求心，其亦吾儒之心，聖人之心矣！況佛家求心，單拈句子，原是空求；陽明求心，存理去欲，實是誠意，即其體其功，亦原有截然不同者乎！張南士嘗曰：「吾儒用心，不同於釋，然而同此心。人與蟲獸，則絶無一同者。然而虎狼父子，蜂蟻君臣，其心亦尚有偶相類處。」今舍物求心，惟恐類禪學而棄而勿求，則君臣父子將必恐其類蟲獸而盡棄之，是蟲獸不若也。

客曰：「陽明致知，是個做不得的，但言『以之事父自然大孝，以之事君自然大忠，以之應萬事萬物無不中節』，其效驗廣大如此，便把聖人教人學問思辨、勉强積成的工夫一切埽盡。且自説此旨埋没了數百年，不知未埋没之先，那一個聖人賢人曾説過、曾做過？無論見效不見效，請陽明説出來，好做個榜樣，那知是斷斷没有的？是斷斷做不得的？」曰：「如此則喪心病狂極矣。夫知貴乎行，儒者空講理學，有知無行，陽明真有知有行者，事君則忠，事父則孝，臨事接物無不汎應而曲當，如此做不得，則將誰做得乎？且陽明未嘗言致知是生知，必迸去學問思辨、勉强積漸工夫而獨致此一知也。子徒以一己之腹，强坐君子，固已奇矣！且知之有行，以行此事物也；求心在事物，謂當求此心於事物之閒也。今陽明力行已有明效，陽明於事物又得大驗，而反謂無論見效不見效，千古聖賢，無此榜樣，詰使陽明自説。則假使陽明自説，必曰堯、舜、周、孔其榜樣也；使吾輩代陽明説，必曰陽明即榜樣也。萬一陽明使詰者自説，恐肺腸面目大有不堪爲榜樣者！況近日攻陽明，全屬門户,子欲傍其門户,彼門户多,人未必肯受。且至尊大聖,最惡門户,視蔭之年,何苦爲此?若謂陽明逼拶門弟子,苦苦勸人將聖賢大路從此阻絶,故欲以此救之,則又杞人之憂矣。予嘗作土司傳,方陽明在龍場時,土司安貴榮暴横無禮,自恃從征功,欲并諸官驛作土司地。陽明貽一書示之,彼即歸罪恐後。夫陽明何嘗苦勸人?而所至嚮化,此即躬行有效之一證矣。嘗見貴鄉道學有在敝鄉開講肆者,適敝邑有道學門徒,兄弟争繼,其人立作數千言判之,陰陽反覆,實不知其中有私與否?乃自此判出,而兄弟各執,反挑釁成隙,兩相搆訟,以至於死。然則勸人之效,誰得誰失?聖賢大路,誰通誰塞?請平心易氣,爲一省之。」

客又曰:「陽明有存理去欲之説,不知欲是去不得的。耳目口體,與生俱來,無去之理也。書曰:『惟天生民有欲。』記曰:『感物而動,性之欲也。』此豈可去乎?若作虚字,説欲仁得仁,是好一邊;生亦我所欲,是不好一邊,然未有説去欲者。惟佛家以六欲爲六賊,不可不去,儒者無是也。」曰:「存天理去人欲,此舊儒常談,未嘗始陽明也。子第拾書、記一語,謂欲不可去,而於書、記之全文仍未嘗讀。書曰『惟天生民有欲』,不又曰『無主乃亂乎』?記曰『感於物而動,性之欲也』,不又曰『滅天理而窮人欲,此大亂之道乎』?夫使無主以乂欲則必亂,不窮天理而滅人欲則必大亂,此正言欲所必去,而子盡反之,此非書、記語也。夫欲者,惡之别名也。存理去欲,猶言爲善去惡也,惡可不去乎?即朱子亦云好善惡惡，皆務決去，而求必得之，故易曰『閑邪存誠』。干寶謂去其陰，非也。論語曰「克己復禮」，朱子謂克去己私也。蓋邪惡與私，無論所生非所生，而必有以去之。克己私，則克在私，而不在己；去人欲，則去在欲，而不在人，此皆於身與己並無礙者。若謂耳目口體即是欲，去欲即是去耳目口體，則朱子謂己是身之私欲，得毋克己是克身乎？且欲不可在去留之閒也，學者用功，貴在斬截，吾儒言理，最忌鶻突，左捶而右揶，則百事骫裂。既謂之欲，則斷無在去不去之閒者。夫好善不用，惡惡不去，郭所以亡，況在用功之際乎？上蔡張仲誠讀蔡沈尚書註「有道，心嘗爲之主，而人心聽命焉」語，歎曰：「此害道語也。既曰人心，人欲也，欲可聽命乎？」推蔡沈之意，必謂欲即心，心不可去耳。昔者孟子三見齊王而不言事，門人疑之，孟子曰：「我將攻其邪心。」朱子孟子註亦引此。夫心尚可攻，豈不可去？有賊於此，律當迸逐，乃不幸而引經折獄者曰：「此民賊也。」不通者遂爭之曰：「然則此賊不可去。何也？以賊是民也，則將逐賊乎？抑留民乎？」引經之不通，何以異是！

克伐怨欲不行焉，不行欲即是去欲，未有禁絶之而尚留中者。朱註猶曰「克去己私」，則私欲不留，而天理之本然得矣。若但制而不行，則是未有拔去病根之意，而令其潛藏隱伏於胸中也，豈克己求仁之謂哉！則是去欲之説，起於朱子，欲尊朱斥王，而不識所尊爲何等，子欲附朱子，朱子不屑也。且儒佛不同，然不礙有同者，以佛有六欲而不言欲，則佛有六道可不言道矣。且佛祇薙髮，猶尚有耳目口鼻，子何不截鼻滅口，以自異於佛，嘵嘵何爲！

客又曰：「知行兩事，並無説合一者。經書所説，無一不以知行分作兩件，如『言之不出，恥躬不逮』，『其言不怍，爲之也難』之類，於知處説得緩，於行處更説得急，從未有能知自然能行，不行只是不知的説話。惟佛家教外别傳，纔有此等言語。」予曰：「子欲辨知行合一，歷引言行相對者言之，則以言屬知，以爲屬行，此是書理未通之故，不足辨也。只『知行合一』四字，予前已明言之矣。孟子曰：『孩提之童，無不知愛其親也。』孩提知愛親，無所謂行也，然而行矣。且孩提只愛親，無所謂知也，然而知矣，故孟子前説知能，此只説知，以知能合一也。此其義，紫陽亦言之。紫陽註中庸曰：『由不明，故不行。』此非不行，只是不知乎？又曰：『顔子惟真知之，故能擇能守如此。』非能知自然能行乎？然則陽明此言，即紫陽之言，而子妄謂教外别傳，何與？」往在史館時，同官尤悔庵飄題得王文成傳，總裁惡傳中多講學語，駁令删去。同官張武承遂希意極詆陽明。予曰：「何言之？」曰：「知行合一，聖人之學乎？」予曰：「知行合一有二説，皆紫陽之言，然紫陽不自踐其言，而文成踐之。」其一説，即予前所言者是也。其又一説，謂知是理必行是理，知是事必行是事，此即紫陽註中庸所云：「知，所以知此也；仁，所以體此也。」知在此，行即在此。凡所知所行當在一處，亦謂之合一。乃其註大學，於格物則所知在物，於誠意則所行又在意。在物少一行，而在意少一知，何也？有人於此曰：「吾格禮，節文登降所當習也；吾格樂，鐘鼓考擊所當事也。」知禮樂當行禮樂，乃曰「吾知在禮樂，而所行在意」，可乎？且知禮樂，只知禮樂，乃曰「吾已知禮樂，而凡吾心之所行，更不必再知」，可乎？是此知非此行，此行非此知，一知一行，斷港絶流矣！此非合一之病，不合一之病也；此非陽明之言不合紫陽，紫陽之言不自合也。武承大怒，愬之總裁。歸即作訐陽明一書，將進之，乃連具三劄，一曰孝宗非令主，二曰東林非君子，三曰陽明非道學。三劄齊進，同館官並起而譁之。會徐健庵庶子方入都，總裁咨之，健庵大驚曰：「陽明已耳，孝宗、東林豈可令史館是非顛倒至此！儻在明代，京朝内外共得以逐之矣！」總裁遽毁劄而罷。其後武承不甘，復與湯潛庵侍讀争辨格物，上書潛庵，潛庵但致書於予，竟不之答，而武承已死。既而文成一傳，館中紛紛有言宜道學者，有言宜儒林者，有言宜勳臣者，總裁斷曰：「勳臣而已。」又曰：「前史無道學傳，惟宋有之，今何必然！請無立『道學』名，但立『儒林』，而屏陽明之徒於其中，何如？」衆皆唯唯，獨予不謂然，然而不能挽也。總裁嘗召予曰：「聞子説知行，右陽明而左紫陽，有之乎？」曰：「無之。從來論文成者，皆謂其不合紫陽，而予獨曰否，請試言之。鄭端簡作今言云：『人但知陽明大學不合紫陽，然平情以觀，恐不可便以宋儒改本爲是，以漢儒舊本爲非。』王弇州題正學元勳卷云：『陽明直指心訣以上合周、程之説，所未合者，朱子耳。』嘉靖中，曾以新建從祀策山西鄉試，其議有云：『朱子訓詁章句，爲不失聖人之統而已，未必盡得聖人之心。新建致良知，簡切痛快，實有接乎孟子性善之説。即其他訓詁章句，小不盡合朱子耳，非不盡合聖人也。』」

西河合集辨聖學非道學文

聖學不明久矣。聖以道爲學，而學進於道，然不名道學。凡「道學」兩字，六經皆分見之，即或併見，亦衹稱學道，而不稱「道學」。如所云「君子學道」、「小人學道」，蓋以學該道，而不以道該學。其在論語則曰「君子學以致其道」，而在學記則曰「人不學不知道」，如是而已。

惟道家者流，自鬻子、老子而下，凡書七十八部，合三百二十五卷，雖傳布在世，而官不立學，不能群萃州處，朝夕肄業，以成其學事，衹私相授受，以陰行其教，謂之道學。道學者，雖曰以道爲學，實道家之學也。

故隋書經籍志明云，黄帝大道，但傳之其人，而不立師説。惟漢時曹參薦蓋公能言黄、老，而文帝師之，於是有道學一派倡始兩漢。而魏、晋以降，六季最盛，如陳書儒林傳載梁簡文嘗置宴殿堂，集玄儒兩家之士，先命道學，互相質難。此正清言肆出，道學盛行之際，然猶玄儒兩判無溷雜者。

是以道書有道學傳專載道學，人分居道觀名爲道士。士者，學人之稱。而琅書經曰：「士者何？理也。身心順理，惟道之從，是名道學，又謂之理學。」宋儒言理如此。

逮至北宋，而陳摶以華山道士自號希夷，與种放、李溉輩張大其學，竟搜道書無極尊經、及張角九宮，倡太極、河、洛諸教，作道學綱宗，而周敦頤、邵雍與程顥兄弟師之，遂篡道教於儒書之間。其説詳見予河洛原舛及太極遺議諸文。又佛書禪源詮集亦載太極圖，名阿棃耶識，相傳周濂溪亦受之了元禪師者，今遺議不載。至南宋朱熹，直勾史官洪邁，爲陳摶特立一名臣大傳，而周、程諸子則又倡道學總傳於宋史中，使道學變作儒學。凡南宋儒人，皆以得附希夷道學爲幸。如朱氏寄陸子静書云：「熹衰病益深，幸叨祠禄，遂爲希夷直下孫，良以自慶。」又答吕子約書云：「熹再叨祠禄，遂爲希夷法眷，冒忝之多，不勝慚懼。」是道學本道家學，兩漢始之，歷代因之，至華山而張大之，而宋人則又死心塌地以依歸之，其爲非聖學，斷斷如也。

向在史館，同館官張烈倡言陽明非道學，而予頗爭之，謂道學異學，不宜有陽明，然陽明故儒也。時徐司寇聞予言，問道學是異學，何耶？予告之，徐大驚，急語其弟監脩公暨史館總裁削道學名，敕明史不立道學傳，祇立儒林傳，而以陽明隸勳爵，出儒林外，於是道學之名，則從此削去，爲之一快。當是時，予辨陽明學，總裁啟奏，賴皇上聖明，直諭守仁之學過高有之，未嘗與聖學有異同也，於是衆論始定。即史官尤侗作陽明傳，其後史斷亦敢坦坦以共學適道，取「學道」二字歸之陽明，特聖學何在，則終無實指之者。

予謂聖學之中原該「道」字，初學聖人衹謂之學，學聖既成即謂之道。學者道之始，道者學之終，既非兩途，又非兩事，且並無兩功夫，第從事於此而學在是，道即在是焉。是以聖學聖道只在忠恕，雖子告子貢多學一貫衹是「學」字，惟告曾子吾道一貫則全現「道」字，然而道在忠恕，學亦在忠恕。忠者，中也，執道心以去人心。恕者，推也，去人心以推道心。此本堯、舜、禹、湯相傳之道，當時所稱道經者，而聖門諸徒則皆受之以爲學，是「忠恕」二字合之道經十六字，舉千聖百王、賢愚治亂、古今一貫者，而衹以精一、允執成學者之事，則聖學之該聖道，概可見矣。

然且允執之忠，全在去人心，盡屏其自私自利之心，以推其道心。是道全藉學，而忠又全藉乎恕，道學忠恕總是一貫。是以曾子忠恕曰「吾道」，曰「夫子之道」，一何鄭重，而子貢以學該之，祇一「恕」字。如子貢曰「一言而終身行」，一貫也，道也；曰「其恕乎」，則祇恕也。且以「不欲」、「勿施」八字示之，曰「學恕已也」；又曰「我不欲人之加諸我也，吾亦欲無加諸人」，恕也，而進乎道也，曰「非爾所及也」。恕固可進道，而時則未也，須學也，乃終以博施濟衆爲聖仁。堯舜推忠行恕，立聖道之極，而夫子終以能近取譬，歸之强恕。謂忠之必藉乎恕，道之必藉乎學，有如此。

道學則不然，並一道家，而各立名目。其在北宋曰「主静」，清静教也；曰「立極」，無極之宗也；曰「涵養用敬」，則養以毓其氣，敬以定其神，葆秘之事也。世無審動静、探主宰、且葆秘神氣而可云行聖學、入聖道者。至南宋云「格物窮理」，則又竊儒書名目，以陰抒其萬物之奥，聖人至賾之道教，其並非儒學，早已顯著。乃一聞聖道、夫子之道，而相顧茫然，徒以萬殊一本當之。夫萬殊一本，佛家之萬法歸一也，且亦籠統，何着落？及聞「忠恕」二字，宜憬然矣，乃猶疑借端，曰此不過借學者盡己推己之目以著明之。夫明指本心明明，以學道一貫，直本之堯舜以來共推共執之道心，而猶曰借端，是於當身且不知，而欲其知道、知學，得乎？

況博施濟衆，正推己之極，爲子貢終身行恕之終事，並不高遠。大學「明德」必至「新民」，中庸「成己」必至「成物」，論語「修己」必至「安人安百姓」，孟子「獨善其身」必至「兼善天下」，即學記記學，自「九年大成」後，忽接曰：「夫然後足以化民易俗，近者悦服，而遠者懷之。」是博施濟衆正聖道之成，爲聖學中所有事，而乃以子貢徒事高遠斥之，則毫釐不知學道者，故曰道學非聖學，大須辨也。

然且以能近取譬，亦作借端，謂如釋氏説，如標月指月，雖不在指上，亦欲隨指見月，須恁地始得。夫推心取譬，求近聖仁，亦甚平易切實，何至如指月恍惚，盡付借境？況忠恕既借取譬，又借一身所有，並無着落。七尺男子，直等之鄰人之醯，已屬怪事，又且指月之解，出自圓覺經脩多羅教，不惟道學兼唱佛説，及其唱畢久之，又云：「二三子以我爲隱乎？吾無隱乎爾！」翻然出席。如此行逕，直是佛氏舉動，以宗門而行道教，聖學埽地盡矣。

若聖道聖學，諸書一貫，論語一部，無非忠恕之道，且無非恕學，其在前文已明白可見矣。乃以大學言誠意，忠也；其止善去不善，而無自私自利之心，則恕也，此即學也。乃即以其學爲絜矩，推心度物，極盡忠恕，而明德新民，由身心意知以推之家國天下，道皆一貫，然而只一「恕」字，曰「所藏乎身不恕」；曰「所惡乎下，毋以事上，無非恕也」。中庸亦然，至誠忠也，由明善致曲，以推之動變，即恕也，亦即學也。於是成己成物，盡己性以盡物性，天地位，萬物育，何者非一貫之道？乃其學則始於忠恕，曰忠恕違道不遠；又只是恕，曰施諸己而不願，亦勿施於人。且隨以所求，未能鋪排「恕」字。至於孟子，則萬物皆備，一貫也，道也，反身而誠則忠恕也。然而强恕而行，只是恕字，蓋學也，而道在其中焉。自孔、孟不作，道學專行，聖道聖學其不明於世者，越七百年於兹矣。今一旦指出，上自堯舜，下及孔孟，始終本末，到處一貫，時時可見，人人可行，無借無雜，不疑不惑，學以致道，庶幾無媿。

後有學者，其亦從此而進求焉可耳！

張烈

張烈（一六二三～一六八六），字武承，一字莊持，大興人。康熙庚戌（一六七〇）進士，授内閣中書。己未（一六七九），召試博學鴻詞，改授翰林院編修，與修明史。張氏初嗜陽明之學，後知其誤，專守朱子家法，毅然以衛道爲己任。著王學質疑，舉陽明傳習録條辨之。於諸經尤精於易，其説亦以朱子本義爲宗。著讀易日鈔六卷，又有孜堂文集二卷。清史列傳卷六六儒林傳上一有傳。

王學質疑附録朱陸異同論

朱陸同異，非其互爲異也，乃陸之異於朱耳。天下之道，不容有二。今觀孔子語其弟子博文約禮，循循於矩度之内，未嘗敢放言高論，啟人以好異之端，則後之學孔子者，其必準諸此矣。秦漢以來，學者未覩其要。惟朱子之書，廣大精深，無所不備，而要歸於平淡切實，雍容詳至，不敢爲新奇可喜之論。其躬行也，養於未發，省於方動，致謹於威儀言動之間，以達於家國天下事物之變，一一務得其理，服官莅政，莫不竭盡誠意，致於君而利其民。觀其自贊曰：「從容乎禮法之場，優游乎仁義之府，是予蓋有志焉，而力莫能與也。佩先聖之格言，奉前烈之遺矩，惟闇然而日修，或庶幾乎斯語。」嗚呼，何其言之似孔子也！下學上達，高至於聖神無難，而下不失爲經明修行之士，天下之欲學孔子者，舍是無由矣。此非欲私一朱子而道之，在天下固如是而已矣。使必舍是而求非，無新奇徑捷之説，使人易知而樂從，而其失也，猖狂自恣，侮聖蔑經，未再傳而已不勝其弊，陸子是已。夫陸子直指人心，使人反而求之在己，似矣。然厭夫世儒之溺章句，忘本心者，而遂概舉而屏除之，孤守一心，自以爲足，曰：「學者，學此而已；問者，問此而已。」甚至以爲，「六經皆我註脚」。嗚呼，是何言也！求之孔門，未嘗有是説也。孟子之言心，將拯人於功利嗜欲之中，而陸子之言心，將置人於好古敏求之上，故以子静之高明，已不免於自許太高，自任太過，有張皇遽迫之病。況其徒不及子静之天資，徒舉師説而張大之，則浮游放蕩，僅與末禪之無忌憚者同歸而已矣，曾何益哉！雖然，宋、元之世，天下方尊尚朱子，陸氏之學不行，故其害未著，而草廬吴氏，尚以陸學不顯爲憾。及乎明之中葉，陸學大行於天下矣。何則？明之陽明，即宋之象山也。陽明以前，學者守朱學甚嚴，言純師，行純法，賢者窮理居敬，務惇於本實，而庸常之流，亦毋或有越於彝矩。即閭巷父老，往往誦習小學、性理、綱目諸書。當是時，風俗最爲淳質，議論一於下，紀綱修於上，而天下號爲治平，則朱學之效也。及陽明出，而以致良知爲説，竊大學、孟子之言，以文其佛、老之實，於宋則取象山，於明則取白沙，藉其杰爽之氣，詭幻之智，俊偉之詞，奮然而與朱子爲難。蓋世風漸下，人將生心，天下群不逞之徒，其不便於朱子之教，而欲甘心於正人者，往往有之矣，特未敢有顯言叛之者。自陽明操戈樹幟，爲天下禍首，於是魁桀黠猾之士相助爲波濤，而庸愚下士盡從風而靡，五經、四書悉更面目，綱常名教爲之埽地矣。故一傳而爲王畿，則直言二氏而不諱；再傳而爲李贄，則盡詆古之聖賢，而取夫姦雄淫暴者以爲法，雖其人已伏辜，而天下相與扼腕而歎慕之。當是時，以姚江爲聖人，誦佛、老者爲名士，掊擊朱子者爲高賢，訶詆傳註者爲儁傑，酗博狎謔者爲風流，爭自號於天下，曰：「我學禪者也。」「學姚江者也。」既顯遁於朱教之外，然後可以恣爲濁邪而不愧。蓋鄙俗之見，不可以敵聖賢，惟持高説以駕之，則名教不足束我，即無所不爲，而不失爲高士。陽明馳騁異論，欲使人人爲聖人，而適以便天下之不肖。及夫禮義之教澤已盡，貪詐之習俗已成，日囂競於功利嗜欲之内，不惟朱子之説不足以入之，即象山之本心，陽明之良知，亦視爲浮塵土梗，邈乎其不相屬矣。高談妙悟，果何益乎！王弼、何晏，罪浮桀、紂。竊以爲，陽明之禍天下，即懷山襄陵，未足爲喻。陸氏之學，不行於宋，而行於明，此其效然也。然則朱陸之辨，大是非、大利害存焉，又非獨同異而已也。我朝黜浮屏異，曩者譸張爲幻之説，學者絶不經於耳。惜也士無深志，不朱不陸，而習爲浮華無用之空言。此其尚沿於明末之習，不自覺知者也。廣厲學宫，振興絶學，尊朱子爲法，俾一返於淳實，士心其允正乎！是所賴於維皇之作極矣。

計東

計東（一六二五～一六七六），字甫草，號改亭，江蘇吴江人。順治十四年（一六五七）舉順天鄉試，後以江南奏銷案被黜。大學士王熙重之，屢薦未果。宋犖巡撫江蘇時，東殁已二十餘年，特序其遺文刊之，曰改亭集。清史稿卷四八四文苑傳一有傳。

改亭詩文集文集卷一　孝經大全序　節録

上略。孝悌之道，雖曰孩提之童無不知愛知敬，可以不學不慮，自然合於要道。此以論率性則然，若以語乎修道，則孝經亦但舉其大綱而已，其曲折纖悉，必合三禮、家語、小學，及漢、宋諸儒箋註各經之章句，彙觀而分晰之，然後知一語一動、一食一息之節，莫不有仁人孝子不敢過不敢不及之義，雍容肅穆，中乎情文之矩矱者在焉。此修道之所以率性也。

嘉、隆以來學者，大率宗姚江之教，以不學不慮爲宗，至心齋、近溪，益主直指人心、見性即道之説，海内靡然從風。其最易動人者，於孟子孩提之章，尤三致意。若是，是無論三禮、小學諸書可廢，即孝經一書舉其大綱者，皆可廢而不讀也。夫不讀三禮、小學諸書之言孝者，以箋釋經文，不知孝道之廣大而精微也；不合他經所載曾子之言，及漢、宋諸儒所推述曾子之孝行，不知孝道之篤實而神變也。忠節公生平以講學爲己任，首致力乎德本，而博采載籍，編成此集，進呈之疏十數上而不倦，忠愛之意，彌綸乎天地。經曰：「資於事父以事君。」公之盡瘁報國，從容就義，於註孝經之時，早矢之矣，此可不學而能者乎？東益以歎姚江之教，心齋、近溪之專主率性不言修道者，即於孝悌尚未得其全，而公之書爲粹然無弊也。

改亭詩文集文集卷五贈陳子萬至京師序

陳上舍宗石字子萬者，宜興陳少保公孫，處士定生先生子，我友陳子其年弟，梁苑侯氏朝宗贅婿也。以贅婿故，僑居梁苑，當四方孔道，江南人士過之者，莫不交懽。子萬與予交更久。余之過睢陽也，以見湯大參先生論學，故特留四五日。大參得蘇門孫徵君講學之傳，於斯道實有所見，予樂得以所見者相質焉。子萬從旁聽予兩人往復辯論之語，欣然樂之。既同晨夕，予益出其所見語子萬。子萬益喜，余益更喜子萬之可以言學也。追數少保公總憲之時，值高忠憲、鄒忠憲、馮恭定諸公，倡首善書院於京師，四方講學者雲集。高忠憲獨倡明考亭之教，而鄒忠憲則以所得於陽明弟子者相與參錯。其議論雖意見未盡合，然皆有功於聖學者。理學變而爲節義，而定生先生與其友吴次尾、方密之、沈眉生諸公，激昂意氣，顯賢黜佞，遂開黨人清流之禍。然定生之功於名教，天下莫不稱之。節義復流爲文章，而朝宗與其年兄弟，復先後以詩歌古文詞昭燿天下，蓋其學益醨而淺矣。然華盛者必歸於實，末盛者必返其本，亦勢所必然，吾願子萬之從事於理學也。湯先生年未四十，能棄官隱居力學，當代偉男子也。孫先生以九十歲老人，主持斯道，著書立説，調停程、朱與象山、陽明異同之見。使子萬不僑居中州則已，既久居此，則舍兩先生者，安所從問學乎？今子萬補國子上舍，將讀書成均，行有日矣，則吾又聞京師有熊青嶽先生者，能爲程、朱篤實踐履之學，予聞而心師之。又有侍讀張幹臣先生者，得鄒忠憲公之遺意，方以忠憲宗儒語要一書，風教天下。予雖疑其教未甚合於考亭，然不可謂之非卓然有所見也。子萬其以予與湯先生往復之説，質之兩先生，兩先生者必有以益子萬矣。

改亭詩文集文集卷七送蔡立先還九江序

始予與九江蔡子立先遇於京師，未相知也。與居久之，蔡子爲予言，昔曾避地寧都，與易堂諸君子友善，嘗游翠微山，宿堂中，聽魏叔子兄弟暨程山、彭躬庵、林確齋、丘邦士、曾青藜輩所論説經書文章，及賓客飲食起居酬酢，俱有法度。予聽之欣然忘倦，乃與蔡子交。且謂久不見叔子，見叔子友如見叔子焉。

時京師某倡爲攻詆陽明氏之説，附之者并攻象山，耳食者靡然從之，獨予與蔡子屹然不動。予尚爲憤激排之論，蔡子與客語不合，則拂衣竟起，或默然不一應，或間出一二語，必直指心體，不爲繁言。予於是心服蔡子之學，能不苟爲同，可謂豪傑士矣。我聞蔡子家距白鹿洞僅七十里，距鵝湖不三百里，生長其鄉，習聞其父兄長老之緒論，蔡子之得必有不同於耳食者。予嘗論自宋伊洛諸先生以正學倡率天下，至淳熙間，朱吕之教遍於江浙，而象山爲吕成公所得士，獨能自信其學，奮然與朱夫子中分學人，使曉然於易簡之法，而江西之學遂孤行於天下。即其徒不能無流弊，而朱子因其説之不相合，益深思致力，務求得其至，是以立教萬世，而小學、近思録、太極、通書、西銘之解義益出，則象山誠朱子功臣，而江西爲伊洛之砥柱矣。近代嘉隆之際，陽明修復象山之教，其講學書院及羅、鄒、聶、歐陽氏輩徧於江西矣。奮然起而攻陽明之徒者，羅整庵始之，王塘南繼之。我鄉高、顧諸先生，皆聞塘南「洪水猛獸」之論而興起者，而整庵、塘南則又江西人也。江西之學，其必求自得而不苟爲同類如此。今天下又當靡然攻象山時矣，獨立不懼，卓爾不群若蔡子者，我復得而見之，未嘗不歎江西之多豪傑，而斯道之不可以耳食求也。

始予與叔子遇於江都，縱論詩歌、古文辭，及讀叔子所著左傳經世書，臨别，予慷慨語叔子曰：「凡我兩人所辨難往復，相得極歡者，皆小人的然日亡之道也。我學有先立乎其大者，子爲象山鄉人，寧無益我？」魏子默然。今蔡子歸，叔子聞自吴亦歸，若相見，幸爲東言，無忘江東相别時語，且願易堂諸君子共勉之。行矣，蔡子無怠。

吴肅公

吴肅公（一六二六～一六九九），字雨若，號晴巖，一號逸鴻，宣城人。明諸生，入清不仕。著作甚多，有街南文集等行世。事迹見清詩紀事初編卷一。

街南續集卷二明誠録自序

少嘗聽講於里會而廢然返也，心疑而怪之，以謂聖人之旨歸，先儒所日孳孳者而如是其黓昧紕陋乎？乃蒐取儒先書，徧紬繹之。時舉世尸祝而誦説者，陽明氏已耳。不自揆，隨手評駁，有正王一編。聞者遂謂吴氏子墨守一考亭者，不知予之正王，正之以孔孟，不正之以朱子也。里中年少浮慕理學，謬相引重。丙辰後，漫以講席相推者六七年，語以所聞，因藉以精研其所未及，辨難之間，有所感發，退而與門弟子雜録之，并常所蠡測而劄記者，合之爲明誠録，匪曰能之，願擇善以相懋勉云耳。比聞斥陽明者漸繁有徒，而獨主考亭無遺議，又心疑而怪之。世斥陽明，不以其好高而遺物理乎？夫虚靈不昧之果，明德謂乎五常之性，物果命於天而與人各得之乎？未發之中，并思慮寂然乎？獨之前亦何不覩不聞乎？古大學何闕而補以致知格物之傳乎？格物者必一旦豁然乎？他若無爲爲誠，惡亦是性，有爲爲應迹，明覺爲自然，與陽明有異乎？其無異乎？孔孟當日亦曾有是乎？夫苟不合於孔孟，不惟陽明之無當於學，即周、程、朱氏可曲狥乎？如必謂周、程、朱氏已悉合於孔、孟而斤斤墨守，曾無足以自得，是亦程、朱氏孝子慈孫而祧孔、孟爲不祀之遠祖，則余所甚悲也已。

范鄗鼎

范鄗鼎（一六二六～一七〇五），字漢銘，號彪西，洪洞人。康熙丁未（一七二七）進士。究心濂、洛、關、閩諸書。及通籍，養母不仕，閉户讀書。立希賢書院，置學田贍學者，河汾人士多從受經。康熙十八年（一六七九），太常寺卿朱裴薦舉博學鴻儒，以母老辭。范氏爲學，惟彙輯古今嘉言懿行，以教學者。輯理學備考，著有五經堂文集、語録等。清史稿卷四八〇儒林傳一、清史列傳卷六六儒林傳傳上一有傳。

五經堂文集卷二理學備考序

學何以云理，又云道也？慈谿黄氏曰：「道即理也。道者，大路之名，謂理爲道者，正以人所常行，曉然易見也。」愚謂對欲曰理，對俗曰道，世之學者，或流於人欲俗情之間，故以理與道別之也。流於人欲俗情之間，尚可謂之學乎？不可謂之學，而猶曰學，故以理與道別之也。理與道，本體也；學，功夫也。學本於理與道，其功夫始正。然則學之功夫果何如？六經言學不一，求其三尺之童共曉者，莫如「學而時習之」一語。朱註曰：「學之爲言效也，效先覺之所爲也。」然則先覺果何如？古之聖賢皆先覺也。請言其近者。近如薛文清公果何如？文清去古未遠，而又近在吾鄉，故言文清也。言文清足矣，而何以及文清以後數十人也？數十人皆效文清者也。即不盡效文清之迹，而實效文清之心之理者也。效之斯已而已矣，而何以「備考」也？從來理學不一人，學亦不一類。他不具論，如從祀四人中，薛、胡之學爲一類，王、陳之學爲一類。細分之，薛與胡各爲一類，王與陳各爲一類。

鼎素偏遵薛、胡，但取薛、胡焉足矣，取與薛、胡爲類焉者足矣，而何以兼取王、陳，而何以兼取與王、陳爲類焉者？蓋薛、胡之學參以王、陳而薛、胡明，而王、陳之學亦因薛、胡而益明也。余先生祐曰：「前聖後賢之論互有發明，小有異者不害其爲大同，而非背馳不相入焉。」來先生知德曰：「理者，天下之公理，人人皆能言之，不反覆辨論，豈得爲儒？且議者，議其理也，非議其人也。」呂先生枏論陽明先生曰：「講其學而行非，勿信可也；不講其學而行是，信之可也。」論朱、陸曰：「入門路逕微有不同，而究竟本源，其致一也。」陳先生龍正曰：「顏、曾、木、卜同在聖門，其用功得力處，何嘗不小異！使當時必欲相同，亦成聚訟矣。大抵學問只怕差，不怕異。」馮先生從吾傳谿田先生曰「時與諸儒異同，蓋自有獨得之見」云。鼎故備列其人，以俟大君子考之也。備之考之，斯效之矣，而鼎果何以效之也？鼎既備列其人，備列其人之事行，以俟人人效之。鼎雖不能效之，而猶鼎之效之也。然則鼎何以知人人之能效之也？薛、胡雖理學，雖聖賢，而亦人也；人人雖不盡理學，不盡聖賢，而亦人也，人與人一也。請看薛、胡諸人有雙身乎？有疊面乎？有十手十足乎？能無翼而飛，不脛而走乎？亦猶是飲食男女者耳，猶是耳目口鼻者耳，猶是穿衣喫飯者耳，猶是君臣、父子、兄弟、朋友所與所處者耳。我能效他一言，便是一言之薛、胡；我能效他一事，便是一事之薛、胡；我能效他一時一刻之所爲，便是一時一刻之薛、胡；我能效他百年畢世之所爲，便是百年畢世之薛、胡。陽明先生曰：「箇箇人心有仲尼。」惟其有之，是以效之。

非效薛、胡諸人也，效自己固有之心耳。謂我不能效薛、胡，我不敢辭；謂我不能自效其心，我敢不辭乎！

五經堂文集卷二又理學備考序

讀書録曰：「身在堂上，方能辨堂下人曲直。故有知言之明，乃可折衷群言，不然，去取必失其當。」甚矣，讀書論世之難也，况乎理學淵源，尤非可以尋行窺高下，數墨測淺深者。近人彙輯理學，必曰孰爲甲，孰爲乙，孰爲宗派，孰爲支流，孰爲正統，孰爲閏位。平心自揣，果能去取皆當乎？多見其不知量也已。理學諸君子，有標天理者，有標本心者，有標主敬窮理者，有標復性者，有標致良知者；進而上之，有標仁者，有標仁義者，有標慎獨者，有標未發者，此馮少墟先生之言也。三代以降，學術分裂，夫子出而提仁，孟子出而增義，宋儒出而主敬窮理，文成出而致良知，此耿天台先生之言也。合而觀之，其不能不標立門户，提掇宗旨，既有然矣，鼎豈謂理學諸君子果無甲乙，果無宗派支流，果無正統閏位？但鼎自揣，委不敢甲之乙之。鼎即甲之乙之，當世未必以鼎之甲乙爲甲乙也。鼎聞理學不始於宋儒，而申明自宋儒始；宋儒之理學不盡於朱子，而集大成則自朱子始。朱子輯宋名臣言行録，但曰「以其散出而無統，掇取其要，以便記覽而已」，輯近思録，但曰「懼初學不知所入，取其關於大體而切於日用者，以爲此編而已」，亦未聞其甲之乙之云云焉爾也。世有如朱子者出，取鼎備考，删其繁宂，正其訛謬，補其缺略，序其時代，是鼎之師也，鼎所願也。世有如朱子者出，心朱子之心，而不襲朱子之迹，取鼎備考，分其甲乙，定其宗派支流，辨其正統閏位，而使應甲者甲，應乙者乙，是鼎之師也，是理學諸君子之友也，鼎所願也。

五經堂文集卷二廣理學備考序

理學一途，辨危微，分醇疵，考真僞，嚴矣。余刻理學備考，若樵者、若陶者、若行伍者、若冶銀、煮鹽者，皆得與於理學，而今又廣之，何居？馮少墟曰：「以孔子自期則可，以孔子自任則不可，以孔子望人則可，以孔子責人則不可。」嚴理學者，所以自治也；廣理學者，所以與人也。且廣之之説，不自余始也。中庸曰：「愚夫愚婦，與知與能。」孟子曰：「有爲者亦若是。」又曰：「人皆可爲堯、舜。」後人擴其爲之之功，充其知能之量者，學而已。學於事功而得其理，事功即理學矣；學於節義而得其理，節義即理學矣；學於詩詞歌賦而得其理，詩詞歌賦即理學矣。極之，學於飲食、男女、動静、語默、出入、起居之間而得其理，無往而非理學矣。理散見於事物，非有形迹可以把捉，聖賢不得已，借此名色，以形容人性固有之善耳。善學者隨處體認，無物不有，無時不然，在在皆理，在在皆學也。王陽明曰：「箇箇人心有仲尼，自將聞見苦遮迷。」陳白沙曰：「莫歎老慵無著述，真儒不是鄭康成。」識得此義，理學備考又多乎哉！而何庸余廣爲不然？而徒拾幾句周、程、張、朱唾餘，説幾句薛、胡、王、陳套話，穿幾件章甫縫掖衣服，記幾節太極、通書文章，而詡詡然自足曰：「我理學也。」又何怪理學之名，古今好事者作話柄，資戲謔哉！

李顒

李顒（一六二七～一七〇五），字中孚，盩厔人。學者稱二曲先生。生平安貧樂道，論學以悔過自新爲宗旨，以静坐觀心爲入手，謂「學者當先觀象山、慈湖、陽明、白沙之書，闡明心性，直指本初，然後取二程、朱子及康齋、敬軒、涇野、整庵之書玩索，以盡踐履之功，下學上達，一以貫之」。著二曲集等。清史稿卷四八〇儒林傳一有傳。

二曲集卷三常州府武進縣兩庠匯語 節録

先生曰：「不講學者，可無論已。乃有挺身號召，名爲講學者，及察其實，仍舊只是掣章句、論書旨。如此只是講書，非講學也。即真正不泥章句，不滯故紙，能以理道爲務，則又舍目前各人進步之實，茫不究心。往往言太極、談理性，辨朱陸異同，指陽明近禪，葛葛藤藤，惟鼓唇吻，此其一病也。淺之爲富貴、利達之名，深之爲聖賢、君子之名，淺深不同，總之爲大病。此病不除，即謹言慎行，終日冰兢，自始至終，毫無破綻，亦總是瞻前顧後，成就此名根；畢生澆灌，培養的是棘蓁。爲病愈深，死而後已。此皆膏肓之證，盧、扁之所望而卻走者也。」

二曲集卷四靖江語要 節録

問朱陸異同。先生曰：「陸之教人，一洗支離錮蔽之陋，在儒中最爲儆切，令人於言下爽暢醒豁，有以自得；朱之教人，循循有序，恪守洙泗家法，中正平實，極便初學。要之，二先生均大有功於世教人心，不可以輕低昂者也；若中先入之言，抑彼取此，亦未可謂善學也。然辨朱辨陸，論同論異，皆是替古人擔憂。今且不必論異同於朱陸，須先論異同於自己。試反己自勘，平日起心動念，及所言、所行，與所讀書中之言，同耶？異耶？同則便是學問路上人，尊朱抑陸亦可，取陸舍朱亦可；異則尊朱抑陸亦不是，取陸舍朱亦亦不是。只管自己，莫管别人。」

先覺倡道者，皆隨時補救，正如人之患病，受癥不同，故投藥亦異。孟氏而後，學術墮於訓詁詞章，故宋儒出，而救之以主敬窮理。晦庵之後，又墮於支離葛藤，故陽明出，而救之以致良知，令人當下有得。及其久也，易至於談本體而略工夫，於是東林顧、高諸公及關中馮少墟出，而救之以敬修止善。若夫今日吾人通病，在於昧義命，鮮羞惡，而禮義廉恥之大閑，多蕩而不可問。苟有真正大君子，深心世道，志切拯救者，所宜力扶義命，力振廉恥，使義命明而廉恥興，則大閑藉以不踰，綱常藉以不毀，乃所以救世而濟時也。當務之急，莫切於此。

一士問格物，曰：身心意知、家國天下，皆物也，而知爲主，炯炯於心目之間，具衆理，應萬事，與天地合德，而日月合明，通乎晝夜，而知即章首所謂「明德」也。格物，格此而已。此物明，則知至。知一致，而意之發動有善有不善，便一一自知，實實爲善去不善，便是明明德於意。心有正，以此齊家，便是明明德於家；以此治國，便是明明德於國；以此平天下，便是明明德於天下。若如世儒之論格物，要物物而知之，是博物於天下，非明明德於天下。

二曲集卷一一東林書院會語 節録

高先生曰：「馮子有言，效先覺之所爲，説爲便不落空。」先生曰：「『學，覺也。』覺以覺乎其固有，非覺乎先覺之固有也。然不效先覺之所爲，則覺亦未易言也。先覺所爲，如堯之『執中』，舜之『精一』，禹之『祗承』，湯之『以義制事，以禮制心』，文之『不臨亦式，不諫亦入』，武之『敬勝怠，義勝欲』，周公之『思兼』，孔子之『敏求』，顔之『愚』，曾之『魯』，元公之『主静』，二程之『主敬』，朱子之『窮理致知』，象山之『先立乎其大』，陽明之『致良知』，甘泉之『隨處體認』，皆是也。學者誠效其所爲，就養之所近而時習焉，則覺矣。始也效先覺之所爲而求覺，終也覺吾心之固有，而爲己之所當爲。若自始至終，實實效先覺之所爲，是義襲於外也，是行仁義，非由仁義也。所爲雖善，終屬外入，又安能左右逢源以稱自得哉？」

高先生曰：「言滿天下無口過，其惟紫陽夫子乎！『六經皆我註脚』，是陸子之口過也；『滿街都是聖人』，是王文成之口過也。學者一啟口，而不可不慎如此。」先生曰：「紫陽之言，言言平實，大中至正，粹乎無瑕，宛然洙泗家法。陸、王矯枉救弊，其言猶藥中大黄、巴豆，疏人胸中積滯，實未可概施之虚怯之人也。」

二曲集卷一五富平答問 節録

先生曰：「姚江當學術支離蔽錮之餘，倡『致良知』，直指人心一念獨知之微，以爲是王霸、義利、人鬼關也，當幾覿體直下，令人洞悟本性，簡易痛快，大有功於世教。而末流多玩，實致者鮮，往往舍下學而希上達，其弊不失之空疏、杜撰、鮮實用，則失之恍惚、虚寂、雜於禪，故須救之以考亭。然世之從考亭者多闢姚江，而竟至諱言上達，惟以聞見淵博、辯訂精密爲學問之極，則又矯枉失直，勞罔一生，而究無關於性靈，亦非所以善學考亭也。即有稍知向裏者，又祇以克伐怨欲不行爲究竟，大本大原，類多茫然。必也以致良知爲本體，以主敬、窮理、存養、省察爲工夫，由一念之微致慎，從視、聽、言、動加修，庶内外兼盡，姚江、考亭之旨，不至偏廢，下學上達，一以貫之。故學問兩相資則兩相成，兩相闢則兩相病。」

附：門人李修録授受紀要

學脉最怕夾雜，學術不可不醇。先覺之學脉正而學術醇者，宋則周、程、張、朱，明則薛、胡、羅、吕、顧、高、馮、辛，咸言言中正，字字平穩，粹然洙泗家法，猶布帛菽粟、規矩準繩，一日不可無，無則不可以爲人，若厭平常而喜新奇，非狂即妄，狂與妄，學者之深戒也。

若夫良知之説，雖與程、朱少異，然得此提唱，人始知契大原，敦大本，自識性靈，自見本面。夫然後主敬窮理，存養省察，方有著落，調理脉息，保養元氣，其與治病於標者，自不可同日而語。否則，學無來歷，主敬是誰主敬？窮理是誰窮理？存甚養甚？省甚察甚？故學問必相須而後成，尊一闢一，二者俱病，能去此病，學斯無病。噫！此惟可與知者道，未可與固矣夫高叟言也。

學問貴知頭腦，自身要識主人。誠知頭腦則其餘皆所統馭，識主人則僕隸供其役使。使今既悟良知爲學問頭腦、自身主人，則學問思辨、多聞多見，莫非良知之用。所謂識得本體，好做工夫，做得工夫，方算本體。尊德性不容不道問學，道問學乃所以尊德性。此正喫緊切務，自不得作第二義看矣。來翰中正無偏，與區區所贈鄙説吻合，無俟剖析，若再剖析，反涉葛藤。易曰：「默而成之，不言而信，存乎德行。」願相與共勉之。

周、程、張、朱，薛、胡、羅、吕，顧、高、馮、辛，乃孔門曾、卜流派。其爲學也，則古稱先，篤信聖人。陸、吴、陳、王，心齋、龍溪，近溪、海門，乃鄒、孟流派，其爲學也，反己自認，不靠見聞，亦不離見聞。吾儒學術之有此兩派，猶異端禪家之有南能北秀，各有所見，各有所得，合併歸一，斯無偏。若分門别户，牢不可破，其識力學問，蓋可知矣。中無實得門，而上争閒氣。噫！弊也久矣。

曩謬竭愚衷，吐人不敢吐之隱，洩人不敢洩之秘，無非欲高明直下，敦大原，識本體耳。誠識本體，循下學之規，由階級而進，則收攝保任，好做工夫；做得工夫，纔算本體。

來諭謂「『帶來帶去』等語，未免涉禪」，慚悚慚悚，然荆川、龍溪亦曾有是言，可覈也。夫學必徹性地而後爲真學，證必徹性地而後爲實證，若不求箇安頓著落處，縱闡盡理道，總是門外輥；做盡工夫，總是煮空鐺，究將何成耶？學蔀通辯，陳清瀾氏有爲爲之也。是時政府與陽明有隙，目其學爲禪，南宮策士，每以尊陸背朱爲口實，至欲人其人，火其書，榜諭中外，通行禁抑，渠遂曲爲此書，逢迎當路。中間牽强傅會，一則曰禪陸，再則曰禪陸，借陸掊王，不勝詞費，學無心得，門面上争閒氣，自誤誤人。識者正當憐憫，何可據爲定論？

來諭謂：「陽明之學，天資高明者得力易；晦庵之學，質性鈍者易持循。」誠然，誠然。然晦庵教不躐等，固深得洙泗家法，而其末流之弊，高者徇迹執象，比擬摹倣，畔援欣羡之私，已不勝其憧憧；卑者桎梏於文義，糾畫於句讀，疲精役慮，茫昧一生而已。陽明出而横發直指，一洗相沿之陋，士始知鞭辟著裏，日用之間，炯然涣然，如静中雷霆，冥外朗日，無不爽然自以爲得。向也求之於千萬里之遠，至是反之己而裕如矣。昔鳳麓姚公遇友以陽明爲詬病，公曰：「何病？」曰：「惡其良知之説也。」公曰：「世以聖人爲天授，不可學，久矣。自良知之説出，乃知人人固有之，即庸夫小童，皆可反求以入道。此萬世功也，子曷病？」其人豁然有醒。由斯以觀陽明之學，徹上徹下，上中下根，俱有所入，得力蓋尤易，豈必天資高明者始稱易耶？然此本辯乎其所不必辯。目前緊要在切己自審，如欲做箇德業名儒、醇正好人，則程氏遺書、朱子録要、薛氏讀書録、胡氏居業録，言純師，行純法，於下學繩墨，無毫髮走作，精研力踐，儘足自樹。若欲究極性命大事，一徹盡徹，一了百了，不容不以龍溪集爲點雪紅爐，嵐霧指南，輔以象山、陽明、近溪語録及聖學宗傳，日日寓目，食寢與俱可也。下略。

附：張珥學髓序

盩厔李先生之振絶學於關中也。不肖珥耳其名，葵如焉；炙其範，玉如焉，醇如焉；紬其論議，穹如淵如焉，奧窔如焉，而復日如月如焉。於爍哉，其殆横渠先生、恭定公後一人耶。戊申夏，先生至同，不肖珥追隨於廣成觀，復追隨於含章子之書室，首請「朝聞夕死」之義。先生開示大指，鞭策篤摯，且曰：「年踰半百，不急了當心性，終日沈酣糟粕中，究於自心何得爾！」時茫然自失，恨見先生之晚，而先生亦不以不肖爲弗可語，遂以學髓見示。

學髓者，先生口授含章子以切要之旨，而含章子手録者也。讀之戚戚於心，亦手録而歸。未幾，偶繙學蔀通辨，疑團四起，抵捂弗入。適承先生遠詢近修之況，輒狂妄請質朱陸異同及陽明先生挽朱歸陸之説，先生復札娓娓近千言，大抵謂：「誠得本體，循下學之規，由階級而進，則龍侍御聖學十二關亦可借以收攝保任；若學證不徹性地，即闡理道，做工夫，總是門外輥煮空鐺耳，將何成耶？」又曰：「行年如許，未必再如許，不但文章功名至此靠不得，即目下種種見解果終靠得否耶？須當自覷自認，自覓主宰。」既而先生再至吾同，細加迪誨，兼示以「全體大用」之學，不肖珥於是涊然汗下，始知先生之學以陽明先生之「致良知」爲明本始，以紫陽先生之「道問學」爲做工夫，脉絡原自井然。私心妄生枝節，今試取聖經一章，詳加翫味，「平」也，「治」也，「齊」也，「修」也，「正」也，「誠」也，而必先「致知」，是知之必先致也審矣。「致良知」之説，有漏義乎？「物格而后知至」，是物無格之之功，則知之必不至也，又審矣。「誠正修齊治平」於何措手，「道問學」之説，有漏義乎？先生獨探奥秘，勘破朱陸兩氏補偏救弊之苦心，而一以貫之，滴骨之血，一口道盡，有功於斯道，有功於天下萬世，豈尠小哉！

學髓之旨，蓋專爲含章子及不肖珥下鍼砭，觀「年踰半百」及「行年如許」之言，可以會矣。

含章子不忍秘之枕中，刊公同志，不肖珥因述迷悟之關，賴先生惓惓開發者如此，其欲立欲達之心，蓋廓乎無垠哉！嗟夫，人誠致力於斯髓也，皮骨通靈矣。

二曲集卷一六答邵幼節

所寄粵友來書萬餘言，以朱、王異同爲訂，用心可謂勤矣。然未免舍目前切己之實，而葛藤已往公案，替古人耽憂，本非至不得已。僕不欲饒舌，幸爲我善辭可也。

二曲集卷一七答岐山茹明府　節録

昨公與小兒從容浹談，論及某、某與某，有云：「三君雖皆闢陽明，而實不知陽明；雖自謂尊朱，而實不知所以尊朱。」

四書反省録孟子下盡心

人之所以爲人，止是一心，七篇之書反覆開導，無非欲人求心。孟氏而後，學知求心，若象山之「先立乎其大」，陽明之「致良知」，簡易直截，令人當下直得心要，可爲千古一快。而末流承傳不能無弊，往往略功夫而談本體，舍下學而務上達，不失之空疏杜撰鮮實用，則失之恍忽虚寂雜於禪。程子言「涵養須用敬，進學在致知」，朱子約之爲「主静窮理」，以軌一學者，使人知行並進，深得孔門博約家法。而其末流之弊，高者做工夫而昧本體，卑者没溺於文義，葛藤於論説，辨門户同異而已。吾人生乎其後，當鑒偏救弊，舍短取長，以孔子爲宗，以孟氏爲導，以程朱、陸王爲輔，「先立乎其大」、「致良知」以明本體，「居静窮理」、「涵養省察」以做工夫，既不失之支離，又不墮於空寂，内外兼詣，下學上達，一以貫之矣。

學術之有程朱，有陸王，猶車之有左輪，有右輪，缺一不可，尊一闢一皆偏也。

湯斌

湯斌（一六二七～一六八七），字孔伯，號荆峴，又號潛庵，睢州人。順治辛卯（一六五一）進士，改庶吉士，授國史院檢討。從孫夏峰學，同訂理學宗傳。康熙十八年（一六七九）舉博學鴻詞，召試一等，授翰林院侍講，與修明史，尋爲明史總裁。累擢内閣學士。二十六年卒，年六十一。夏峰之學以陸、王爲宗，湯氏承師法而兼宗程、朱。出而爲政，膏澤及民。後人編湯子遺書。清史稿卷二六五、清史列傳卷八有傳。

湯子遺書卷一　學言

周子得孔孟之傳，其説太極圖也，曰：「聖人定之以仁義中正，而主静立人極。」此中庸「戒慎不睹，恐懼不聞」之旨也，而論者以爲易流於禪。竊謂不然。記曰：「人生而静，天之性也。感於物而動，性之欲也。」「不能反躬，天理滅矣。」人者，天之心也；性者，天之理也。天理非可以動静言，而主静亦不可以時位論。泥主静之説而不得其義，固易流於禪。若昧主静之意，而徒事於標末補綴，則隱微多疚，人品僞而事功無本，此鄉愿之僞學，孔孟之所深拒也。程子曰：「天理二字，吾體驗而得之。」又曰：「學者『敬以直内』爲本。」朱子曰：「静者，性之真也，涵養中體出端倪，則一一皆爲己物。」豫章、延平師友相傳，皆是此意。其曰窮理者，亦窮天所與我之理也，故可以盡性而至命，博學、審問、慎思、明辨皆其功也。後人失其精意，遂至沈溺訓詁，泛濫名物，幾於支離而無本。王守仁致良知之教，返本歸原，正以救末學之流弊。然或語上而遺下，偏重而失中，門人以虚見承襲，不知所以致之之方。至王畿「四無」之説出，益洸洋恣肆，失其宗旨，其流弊有甚焉者。故羅洪先有世間無現成良知之説，而顧憲成、高攀龍亦主性善之論。夫儒者於極重難返之際，深憂大懼，不得已補偏救弊，固吾道之所賴以存。學者先識孔孟之真，身體而力行之，久之，徐有見焉，未嘗不殊途同歸，如顏、曾爲大宗，而由、賜、師、商各得聖人之一體。若學力不實，此心無主，徒從語言文字之末，妄分畛域，根柢未立，枝葉皆僞，其所爲不越功利詞章之習，而欲收廓清寧一之功，恐言愈多而道愈晦，聖賢心傳不見於天下後世也。願學者捐成心，去故智，法古人爲學之誠，而得其用心之所在，由濂、洛、關、閩以達於孔孟，則姚江、梁溪皆可融會貫通而無疑矣。

湯子遺書卷三理學宗傳序

天之所以賦人者無二理，聖人之所以承天者無二學。蓋天命流行，化育萬物，秀而靈者爲人，本性之命，五常具備。其見於外也，見親則知孝，見長則知弟，見可矜之事則惻隱，見可恥之事則羞惡。不學不慮之良人，固無異於聖人也。惟聖人爲能體察天理之本然，而朝乾夕惕，自强不息。極之盡性至命，而操持不越日用飲食之間；顯之事親從兄，而精微遂至窮神知化之際。蓋其知明處當，乃吾性中自有之才能；參天贊化，亦吾性中自有之功用，止如其本性之分量，而非有加於毫末也。堯、舜、禹之相授受曰：「人心惟危，道心惟微，惟精惟一，允執厥中。」其爲教之目曰：「父子有親，君臣有義，夫婦有別，長幼有序，朋友有信。」此聖學之淵源，王道之根柢也。由湯、文、武、周公、孔子，以至顏、曾、思、孟，成己成物，止有此道，在上在下，止有此學。秦、漢而後，道喪文敝，賴江都、文中、昌黎衍其端緒，至濂溪周子崛起舂陵，直接鄒、魯。程、張、邵、朱以至陽明，雖所至或有淺深，氣象不無少異，而中所自得，心心相印，針芥不爽。蓋「道之大原出於天，天不變，道亦不變」。苟得其本心之同然，則千百世之上，千百世之下，固無異親授受於一堂者矣。如高曾祖禰與嫡子嫡孫精氣貫通，譜牒昭然，而旁流支派，雖貴盛於一時，而不敢與大宗相抗，蓋誠有不可紊者在也。近世學者，或專記誦而遺德性，或重超悟而略躬行。又有爲儒佛合一之説者，不知佛氏之言心言性似與吾儒相近，而外人倫，遺事物，其心起於自私自利，而其道不可以治天下國家。吾儒之道，本格致誠正以爲修，而合家國天下以爲學，自復其性謂之聖學，使天下共復其性謂之王道，體用一原，顯微無間，豈佛氏所可比而同之乎！容城孫先生集理學宗傳一書，自濂溪以下十一子爲正宗，後列漢隋唐儒考、宋元儒考、明儒考。端緒稍異者爲補遺。其大意在明天人之歸，嚴儒釋之辨，蓋吾儒傳心之要典也。八十年中，躬行心得，悉見於此。斌謝病歸田，從學先生之門，受而讀之。其折衷去取，精義微言，幸承面誨而得有聞焉。時内黄令張君仲誠力任斯道，迎先生至署中，以此書鐫俸付梓。先生命斌爲序，斌何言哉！惟願天下同志讀是書者，無徒作書觀也，止由此以復天之所與我者耳。吾之身，天實生之，無一體之不備；吾之性，天實命之，無一理之不全。吾性實與萬物爲一體，而民胞物與不能渾合無間焉，吾性未盡也。吾性實與堯舜同量，而明物察倫不能細大克全焉，吾性未盡也。吾性實與天地合德，而戒慎恐懼不能如乾健不息焉，吾性未盡也。試由濂、洛、關、閩以上達孔、顔、曾、孟，由孔、顔、曾、孟而證諸堯、舜、湯、文，得其所以同者，返而求之人倫日用之間，實實省察克治，實實體驗擴充，使此心渾然天理，而返諸純粹至善之初焉，則寂然不動，感而遂通，中和可以位育，而大本達道在我矣。不然，徒取先儒因時補救之言，較短量長，横分畛域，妄起戈矛，不幾負先生論定之苦心乎！且亦非仲誠公諸同好之意矣。陸子曰：「六經注我，我注六經，學苟知本，六經皆我注脚。」斌惟與天下學者共勉之而已。

湯子遺書卷四上孫徵君先生書 節録

上略。亦夔見示格物説，真千古定論。斌竊嘗三復古本大學，「此謂知本，此謂知之至也」，在「本亂而末治」節下。蓋修身爲本之本，即物有本末之本；格物之物，即物有本末之物；致知之知，即知所先後之知，即知止有定之知。格致誠正，所以修身，所以明德。明德爲本，新民爲末；修身爲本，家國天下爲末，一也。此即示人以格物致知之功也，下接所謂誠其意者，一段中間反復明德、新民、止至善，而終之以此謂知本。可見聖學入手，惟在誠意，而致知格物，則誠意之功也，原不得分爲二事。所謂格物者，格明德、新民之物也。明德、新民雖並舉，其實總是明德。明德即是仁，仁者，以天地萬物爲一體，一民未新，即吾德有未明處，故曰明明德於天下者。明德、新民必止於至善，則格物爲聖學徹始徹終工夫可知矣。又舉聽訟一事，蓋新民之一端，而大畏民志即明明德也，故曰此謂知本。

古本原自明白直截，非有錯文，亦無勞補義。後章如「好而知惡，惡而知美」、「若保赤子」、「心誠求之，雖不中不遠」、「所惡於上，毋以使下」云云，皆格物致知之最明白易見者也。故一部大學皆格物，特未處處明言「格物」二字耳。千古聖賢，心心相印，毫髮不爽。大學之格物，即中庸之明善，孟子之集義，理一而辭異。不然，若數聖賢各有心得，漫不相合，所謂傳心者何事哉？唐、虞授受十六字，辨晰危微，精以察之，一以守之，格物也。非禮勿視、聽、言、動，與夫非禮之禮、非義之義大人不爲，格物也。親親而仁民，仁民而愛物，各有差等，不同兼愛，格物也。即至演易系辭，窮神盡變，禮儀威儀，三千三百，無非格物也。故曰：道外無物，物外無道。

朱子以古本有錯簡，爲之改正補傳，心良苦矣。然明德、新民、止至善各爲一傳，本末、格致、誠意，各爲一傳，文義似爲明晰，而下手頭緒反不如古本之直截歸一。此陽明古本之復，誠不容已，而非有意多事、起後人之争端也。

格物之説，陽明以朱子窮至事物之理爲偏，詎知程子曰：「窮理亦多端，或讀書講明義理；或論古今人物而別其是非；或應事接物而處其當，皆窮理也。」又曰：「致知之要，當知至善之所在，如父止於慈、子止於孝之類。」朱子曰：「或考之事爲之著，或察之念慮之微，或求之文字之中，或索之講論之際。」此與孔曰「博約」，孟曰「詳説」同義，固非徒求之外物而不驗之身心。以親還父子，以義還君臣，以序還兄弟，以別還夫婦，以信還朋友，可謂真切簡當矣。然亦未有不稽之往哲，考之經、傳遂能處之咸宜者也。其或泛覽、博觀，弊精耗神，本性汩没於汗簡、竹册之中，此則不善學者之過。陽明大聲疾呼，拯其陷溺，溯流窮源，不得不歸咎朱子，然究其爲説，正以救其流弊而非操戈。後人不察，或詆朱子爲支離，或病陽明爲虚寂，皆未睹大學之全者也。

陽明以良知倡天下，功信偉矣，但言「無善無惡心之體」，而龍谿遂並意、知、物皆爲無善無惡，則覺有刺然不安者。孟子因「性善」二字費無數精神，正學始賴之以明，此正示人以大本大原，令其在在時時，兢兢業業，爲天下後世慮者誠遠也。陽明「無善無惡心之體，有善有惡意之動」，此言本自精確，而龍谿之言則恍惚茫蕩，與禪學何異？恐後學爲其所誤，君子未免歸咎陽明也。愚陋之見，不知有當否，乞直示之。下略。

湯子遺書卷四答陸稼書書

先生正學清德，僕私心嚮慕久矣。承手教及大作，仰見崇正道，闢邪説，至意嘉惠良深，敬謝敬謝。來諭云：「孔孟之道，至朱子而大明。學者但患其不行，不患其不明。但當求入其堂奥，不當又自闢門户。」此不易之定論也。再讀學術辨云：「天下有立教之弊，有末學之弊。」又云：「涇陽、景逸未能盡脱姚江之籓籬。」皆極精當。非先生體認功深，何能言之鑿鑿如此！獨謂僕不欲學者詆毁先儒，是誠有之，然有説焉。僕少無師承，長而荒廢，茫無所知，竊嘗汎濫諸家，妄有論説。其後學稍進，心稍細，甚悔之。反復審擇，知程朱爲吾儒之正宗，欲求孔孟之道，而不由程朱，猶航斷港絶潢，而望至於海也，必不可得矣。故所學雖未能望程朱之門牆，而不敢有他途之歸。若夫姚江之學，嘉、隆以來，幾徧天下。近年有一二巨公，倡言排之，不遺餘力，姚江之學遂衰，可謂有功於程朱矣。然海内學術，澆漓日甚，其故何歟？蓋天下相尚以僞久矣！巨公倡之於上，隨聲附和者多，更有沈溺利欲之場，毁棄坊隅，節行虧喪者，亦皆著書鏤板，肆口譏彈曰：「吾以趨時局也。」亦有心未究程朱之理，目不見姚江之書，連篇累牘，無一字發明學術，但抉摘其居鄉居家隱微之私，以自居衛道閑邪之功。夫訐以爲直，聖賢惡之，惟學術所關，不容不辨，如孟子所謂「不得已」

者可也。今舍其學術，而毁其功業，更舍其功業，而訐其隱私，豈非以學術精微未嘗探討，功業昭著未易詆誣，而發隱微無據之私，可以自快其筆舌？此其用心，亦欠光明矣。在當年，桂文襄之流，不過同時忌其功名，今何爲也？責人者，貴服人之心。自古講學，未有如今之專以謾罵爲能者也！或曰：「孟子嘗闢楊墨矣。楊墨何至無父無君，孟子必究其流弊而極言之，此聖賢衛道之苦心也，何怪今之君子歟？」夫陽明之果爲楊墨否，姑未暇論。竊以爲孟子得孔子之心傳者，以其知言、養氣、性善、盡心之學爲能發明聖人之蘊也。蓋有所以爲孟子，而後能闢楊墨，熄邪説，閑先王之道。若學術不足繼孔子，而徒日告於人曰，楊墨無父無君也，率獸食人也，恐無以服楊墨之心，而熄其方張之焰矣。孟子曰：「今之與楊墨辨者，如追放豚，既入其苙，又從而招之。」則知當日之與楊墨辨者，亦不乏人矣。今無片言隻字之存，則其不足爲輕重可知也。然則楊墨之道不傳於今者，獨賴有孟子耳。今不務爲孟子之知言、養氣、崇仁義、賤功利，而但與如追放豚之流相頡頏焉，其亦不自重也已。來諭云：「陽明嘗比朱子於洪水猛獸，是詆毁先儒莫陽明若也。今亦黜夫毁先儒者耳，庸何傷？」竊謂陽明之詆朱子也，陽明之大罪過也，於朱子何損？今人功業文章未能望陽明之萬一，而止效法其罪過，如兩口角罵，何益之有！恐朱子亦不樂有此報復矣。故僕之不敢詆斥陽明者，非篤信陽明之學也，非博長厚之譽也。以爲欲明程朱之道者，當心程朱之心，學程朱之學，窮理必極其精，居敬必極其至，喜怒哀樂必求中節，視聽言動必求合禮，子臣弟友必求盡分。久之，人心咸孚，聲應自衆，即篤信陽明者，亦曉然知聖學之自有真也，而翻然從之。若曰能謾罵者即程朱之徒，則毀棄坊隅、節行虧喪者，但能鼓其狂舌，皆將俎豆洙泗之堂矣，非僕之所敢信也。僕年已衰暮，學不加進，實深自愧，惟願默自體勘，求不愧先賢，或天稍假以年，果有所見，然後徐出數言，以就正海内君子未晚，此時正未敢漫然附和也。今天下真爲程朱之學者，舍先生其誰歸，故僕將奉大教爲指南焉。道本無窮，學貴心得，胸中欲請教者甚多，容圖專晤，求先生盡教之。

姜宸英

姜宸英（一六二八～一六九九），字西溟，號湛園、葦間，浙江慈溪人。康熙三十六年（一六九七）進士，官翰林院編修，三十八年充順天鄉試副考官，受主考官李蟠所累，卒於獄。擅詩文，精書法，與朱彝尊、嚴繩孫並稱「江南三布衣」。著有湛園札記、湛園集、湛園未定稿等。

湛園集卷三蘭溪縣重建尊經閣記 節録

古人治經以養心，故缺其一經，則其本末内外之不備，養之爲無其具，而才憂其不成。後世以經視經，則雖專通一經，而已足名其家，上應功令之求而有餘矣，而其實不免於俗學之淺陋。此金谿陸子所以有六經注脚之言，而朱子亦曰：經之於理，猶傳之於經。傳所以解經也，經明則可無傳；經所以明理也，理明則可無經。其説皆病。夫俗學之淺陋，欲學者反求之心，而不徒溺於口耳記誦而已也。然而陸子之説，卒不能以無疵者，其爲之無次第，得力無先後故也。蓋但知窮經，而不知内反之於心，以求其實得於己者，謂之俗學。知反之於心矣，其非有讀書窮理之功，以驗夫此心之邪正，而自陷於茫昧不可知之地者，謂之異學。陸子之學，非以求異也，而其流弊足以至此。既及於此，則何以矯正於俗學之淺陋哉？若知夫二者之弊，而其於尊經也，思過半矣。

吕留良

吕留良（一六二九～一六八三），字莊生，浙江崇德縣人。順治十年（一六五三）改名光輪，字用晦，號晚村。應試爲諸生。後棄考，被革去功名，自號恥齋老人、南陽村白衣人。先拒博學鴻儒之召，再拒山林隱逸之徵，削髮爲僧，名耐可，字不昧，號何求老人。雍正十年（一七三二）受曾静反清案牽連，被開棺戮屍，後裔流放東北。著有晚村先生詩集、晚村先生文集、吕子評語等。事迹見吕葆中吕晚村先生行略。

晚村先生文集卷一與張考夫書 節録

此理之不明，又數百年矣。毒鼓妖幢，潛奪程朱之坐，以煽惑天下也，亦久矣。此又孟子以後，聖學未有之烈禍也。生心害事，至於此極；誰爲厲階，不知所届。此凡有血氣所當共任之責，況於中讀書、識字，又頗知義理者耶？某竊不揣謂：「救正之道，必從朱子；求朱子之學，必於近思録始。」又竊謂：「朱子於先儒所定聖人例内，的是頭等聖人，不落第二等。」又竊謂：「凡朱子之書有大醇而無小疵，當篤信死守，而不可妄置疑鑿於其間。」此數端者，自幼抱之。惟姊丈聲始，頗奇其神合，故某喜從之論説，餘皆不之信也。今讀手札，所教正學淵源，漆燈如炬，又自喜瓦聲葉響，上應黄鐘，志趣益堅，已荷鞭策不小矣。昔聲始謂：「目中於此事躬行實得，只老兄一人。」於時已知嚮往，旋以失腳俗塵，無途請益。於今雖知覺未盡泯滅，而於小學入手工夫未嘗從事，直無一言一動之是，此病不是小小。

平生言距陽明，卻正坐陽明之病，以是急欲求軒、岐醫治耳。此生民禍亂之原，非僅争儒林之門户也。中略。

晚村先生文集卷一復高彙旃書 節録

道之不明也，幾五百年矣。正、嘉以來，邪説横流，生心害政，至於陸沉。此生民禍亂之原，非僅争儒林之門户也。

手教謂「陸派沸揚，朱學湮塞；從陸者易，從朱者難」，足盡末流波蕩之失。某竊維其故，亦由從來尊信朱子者，徒以其名而未得其真；而近世闡提陸説者，其權詐又出金谿之上。金谿之謬，得朱子之辭闢，是非已定，特後人未之思而讀耳。若姚江良知之言，竊佛氏機鋒作用之緒餘，乘吾道無人，任其惑亂。夷考其生平，恣肆陰譎不可究詰，比之子静之八字着腳，又不可同年而語矣。而所謂朱子之徒，如平仲、幼清辱身枉己，而猶哆然以道自任，天下不以爲非。此義不明，使德祐以迄洪武，其間諸儒失足不少。思其登堂行禮，瞻其冠裳，察其賓主儔伍，知其未曾開口時此理已失，贏得滿堂不是耳，又安問其所講云何也？故姚江之罪烈於金谿，而紫陽之學自吴、許以下，已失其傳，不足爲法。今日闢邪，當先正姚江之非；而欲正姚江之非，當真得紫陽之是。論語「富與貴」章，先儒謂必取舍明而後存養密。今示學者似當從出處去就、辭受交接處，畫定界限，紥定腳跟，而後講致知、主敬工夫，乃足破良知之黠術，窮陸派之狐禪。蓋緣德祐以後，天地一變，亘古所未經，先儒不曾講究到此，時中之義别須嚴辨，方好下手入德耳。率臆妄議，自知麤狂，無當於理，惟先生不棄其愚而教正之，幸甚，幸甚！

晚村先生文集卷一　與施愚山書　節録

某跧伏荒塍，日趨弇固。偶於時藝寄發狂言，如病者之呻吟，亦其痛癢中自出之聲，而賞音者以爲有當於歌謳，顧先生亦有取焉，又自愯然也。至謂痛抹陽明太過，爲矯枉救弊，此則非某所知。平生於此事不能含糊者，只有「是非」二字。陽明以「洪水猛獸」比朱子，而以孟子自居。孟子是則楊墨非，此無可中立者也。若謂陽明此言亦是矯枉救弊，則孟子云云，無非矯救，將楊墨、告子皆得並轡於聖賢之路矣。且所論者「道」，非論「人」也。論人，則可節取恕收，在陽明不無足法之善；論道，必須直窮到底，不容包羅和會，一著含糊，即是自見不的，無所用争，亦無所用調停也。使陽明而是，則某爲邪説，固不得謂之太過；陽明而非，則某言猶有未盡者，而豈得謂之太過哉？從孔孟、程朱，必以辨明是非。

爲學，即從陽明家言，渠亦直捷痛快，直指朱子爲楊墨，未嘗少假含糊也。然則不極論是非之歸，而務以渾融存兩是，不特非孔孟、程朱家法，即陽明而在，亦以爲失其接機把柄矣。某所以寧犯不韙之名，而不敢以鶻突放過也。先生不鄙其愚，伏望更有以垂誨之，幸甚，幸甚！

趙士麟

趙士麟（一六二九～一六九九），字麟伯，號玉峰。河陽人。康熙進士。授貴州平遠推官，改直隸容城知縣，創正學書院。後歷任吏部主事、光禄寺少卿、副都御史、浙江巡撫、江蘇巡撫。一生潛心正學，以朱子爲歸，有讀書緑衣堂全集、武林會話等。清史稿卷二七五有傳。

讀書緑衣堂全集卷一金容會語

先儒謂明道在朱陸之間。又謂朱子得陸子乃不偏。予謂陸子得朱子乃不偏。陽明「致良知」之説，雖從龍場悟出，然實發端於象山扇訟一案。人繁苦於辭章訓詁，一聞其説直截簡易，如脱塵囂而得清凉，快矣。慈湖、龍溪推極師門宗旨，又從最上一層説法，上下四表一齊打通。有則有此理，但説得太現成了些，人信不及，指爲禪，宜哉！

讀書綵衣堂全集卷二金容會語

問：後人爲朱陸二家調停，是否？曰：托中行而僞者，鄉愿也。朱陸各有不相掩處，同者自同，異者自異，正其不托中行不僞處。今欲與之調停，是托且僞也。且紫陽得周之精，具程之正，溯源鄒魯，上窺姚姒，未可輕議。即象山亦有未可輕議處。

讀書綵衣堂全集卷三武林會語

陸子静之學，在人情物理事變上用功，荆門之政，幾於三代。晦翁門人吹毛求疵，共指爲禪，亦覺欠公。

讀書綵衣堂全集卷四金閶會語

孔子學之不講，引爲己憂。孟子好辯，謂不得已。蓋其時堯、舜、禹、湯、文、武、周公之道，未大著於天下，而復有楊朱、墨翟之言以亂之，故孔子不得不講，孟子不得不辯。至漢儒讖緯、九流之流於雜，唐士釋老、辭章之出於支，而道大晦。至宋濂、洛、關、閩諸大儒出，然後取而表章之，聖教遂大明於天下。厥後朱陸異同之辨，陽明「良知」之攻，又成聚訟。

夫朱子兼周子之情、程子之正，無可異議。即象山八字著腳，晦庵敬其爲人，安可輕議，吾存其説可也。「良知」二字本於孟子，文成學業事功，表表人寰，亦安可輕議，吾存其説可也，亦安用詆毁，安用調停哉？

問：程朱、陸王孰得？曰：不必如是較量。吾友但平心看道統，羲、堯而後無孔子可乎？曰：不可。孔子而後無孟子可乎？曰：不可。孟子而後數千年無程朱可乎？曰：不可。程朱而後無陸王可乎？曰：程朱已昭然若日星矣。曰：如此則吾友知程朱、陸王矣。

讀書綵衣堂全集卷一一朱子全書義序 節録

陸象山則以爲六經注我，我注六經，學苟知道，六經皆我註腳，與朱子往復辨論不合，乃同會於鵝湖，終不相合。及姚江良知之學興，遂有朱子晚年定論之説，謂辨論太詳，未免日就支離之病，後始大悟舊説之非，痛悔極艾。嗚呼，此禪學者之僞作以欺世誣民，而徒欲伸己之説也明甚。夫聖人之道，載於經者可知，未嘗使人求於博文約禮之外而有所爲窈冥渺邈之説，使人不可致詰也。言頓悟者則曰文不必博也，禮不必約也，道之妙不可以言傳也。嗟嗟，是果道耶？以聖人之知睿，七十子之偉傑，其過人亦遠矣，然而必學於詩、書、禮、樂六藝之文至於終身，何哉？又曰：六經不必學也，必求於吾心之神明，倏悟而後可。

嗟嗟，是果道耶？棄書語、絶念慮、錮其耳目而不任，而僥倖於一旦之捷獲者，此西域之異説，愚其身而不可用於世之術也。自斯道之不明，其欲惑斯民者亦衆矣。然墨者不諱其名爲墨，楊者不諱其名爲楊，申、韓、佛、老之徒各不諱稱其名，故放言而驅之，則人心隨以定，其爲害可息也。天下之大害，莫甚於名是而實非，異端其實而聖賢其名，此士所以從之者衆也。道在古帝者爲治平天下之具，至孔孟，以匹夫身荷斯文，其遇愈厄，其教愈中庸，而治平天下之功愈大且久，以故周、程之學數傳至朱子，而以四書、六經之義，亟啟群蒙，不蘄以訓詁詮義理，其持論愈卑近，其教愈廣大，而治平天下之功，亦愈大且久。夫紫陽爲中人下而終不以彼易此者，蓋其自見有甚真、自信有甚篤故也。聖賢心契形上而其用功必由户而堂，由堂而室，學不可冥心而得，功不可躐等而進也。彼頓悟者亦何嘗不事書册，何嘗不聞見知解，不事書册，不聞見知解，又何從悟耶？象山八字著腳、陽明良知本於孟子，不可謂禪，其流弊必至於禪也。予謂朱子持論愈卑近，其教愈廣大，而治平天下之功亦愈大且久。

陸隴其

陸隴其（一六三〇～一六九二），原名龍其，字稼書，浙江平湖人。學者稱當湖先生。

康熙九年（一六七〇）進士，歷任嘉定知縣、靈壽知縣、四川道監察御史，雍正朝入祀孔廟，乾隆時追謚清獻。著有三魚堂四書大全、四書講義困勉録、松陽講義、讀禮志疑、三魚堂文集等。清史稿卷二六五有傳。

三魚堂文集卷一太極論

論太極者，不在乎明天地之太極，而在乎明人身之太極，明人身之太極，則天地之太極在是矣。先儒之論太極，所以必從陰陽五行天地生物之初言之者，惟恐人不知此理之原，故遡其始而言之。使知此理之無物不有，無時不然，雖欲頃刻離之而不可得也。學者徒見先儒之言陰陽、言五行、言天地萬物廣大精微，而不從吾身切實求之，則豈前賢示人之意哉！夫太極者，萬理之總名也。在天則爲命，在人則爲性。在天則爲元亨利貞，在人則爲仁義禮智。以其有條而不紊則謂之理，以其爲人所共由則謂之道。以其不偏不倚、無過不及則謂之中，以其真實無妄則謂之誠。以其純粹而精則謂之至善，以其至極而無以加則謂之太極。名異而實同也。學者誠有志乎太極，惟於日用之閒，時時存養，時時省察，不使一念之越乎理，不使一事之悖乎理，不使一言一動之踰乎理，斯太極存焉矣。其寂然不動，是即太極之陰静也；感而遂通，是即太極之陽動也。感而復寂，寂而復感，是即太極之動静無端，陰陽無始也。寂然之中而感通之理已具，感通之際而寂然之體常在，是即太極之體用一原，顯微無間也。分而爲五常，發而爲五事，布而爲五倫，是即太極之陽變陰合，而生水火木金土也。以之處家則家齊，以之處國則國治，以之處天下則天下平，是即太極之成男成女，而萬物化生也。合吾身之萬念萬事而無一非理，是萬物統體一太極也。即吾身之一念一事而無之非理，是一物各具一太極也。不越乎日用常行之中，而卓然超絶乎流俗，是太極之不離乎陰陽，而亦不雜乎陰陽也。若是者，豈必遠而求之天地萬物，而太極之全體已備於吾身矣。由是以觀天地，則太極之在天地，亦若是而已。由是以觀萬物，則太極之在萬物，亦若是而已。天地萬物，浩浩茫茫，測之不見其端，窮之莫究其量，而莫非是理之發見也，莫非是理之流行也，莫非是理之循環而不窮也。高明博厚不同，而是理無不同也。飛潛動植有異，而是理無異也。是理散於萬物，而萃於吾身；原於天地，而賦於吾身。是故善言太極者，求之遠不若求之近；求之虚而難據，不若求之實而可循。故周子太極圖說，雖從陰陽五行言之，而終之曰：「聖人定之以中正仁義，而主静立人極焉。」其示人之意亦深切矣！又恐聖人之立極，非學者可驟及也，而繼之曰：「君子修之，吉。」修之爲言，擇善固執之謂也。」而朱子解之，又推本於敬，以爲能敬然後能静虚動直，而太極在我。嗚呼，至矣！先儒之言，雖窮高極深，而推其旨，不過欲人修其身以治天下國家焉耳。學者慎無鶩太極之名，而不知近求之身也。

三魚堂文集卷二學術辨

漢唐之儒，崇正學者，尊孔孟而已。孔孟之道尊，則百家之言熄。自唐以後，異端曲學知儒者之尊孔孟也，於是皆託於孔孟以自行其説，我曰孔孟，彼亦曰孔孟，而學者遂莫從而辨其是非。程朱出，而崇正闢邪，然後孔孟之道復明，而天下尊之。自宋以來，異端曲學知儒者之尊程朱也，於是又託於程朱以自行其説，我曰程朱，彼亦曰程朱，學者又莫從而辨其是非。程朱言天理則亦言天理，天理之名同，而其所指則霄壤矣。程朱言至善，則亦言至善，至善之名同，而其所指則冰炭矣。程朱言静、言敬，則亦言静、亦言敬，静敬之名同，至所以爲静敬則適越而北轅矣。程朱之言有可假借者，則曰程朱固若是也；有不可假借者，則曰此其中年未定之論也。黑白淆而雅、鄭混，雖有好古篤志之君子力扶正學，亦止知其顯叛程朱之非，至其陽尊而陰篡之者，則固不得而盡絶矣。蓋其弊在宋、元之際即有之，而莫甚於明之中葉。自陽明王氏倡爲良知之説，以禪之實而託儒之名，且輯朱子晚年定論一書，以明己之學與朱子未嘗異。龍溪、心齋、近溪、海門之徒從而衍之，王氏之學徧天下，幾以爲聖人復起，而古先聖賢下學上達之遺法滅裂無餘，學術壞而風俗隨之。其弊也，至於蕩軼禮法，蔑視倫常，天下之人，恣睢橫肆，不復自安於規矩繩墨之内，而百病交作。於是涇陽、景逸起而救之，痛言王氏之弊，使天下學者，復尋程朱之遺規，向之邪説詖行，爲之稍變。然至於本源之際，所謂陽尊而陰篡之者，猶未能盡絶之也。治病而不能盡絶其根，則其病有時而復作，故至於啟、禎之際，風俗愈壞，禮義掃地，以至於不可收拾，其所從來，非一日矣。故愚以爲，明之天下不亡於寇盜，不亡於朋黨，而亡於學術。學術之壞，所以釀成寇盜、朋黨之禍也。今之説者猶曰：「陽明與程朱同師孔孟，同言仁義，雖意見稍異，然皆聖人之徒也，何必力排而深拒之乎？」夫使其自外於孔孟，自外於仁義，則天下之人皆知其非，又奚待吾之辨？惟其似孔孟而非孔孟，似仁義而非仁義，所謂失之毫釐，差以千里，此其所以不容不辨耳。或又曰：「陽明之流弊，非陽明之過也，學陽明之過耳。程朱之學，豈獨無流弊乎？今之學程朱者，未必皆如敬軒、敬齋、月川之絲毫無疚也。其流入於偏執固滯，以至僨事者，亦有矣，則亦將歸罪程朱乎？」是又不然。夫天下有立教之弊，有末學之弊。末學之弊，如源清而流濁也；立教之弊，如源濁而流亦濁也。學程朱而偏執固滯，是末學之弊也。若夫陽明之所以爲教，則其源先已病矣，是豈可徒咎末學哉！

陽明以禪之實而託於儒，其流害固不可勝言矣。然其所以爲禪者如之何？曰：明乎心性之辨則知禪矣，知禪則知陽明矣。今夫人之生也，氣聚而成形，而氣之精英又聚而爲心。是心也，神明不測，變化無方，要之亦氣也。其中所具之理，則性也。故程子曰：「性即理也。」邵子曰：「心者，性之郛郭。」朱子曰：「靈處是心，不是性。」是心也者，性之所寓，而非即性也。性也者，寓於心，而非即心也。」先儒辨之亦至明矣。若夫禪者，則以知覺爲性，而以知覺之發動者爲心。故彼之所謂性，則吾之所謂心也；彼之所謂心，則吾之所謂意也。其所以滅彝倫、離仁義，張皇詭怪，而自放於準繩之外者，皆由不知有性，而以知覺當之耳。何則？既以知覺爲性，則其所欲保養而勿失者，惟是而已。一切人倫庶物之理，皆足以爲吾之障，而惟恐其或累，宜其盡舉而棄之也。陽明言性無善無惡，蓋亦指知覺爲性也。其所謂良知，所謂天理，所謂至善，莫非指此而已。故其言曰：「佛氏本來面目，即我們所謂良知。」又曰：「良知即天理。」又曰：「無善無惡，乃所謂至善。」雖其縱横變幻不可究詰，而其大旨亦可睹矣。充其說，則人倫庶物，固於我何有？而特以束縛於聖人之教，未敢肆然決裂也，則又爲之說曰：「良知苟存，自能酬酢萬變，非若禪家之遺棄事物也。」其爲說則然，然學者苟無格物窮理之功，而欲持此心之知覺，以自試於萬變，其所見爲是者果是，而見爲非者果非乎？又況其心本以爲人倫庶物，初無與於我，不得已而應之。以不得已而應之之心，而處夫未嘗窮究之事，其不至於顛倒錯謬者幾希。其倡之者，雖不敢自居於禪，陰合而陽離。其繼起者，則直以禪自任，不復有所忌憚。此陽明之學所以爲禍於天下也。涇陽、景逸深懲其弊，知夫知覺之非性，而無善無惡不可以言性，其所以排擊陽明者，亦可謂得其本矣。然其學也，專以静坐爲主，則其所重，仍在知覺。雖云「事物之理，乃吾性所固有，而亦當窮究」，然既偏重於静，則窮之未必能盡其精微，而不免於過不及。是故以理爲外，而欲以心籠罩之者，陽明之學也。以理爲内，而欲以心籠罩之者，高、顧之學也。陽明之病在認心爲性，高、顧之病在惡動求静。我觀高子之論學也，言一貫則以爲是入門之學，言盡心則以爲盡心然後知性，言格物則曰知本之謂物格，與程、朱之論往往齟齬而不合者，無他，蓋欲以静坐爲主，則凡先儒致知、窮理、存心、養性之法，不得不爲變易。夫静坐之説，雖程朱亦有之，不過欲使學者動静交養，無頃刻之離耳，非如高子困學記中所言「必欲澄神默坐，使呈露面目，然後有以爲下手之地」也。由是觀之，則高、顧之學，雖箴砭陽明多切中其病，至於本源地，仍不能出其範圍。豈非陽明之説，浸淫於人心，雖有大賢，不免猶蹈其弊乎？吾嘗推求其故，天下學者，所以樂趨於陽明而不可遏者有二：一則爲其學可以縱肆自適，非若程朱之履繩蹈矩不可假借也；一則其學專以知覺爲主，謂人身有生死，而知覺無生死，故其視天下一切皆幻，而惟此爲真。故不賢者既樂其縱肆，而賢者又思求其無生死者，此所以群趨而不能舍。嗚呼！縱肆之不可，易明也。至於無生死之説，則真禪家之妄耳。學者取程朱陰陽屈伸往來之論，潛心熟玩焉，其理亦彰彰矣，奈何不此之學，而彼之是惑乎！

自陽明之學興，從其學者，流蕩放佚固有之矣。亦往往有大賢君子出於其間，其功業足以潤澤生民，其名節足以維持風俗。今曰陽明之學，非正學也，然則彼皆非歟？若夫明之末季，潰敗不振，蓋氣運使然，豈盡學術之故也？明之衰可以咎陽明，則宋之衰亦將咎程朱，周之衰亦將咎孔孟乎？是又不然。周、宋之衰，孔孟、程朱之道不行也。明之衰，陽明之道行也。自嘉隆以來，秉國鈞、作民牧者，孰非浸淫於其教者乎？始也倡之於下，繼也遂持之於上；始也爲議論、爲聲氣，繼也遂爲政事、爲風俗。禮法於是而弛，名教於是而輕，政刑於是而紊，僻邪詭異之行於是而生，縱肆輕狂之習於是而成。雖曰：「喪亂之故，不由於此。」吾不信也。若其間大賢君子學問雖偏，而人品卓然者，則又有故。蓋天下有天資之病，有學術之病。有天資僻而學術正者，有學術僻而天資美者，恒視其勝負之數，以爲其人之高下。如柴之愚，參之魯，師之辟，由之喭，而卒爲聖門高弟，此以學勝其天資者也。如唐之顏魯公，宋之富鄭公、趙清獻，皆溺於神仙浮屠之説而志行端方，功業顯赫，爲唐、宋名臣，此以天資勝其學術者也。人見顏、富諸公之志行功業，則以爲神仙浮屠之無損於人如此，且以爲諸公之得力於神仙浮屠如此。是何異見氣盛之人，冒風寒而不病，而謂不病之得力於風寒；善飲之人多飲而惺然，而謂惺然之得力於多飲，豈其然乎？今自陽明之教盛行天下，靡然從之，其天資純粹不勝其學術之僻，流蕩忘返者，不知凡幾矣。間有卓越之士，雖從其學，而修身勵行，不愧古人，是非其學之無弊也，蓋其天資之美，而學術不能盡蔽之，亦如顔、富諸公，學於神仙浮屠，而其人其行則非神仙浮屠之可及也。是故不得因其學而棄其人，亦豈可因其人而遂不敢議其學哉？且人但見顔、富之品行卓犖，而不知向使其不溺於異學，則其所成就，豈特如此而已！但見明季諸儒爲王氏之學者，亦有大賢君子出其間，而不知向使其悉遵程朱遺法，不談良知，不言無善無惡，不指心爲性，不偏於静坐，不以一貫盡心爲入門，不以物格爲知本，則其造詣，亦豈僅如是而已耶？譬諸日月之蝕，然不知其所虧之已多，而但指其僅存之光，以爲蝕之無傷於光，豈不誤乎！嗚呼！正學不明，人才陷溺，中人以下既汩没而不出，而大賢者亦不能自盡其才，可勝歎哉！

三魚堂文集卷四雜著讀呻吟語疑　節録

一條謂：「明道在朱、陸之間。」愚按，朱子之學即明道之學也，象山之學則與明道相冰炭者也。特明道之言間多渾融，爲陸學者往往假借之，以伸其説，遂謂明道在朱、陸之間，可乎？

三魚堂文集卷五上湯潛庵先生書

隴其浙西鄙儒，無所知識。蒙先生不棄，倦倦欲叩其所學，此先輩「不遺葑菲」之意，末學何幸而遇之，急欲出其胸中所疑，以就正有道。然知先生素敦淳古之風，不欲學者詆毁先儒，以開澆薄之門，若直陳所見，妄論先儒得失，恐迹涉詆毁，以蹈於澆薄之咎，是以踢蹐而未敢陳。退而思之，詆毁先儒者，學者之大病也。辨别是非者，又學者之急務也。使避詆毁之迹，混是非而不辨，恐有適越而北轅之病。且使所見未盡當，亦正宜陳之大君子之前，以求針砭，遮掩覆匿，非切己自治之道也。是以敢布其固陋，惟高明終教之。

隴其嘗竊以爲孔孟之道至朱子而大明。其行事載於年譜、行狀；其言語載於文集、語類；其示學者切要之方，則見於四書集注、或問、小學、近思録；其他經傳，凡經考定者，悉如化工造物，至矣！盡矣！不可以有加矣！學者舍是而求孔孟之道，猶舍規矩、準繩而欲成室也，亦理所必無矣。是故前朝以其書列於學宫，使學者誦而法之。其背叛乎此者，雖有異敏才智，必黜而罪之。有明一代之制，無有善於此者。方其盛時，師無異教，人無異論，道德一而風俗淳，其明效大驗，亦略可睹矣，雖百世守之可也。學者但患其不行，不患其不明；但當求入其堂，不當又自辟門户。自陽明王氏目爲影響支離，倡立新説，盡變其成法，知其不可，則又爲晚年定論之書，援儒入墨，以僞亂真。天下靡然回應，皆放棄規矩而師心自用，學術壞而風俗、氣運隨之，比之清談之誤晋，非刻論也。今之君子，往往因其功業顯赫，欲爲回護，此誠尊崇往哲之盛心。然嘗聞之前輩所紀載，其功業亦不無遺議。此姑無論，即功業誠高，不過澤被一時；學術之僻，則禍及萬世。豈得以此而寬彼哉？且陽明之功，孰與管敬仲？敬仲之九合一匡，孟子猶羞稱之，而況陽明乎？故嘗竊謂今之學者，必尊朱子而黜陽明，然後是非明而學術一，人心可正，風俗可淳。陽明之學不熄，則朱子之學不尊。若以詆毁先儒爲嫌，則陽明固嘗比朱子爲楊墨，洪水猛獸矣。是以古之詆毁先儒者，莫若陽明也。

今夫黜陽明，正黜夫詆毁先儒者也，何嫌何疑乎？羅整庵之困知記、陳清瀾之學蔀通辨，其言陽明之失，至詳且悉，豈皆好詆毁人而爲嘵嘵耶？其亦不得已者耶？學術之害，其端甚微，而禍最烈。故自古聖賢未嘗不謙退貴忠厚，而於學之同異，必兢兢辨之，其所慮遠矣！不然，當今之世，有能真實爲陽明之學者，其賢於庸惡陋劣之徒，相去不萬萬耶？何爲其議之也。至於陽明之後，如梁溪、蕺山皆一代端人正士，而其學亦有不可解者。名爲救陽明之失，而實不能脱陽明之範圍，其於朱子家法，亦盡破壞。每讀其書，未嘗不重其人而疑其學。昔孟子於伯夷、柳下惠，推爲聖人百世之師，至於論知言養氣，則曰乃所願則學孔子也，夷與惠皆不得與焉。蓋天下有興起之師，有成德之師。興起之師廉頑立懦，能拔人心於陷溺之中；成德之師切磋琢磨，能造人才於粹精之地。使以興起之師而遂奉爲成德之師，則偏僻固滯，其弊有不可勝言者。故曰梁溪、蕺山，以之興起人心則有餘，以之成就人才則不足，其學亦恐不可盡宗也。芻蕘之見如此，不審先生以爲何如？恃愛之深，恐發狂言，以待君子之教正。舊文數首，並塵台覽，統希垂鑒，臨楮悚惶。

三魚堂文集卷五答嘉善李子喬書 節録

上略。有明諸儒，不特龍谿、緒山、心齋、東廓、念庵、近溪顯樹姚江之幟，以與紫陽相角，即涇陽、景逸，亦未能脱姚江之藩籬，謂其尊朱子則可，謂其爲朱子之正脉則未也。整庵之學，最爲近之，然其論理氣，必欲舍朱子而自爲一説，竊所不解。少墟啟新，尚未見其全書，恐亦與高、顧之學不大相遠。凡此諸家，非不好學深思，以羽翼聖道爲己任，然窺其微旨，皆不免有自闢門户、自起鑪竈之意，而不肯純以朱子爲師，何怪乎講學者衆，而學益晦乎？夫朱子之學，孔孟之門户也，學孔孟而不由朱子，是入室而不由户也。

三魚堂文集卷五答秦定叟書

僕學問疏淺，蒙先生之不棄，遠辱惠教，常佩於心。冀一望見有道，開其茅塞。癸亥孟夏，適在武林，咫尺高齋，又匆匆不及造廬一晤。因草具數行，仰質高明，亦不能盡記其所言。而於紫陽大指一書中，尚不能無纖毫之疑，不敢自隱也。

再承手教，兼示以答中孚、潛庵、擴庵諸書刻本，反覆莊誦，益歎先生之篤學精進，迥出流俗。如答擴庵書謂周子主静之静，朱子看做對待之動静，原不自謬。陽明恐人偏於静，而易爲程子動亦定、静亦定之定。此陽明之誤，非朱子之誤也。又答中孚書，謂今人但知動中有静、静中有動，爲得體用之一原。不知此但知一原耳，未可爲體用一原也。先須分明體用，後識一原，然後有下功夫處。此皆足以破俗儒之惑，有功正學。僕深服膺，不容更贊一辭者也。

而於前日所疑，猶有未能盡釋然者，敢悉陳之。來書謂未發、已發，朱子一生精神命脉之系也；知未發、已發，則知静存動察。又謂今之學者，相率入於困而不學，其源皆起於立教者以本體爲功夫，而不分未發、已發之誤。此固然矣，然以此論朱子則可，而謂陽明之所以異於朱子者專在此，嘉、隆以來人才風俗所以不如成、弘以前者專在此，則恐有未盡者。

蓋陽明之病，莫大於「無善無惡心之體」一語，而昧於未發、已發之界，其末也。既以無善無惡爲心之體，則所謂未發，只是無善無惡者之未發；所謂已發，只是無善無惡者之已發。即使悉如朱子静存、動察，亦不過存其無善無惡者，察其無善無惡者而已，不待混動静而一之，然後爲異於朱子也。朱子「中和舊説」，雖屬已悔之見，然所謂心爲已發、性爲未發，亦指至善無惡者言，與陽明之無善無惡相楹莛。即使朱子守舊説而不變，仍與陽明不同。所以陽明雖指此爲朱子晚年定論，而仍有影響，尚疑朱仲晦之言，職是故耳。此僕所以謂考亭、姚江如黑白之不同。先生紫陽大指書中乃云「無善無惡」一句，是名言之失而非大義之謬，是僕所深疑而未解也。

來書又云，晚年定論一書，陽明不無曲成己意，不敢雷同，即其窠臼，此固是矣。然考紫陽大指中，載答何叔京三書而評之曰「此三書實先生一轉關處也」，則猶似未脱陽明之窠臼者。嘗合朱子一生學問，前後不同之故考之。朱子之學，傳自延平，延平教人静中觀喜怒哀樂未發氣象矣，教人反復推尋以究斯理矣。朱子四十以前出入佛老，雖受學延平尚未能盡存所聞，是以有「中和舊説」，有答何叔京諸書，與延平之學，不免矛盾。及延平即没，朱子四十以後，始追憶其言而服膺之。答林擇之書所謂「辜負此翁」者，則悟「中和舊説」之非，而服膺其未發氣象之言，此朱子之轉關也。答薛士龍書所謂「困而自悔」，始復退而求之於句讀文義之間，則是以答叔京諸書爲悔，而服膺其反覆推尋，以究斯理之言，此又朱子之一轉關也。是朱子之學，一定於悟未發之中之後，再定於退求之句讀文義之後。若夫答何叔京三書，則正其四十以前，出入佛老之言，於未發、已發之界似若轉關，於窮理格物之功則猶未轉關也。先生乃儱侗以爲朱子之一轉關。竊先生之意，卻似以居敬爲重，而看窮理一邊稍輕，雖不若陽明之徒，盡廢窮理，而不免抑此伸彼。故答李中孚書，遂以大學補傳爲可更，而以陽明之獨崇古本爲能絶支離之宿障，爲大有功於吾道，亦是看窮理稍輕之故。夫居敬、窮理，如太極之有兩儀，不可偏有輕重，故曰「涵養莫如敬，進學則在致知」。未有致知而可不居敬者，亦未有居敬而可不致知者。故朱子平日雖説敬不離口，而於大學補傳，則又諄諄教人窮理。又於或問中，反覆推明，真無絲毫病痛。朱子所以有功萬世者在此，所以異於姚江者在此，此而可更，孰不可更？即曰「格物以知本爲先，所謂當務之爲急」，然於格物之中，先其本則可；而如古本大學，謂知本即是知之至則不可。是又僕之所深疑而未解也。

至於先生倦倦居敬、主静，可謂深得程朱之旨，而切中俗學之病矣。然敬之所以爲敬，静之所以爲静，亦有不可不辨者焉。嘗觀朱子之言敏，每言略綽提撕，惟恐學者下手過重，不免急迫之病。故於延平「觀喜怒哀樂未發」一語，雖悔其始之辜負而服膺之，然於「觀」之一字則到底不敢徇，見於答劉淳叟諸書。至觀心説一篇極言觀之病，雖指佛氏而言，而延平之言，不能無病，亦在其中。此用力於敬者，所不可不知也。

又朱子雖云，敬字功夫，通貫動静，而必以静爲本。卻又云，不必特地將静坐做一件工夫，但看一敬字通貫動静。又云，明道説静坐可以爲學，上蔡亦言多著静不妨，此説終是小偏，才偏便做病。蓋樂記之「人生而静」，太極圖之「主静」，皆是指敬而言。無事之時，其心收斂不他適而已，必欲人謝卻事物，專求之寂滅，如佛家之坐禪一般也。高景逸不知此，乃專力於静，甚至坐必七日，名爲「涵養大本」，而不覺入於釋氏之寂滅，亦異乎朱子所謂静矣。此用力於静者，所不可不知也。先生諄諄示人居敬、主静，而未及敬與静當如何用工，是又僕所不能無疑也。

又讀先生答人書謂陽明之弊，只在無善無惡，若良知之説，不可謂非孟子性善之旨。夫陽明之所謂良，即指無善無惡，非孟子所謂良也。孟子之良，以性之所發言，孩提之愛敬是也。陽明之良，以心之昭昭靈靈者言，湛然虚明，任情自發而已。一有思慮營爲，不問其善不善，即謂之知識而非良，是豈可同日語哉？

又謂陽明之學真能爲己，而非挾好勝之心者。夫陽明大言無忌，至以孔子爲九千鎰，朱子爲楊墨，此而非好勝也，不知如何而後爲好勝耶？

合先生之論陽明者言之，謂其真能爲己矣；良知之説，合於性善之旨矣；崇古本大學，能絶支離矣；惟「無善無惡」一語不能無弊，又是名言之失而非大義之謬矣。晚年定論雖不無曲成己意，而采答叔京諸書，又未爲盡過矣；所不滿者，惟不分未發、已發一節耳。又答李中孚書云，此不過朝三暮四、朝四暮三之法，則并未發、已發，亦與朱子名異實同矣。前輩以陽明爲指鹿爲馬者，皆非矣。僕極知先生從學術、世道起見，與世俗之以私意調停者不同，而埽除未盡，不免涉於調停之迹，恐遺後學之惑。所以不揆愚陋，不敢自匿其所疑，輒以上陳，伏候教示。知先生諒其求正之心，不以指摘爲罪也。嘉靖時清瀾陳氏學蔀通辨一書，先生曾細閲之否？近時北方有張武承諱烈所著王學質疑一卷，其言陽明之病，亦頗深切著明，惜其已故，僕頃爲刊其書，敢并附正，統希垂鑒，不吝賜教，幸甚。臨楮曷勝翹企。

三魚堂文集卷五答秦定叟書二

客歲遠承尊劄，兼惠教紫陽大指，捧讀之下，且喜且愧。喜其不爲賢者所棄，而愧其以優遊虚歲月，不知先生進道之勇也。自嘉隆以來，紫陽之教微矣。今日起敝挾衰，惟在力尊紫陽。高明著書之旨，豈非世道幸哉！然僕心尚有欲商者，蓋尊意所力辨，在陽明影響尚疑朱仲晦之句，故歷舉朱子之言與陽明合者，以見其不影響。愚意朱子之學，原與陽明迴然不同，其言有時相近者，其實乃大相遠。故陽明雖有晚年定論一書，而到底以爲影響，此無足怪也。但取朱子觀心説及大學中庸首章或問讀之，則其異同，不待辨而知。若就其近似者以見其不影響，則恐反不免於援儒入墨之病也。世之溺於陽明，而終不能自振拔者多矣。先生始而入之，繼而覺其非，雖賁、育之勇，何以加諸？然猶似未能盡脱其範圍，所以於兩家分途處，猶未劃然。陳清瀾學蔀通辨一書，辨析最精，聞先生以爲過峻。願高明奮其衛道之力，必使考亭、姚江如黑白之不同，勿有所調停其間，則大指得而世道其庶幾矣。僕才質駑鈍，於學無所窺，謬承下問，敢罄其愚。

三魚堂文集卷五答徐健庵先生書

伏處荒城，惟懼涉奔競之迹。數年來，不敢以隻字入都門，故雖知己如先生，殊覺落落。然高山景行，則固靡刻不在胸臆間也。竊禄一方，無寸績可道，惟硜硜一念，猶然故我。今已行年六十，頭鬚盡白，將來退老當湖之滸，整理書生舊業，不敢復問當世事矣。辱賜群書，展卷伏讀，珠璣滿目，俗吏胸襟，爲之一洗。至蒙下詢明史道學傳，隴其向雖好竊窺先儒緒餘，然自汨没簿書以來，久矣茅塞，何足以議此？閒嘗見張武承讀史質疑云：「明史道學傳可以不立。」初甚駭其論，潛玩味之，覺此言非孟浪。嘗竊因其意推之，史有特例，後人不必盡學。如司馬遷作孔子世家，所以特尊大成之聖，後世儒者述孔子之道，不必盡列「世家」也。宋史作道學傳，前史所未有，蓋以周、程、張、朱，紹千聖之絶學，卓然高出於儒林之上，故特起此例以表之，猶之以世家尊孔子耳，後世儒者述周、程、張、朱之道，不必盡列道學傳也。

非必薛、胡諸儒，不及周、程、張、朱，但「作」與「述」，則須有辨。道學未明，創而明之，此「作」者之事也。道學既明，因而守之，此「述」者之事也。雖其間闢邪崇正，廓清之功不少，要皆以宋儒所已明者而明之，初非有加於宋也。於明史中去此一目，以示特尊濂、洛、關、閩之意，亦可以止天下之「好作」而不好「述」，未嘗窺見先儒之源委本末，而急欲自成一家者。且以「道學」二字論之，道者，天理之自然，人人所當學也。既爲儒者，未有可不知道學；不知道學，便不可爲儒者。自儒林與道學分，而世之儒者，以爲道學之外，別有一途，可以自處，雖自外於道，猶不失爲儒。遂有儼然自命爲儒，詆毁道學而不顧者，不知宋史道學之目，不過借以尊濂、洛諸儒，而非謂儒者可與道學分途也。今若合而一之，使人知道學之外，别無儒者，於以提醒人心，功亦不小。尊道學於儒林之上，所以定儒之宗；歸道學於儒林之内，所以正儒之實。宋史、明史，相爲表裏，不亦可乎？不識先生以爲何如？

至以諸儒之學言之，薛、胡固無間然矣。整庵之學，雖不無小疵，然不能掩其大醇，其論理氣處可議，其闢陽明處不可議。薛、胡而下，首推整庵，無可疑者。仲木、少墟、涇陽、景逸，守道之篤，衛道之嚴，固不待言，然其精純恐皆未及薛、胡。景逸、涇陽，病痛尤多。其於陽明，雖毅然闢之，不少假借，然究其實，則有未能盡脱其藩籬者。其所深惡於陽明者，無善無惡一語，而究其所謂善，仍不出虚寂一途。言有言無，名異實同。故其大節彪炳，誠可廉頑立懦，而謂其直接程、朱，則恐未也。以宋史尊程、朱之例尊之，亦不無可商。因承下問而妄言之，不自揣其非分也。

陳清瀾立傳，最足爲考亭干城。學統一書，傾慕已久，今始得見之，荷教非淺。其中條理，尚容熟玩請正。承詢及論學之書，生平自慚淺陋，未嘗敢著書，零星偶及，率不成編，無以報命。年來偶爲此間諸生點竄講義百餘章，聊供村學究兔園册，草本呈正，伏惟裁教。外附縣志，并雜刻三種，統希垂鑒。使旋匆匆，不盡欲言，臨楮曷勝悚惶。

三魚堂文集卷五答山西范彪西進士書一

僕浙西鄙人也，夙聞山右辛復元先生之名，而未見其書。承乏恒陽，幸與山右接壤，則又聞先生今之辛復元也，且盡刊行辛書，因託人私訪之。未敢通姓名於左右者，誠欲得先生之書讀之，然後當竭誠求正也。乃蒙不棄，辱賜手教，且示以理學備考諸書。展卷讀之，元元本本，議論所及，皆足發明先儒之藴奥。且三錫集、居喪草，具見出處不苟，守禮謹嚴，蓋非徒言之，實能行之，有功於世道何如哉。不敢私諸篋笥，將攜以南歸，徧告我鄉後進，俾知太行之西、龍門之東，復有大儒出其間，王仲淹、薛敬軒之遺風未墜。相與討論而傳習之，其爲惠不亦多乎？

微有商者，備考中薛、胡、王、陳，兼收並列，無所甲乙，取朱子名臣言行録之例，而不取伊洛淵源録之例，曰「以待後之君子，甲之乙之」。此誠見先生虚懷若谷，望道未見之心，然僕謂亦有不可不甲乙者。譬如適京師者，必先辨其孰爲坦途，孰爲險徑，然後可以命駕。倘並舉以示人，而不告之以坦險之分，萬一有誤入荆棘者，吾心安乎？況王、陳之爲險徑，薛、胡之爲坦途，前人論之詳矣，非吾敢甲乙之也。以前人之甲乙者告後人，何礙其爲虚懷乎？

至備考序中，謂學問只怕差，不怕異，此又有説。學當互相發明，小有異者，不害其爲大同，但可以言聖門游夏之徒，大同而小異者；若王、陳之與薛、胡，則非直小異也，是大差也。即其一身言行，豈無可取？然豈可以小醇而并取其大疵？每怪世人以陽明之功業烜赫，遂不敢議其學術，不知管仲、墨翟，非無功業者也，何以見譏於孔、孟？其中曲折非一二語可盡。

嘉靖中，粤東陳清瀾先生有學蔀通辨一書，備言其弊，不識先生曾見之否？近有舍親刊其書，謹以呈覽。又有大興張武承著王學質疑一編，言陽明病痛，亦甚深切著明，僕新爲刊之，今并附呈。區區之意，非欲效世儒之聚訟也，但不分别路徑，恐學者不知所取舍，不識先生以爲何如？辛先生書，尚有數種欲訪求者，别楮附懇，拙詠并正，統希垂鑒。不盡。

三魚堂文集卷五答山西范彪西進士書二

前因奉謝台教，偶及薛胡、王陳之辨，非能尊之抑之也，不過述前人之成論，以求指示。過蒙獎譽，殊深顏汗。

至來札以國典爲嫌，鄙意王、陳之崇祀，不過明季一時之制。原未可爲萬世定論，正賴儒者討講，以備禮官之採擇，非所謂矛盾也。往者荀況、揚雄之徒，皆嘗濫入兩廡，俱賴諸儒議論，得以改正。我輩未有議禮之任，雖不可過爲激論，涉於横議，豈可便置而弗問耶？

來札又云：「此種學問，或亦足救泥章句，耽支離者之萬一。」此又有説。欲救章句支離之失，莫如理會朱子居敬窮理之學，内外本末，交相培養，自無一病。若欲以王、陳救之，恐章句支離之弊未去，而虚無放蕩之病先成，爲害非細。且即欲取其所長，亦非盡發其病痛不可。譬如附子、大黄，自非法製，豈可入藥？不識先生以爲何如？

尊刻謹拜登受，辛書在絳州者，并祈留神。承諭欲借先儒諸集，惟蔡虚齋、賀克恭集，在南中曾見之，此間無有。曹月川亦止見夜行燭等七種，其餘諸集，皆嘗訪求而未得。匆匆草復，拙刻二種附正，統希垂照不既。重訂垂棘，并二續、三續，俱已奉教。尚未見初續一編，希并惠賜，以成全璧，再懇。

三魚堂文集卷五答山西范彪西進士書三

接台札，過蒙獎掖，悚惕何如。兼惠辛先生書，暨垂棘、備考諸編，奚啻百朋之錫。簿書鞅掌中，盥手一讀，茅塞頓開，先生惠我無疆矣。

至來札中惓惓指示，不欲以荀、揚比王、陳，則尚有不能無疑者，敢再瀆陳之。來札云：「荀、揚之黜祀，在品行而不在著述，即使法言與論語並美，豈掩其『莽大夫』三字。」至哉斯言矣。然品行固不可不重，而著述亦不得獨輕。荀卿未嘗爲莽大夫也，止以「性惡」一論，遂不得次於諸儒之列，孰謂著述可以任意耶？今以朱子之昌明正學，而陽明指之爲楊、墨，詆之爲洪水猛獸，顛倒其中、晚之年，使天下盡廢其書，而獨持其所謂良知，其視荀卿「性惡」之論爲何如耶？弟前札云大黄、附子，自非法製不可入藥。夫法製猶可入藥者，如荀卿之論兵要、論軍制，亦得見採於綱目，特不用其「性惡」之説耳。若就「性惡」一論言之，則直無處可用，雖欲爲荀卿解，不可得矣。今先生若欲採王、陳之長，而去其短，固無不可。牛溲、馬勃，猶見收於良醫，而況王、陳乎？若便謂崇祀不可議，直與程、朱大儒等而視之，則是謂牛溲、馬勃可與旨酒、嘉殽登几案饗嘉賓也，有是理歟？

來札又云：「孫鍾元述張逢元之言曰：建安没，而天下之實病不可不瀉；姚江没，而天下之虚病不可不補。建安、姚江，雖不可並重，亦可謂識變化之方。」不佞則又有説焉。建安之學，補瀉備矣。偏於窮理者，則瀉之以主敬；偏於主敬者，則補之以窮理。何病之足患耶？建安没，而天下之實病，不可不瀉，則亦以建安瀉之而已，何以姚江爲哉？以建安、姚江交相濟爲識變化，則是孔子當與佛老交相濟，孟子當與楊墨交相濟也，可乎？假使天下無楊墨、無佛老，則孔孟之道，豈便不可行乎？必不然矣。

閲理學備考中，嘗採學蔀通辨之言。此書辨陽明病痛，至明至悉，先生既有取焉，則此中是非，固自分明矣。特不欲過毁前賢，開天下輕薄之門耳，此意誠厚。然某非好毁人者也，況敢毁前賢乎？顧恐是非混淆，則學者誤入荆棘，私心有所不忍，故不敢隱其所見。每言及此，不覺諄諄爲人道之。識淺言疏，固所不免，伏祈先生勿吝切琢是禱。辛先生經世石畫、衡門芹諸書，并祈訪求，便中見賜。統希俯鑒，臨楮神馳。

三魚堂文集卷五答同年臧介子書

別後感冒暑氣，半睡半起，不飯者將十日矣，精神疲倦不可言。忽接手教，莊誦一過，不覺頓爽，如飲我以冰也。

年兄爲己爲人之義，最爲近裏著己學問。以此爲主腦，知必有超然於世俗之上者。至論正嘉風俗之壞，非姚江之過，學姚江者之過。此今日調停朱、王者，大抵如此立論，然僕則以爲有不可調停者。風俗之壞，實始姚江，非盡其徒之咎也。若徒歸獄龍溪輩，而謂與姚江無干，則非惟不足以服龍溪，且將使天下學者不見姚江之失，復從而學之，其害可勝道耶？大抵學術之弊，有自末流生者，有從立教之初起者。如學考亭不得，則流於腐，此自末流生者也。若姚江，則立教之初已誕矣，何待學之不得而後流於誕，此不可同日而論也。

學蔀通辨一書，年兄曾見之乎？行篋中偶帶一本，今以奉閱。寓中無事，細考其條理，可不辨而明矣。

至來札所云：「士大夫立身行己，自有大公至正之一途，而沾沾於好異何爲耶？」此論甚正。然今天下學術不明，有本好異而自以爲大公至正者，有大公至正而舉世目爲好異者，此又不可不辨也。惟專力於考亭之學，然後真大公至正，真不好異者見矣。

又來札云：「心切於救世，即不幸而爲降志辱身之事，不失爲聖賢。心急於徇名，即爲高視一切之行，而無補於名教。」夫徇名者，無補於名教，是固然矣。若「降志辱身」四字，則自有分寸，不可概言之。古人雖云「降」、「辱」，然常置其身於規矩準繩之中，於所不可處，斷斷有所不爲，所謂「不以三公易其介」。今人一言「降」、「辱」，便置其身於規矩準繩之外，視世俗之事，若無不可爲者，此其間相去不啻霄壤。關係世道升降之故，若不論其分寸，而概以救世許之，其弊有不可勝言者，此尤不可不辨也。若佛入中國之事，謂宣聖早已知之，亦恐不然。夫聖人亦有所不知焉，謂夫子知後世必有異端則可，謂夫子知後世必有佛，則恐近於漢儒讖緯之學，而非所以語大聖。

某學疏識陋，又病中狼狽，承年兄殷然下問，敢直陳其所見，惟高明恕其狂妄。

三魚堂文集卷八周雲虬先生四書集義序

自考亭朱子集諸儒之大成而發明其義，章句、或問、集註而外，有輯略，有精義，有文集，有語類，大義明而微言著。其後西山真氏、仁山金氏、雲峰胡氏之徒，又各自著書，以發明考亭之意。及明永樂時，又彙爲大全，懸示於上，以爲天下之準繩。而河津之讀書録，餘干之居業録，又往往發其精微，以羽翼其間。至矣，盡矣，後之學者，但取其成説，而心會之，身體之，患不行，不患不明，不待復講矣。今之所以不能不講者，則以嘉、隆以來姚江之説行，而考亭之學晦，白黑混淆，是非顛倒，譬白日在天而浮雲蔽之，浮雲不去則白日不見。故論四書，於嘉、隆之時不講則不晦；論四書，於今日不講則不明。學者苟徒拘守一説，而不深究其異同之故，熟察其毫釐之别，一旦聰明才辨之士，舉陽儒陰釋之論，雜而進之，其不爲所奪者鮮矣。吾邑周雲虬先生，潛心於諸家之説者四十餘年，輯爲集義一編。嘗北走京師，就正於孫退谷先生，深相契焉。退谷之學，深不滿於姚江者也。則是書之取舍可知矣。余不敏，於學無所窺，少時聞陽明之名，而竊誦其言，亦嘗不勝高山景行之思，而以宋儒爲不足學。三十以來，始沉潛反覆乎朱子之書，然後知操戈相向者之謬也。然猶且信且疑，未敢顯言於人。及考有明一代盛衰之故，其盛也，學術一而風俗淳，則尊程朱之明效也；其衰也，學術岐而風俗壞，則詆程朱之明效也。每論啟、禎喪亂之事，而追原禍始，未嘗不歎息痛恨於姚江，故斷然以爲，今之學非尊程朱黜陽明不可。而聞此説者，或以爲怪。嘗思就大賢君子而正之，適雲虬先生以集義自敘寄示，雖未讀全書，而莊誦其敘，則所宗者考亭也，所訾者文成也，所追思者成、弘以前也，所慨歎者嘉、隆以後也。撥浮雲而見白日，我知先生有同心矣，敢一言以附於其書之末。昔董生當漢武之世，百家並行，故其言曰：

諸不在六藝之科、孔子之術者，皆絶其道，不使並進。此董生所以有功於世道也。繼孔子而明六藝者，朱子也。非孔子之道者皆當絶，則非朱子之道者皆當絶，此今日挽回世道之要也。先生著書之旨，已握其要，其有功學者，豈淺鮮哉？

三魚堂文集卷八朱子語類後序

語類一書，朱子所以闡道妙，而淑人心者具在。宗朱子者，宜誦不置，而卷帙繁衍，未能卒讀。魏里幾亭陳先生，擇其尤要者，釐爲十一卷；復於其中採其説之切於六經、四書者，别爲經解十四卷。使讀者便其簡要，樂其條貫，誠紫陽氏之功臣也。書甫成而先生已全節爲完人，遂不及盛行於世，板亦多散佚。余不敏，幸生理學昌明之日，竊欲表章語類，用佐聖朝崇尚朱子之意。樂陳先生之先得我心也，就其家購求原板，訂補其缺，復成完書，以公海内。

慨自朱陸異同之説興，聚訟千古，以必不可已之學，而謂其殊途同轍也。異哉，謂陸之學尚高明，所以接上根一路；朱之學尚實踐，所以接中下者流。然則是朱子者，有實踐而無高明，可以接中下，而不可以接上根乎？未得其門，未升其堂，未入其室，徒爲調停之説，適足見其妄，而爲朱子竊笑焉耳！以余所見，羅整庵困知記、丘文莊朱子學的、陳清瀾學蔀通辨，皆爲朱子洗剔其眉目。而或猶爲晚年定論，援朱入陸，顛倒附會，以文其說，不信朱子可也，誣朱子可乎？

是編第芟其煩冗，正其互異，擷其菁華，恰還朱子眉目，公諸海内，使爲士者益生尊信之心，端在於是。余始祖與考亭之祖，同源而分派，況是書爲理學正宗，方且人奉高、曾，家珍弓冶，余小子敢辭不敏，而不爲表章哉！

三魚堂文集卷八王學質疑序

余嘗聞高子景逸之言曰：姚江天挺豪傑，妙悟良知，一洗支離，其功甚偉，豈可不謂孔子之學，然而非孔子之教也？今其弊昭昭矣。始也掃見聞以明心耳，究且任心而廢學，於是乎詩書禮樂輕而士鮮實悟。始也掃善惡以空念耳，究且任空而廢行，於是乎名節忠義輕而士鮮實修。斯言似乎深知陽明之病者，然余不能無疑焉。既曰非孔子之教，又可謂孔子之學乎？學與教有二道乎？陽明之所謂良知，即無善無不善之謂也，是佛老之糟粕也，非孟子之良知也，何妙悟之有？支離之弊，正由見聞未廣、善惡未明耳。掃見聞、掃善惡以洗之，支離愈甚矣，功安在乎？徒見其流之弊而未察其源之謬，比之龍谿、海門之徒，抉陽明之波者雖若有間，而聖人之道終未明也。以高子之好學篤行，充其力豈難登洙泗之堂，入程朱之室，然猶溺其餘習，未能自脱，莠之亂苗、鄭之亂雅，豈不甚哉？康熙癸亥，余在京師，張武承先生示余王學質疑一卷，其言良知之害，至明至悉，特不盡埽龍谿、海門之毒，而凡梁谿之所含糊未決者，一旦如撥雲霧見白日，蓋自羅整庵、陳清瀾而後，未有言之深切著明如斯者也。近年惟吾浙吕子晚村大聲疾呼，毅然以辟陽明爲己任，先生與之不謀而合如斯，信乎德之不孤而道之不可終晦也矣。抑愚又有懼焉。當陽明之世，其害未見，故知之也甚難，而其病未深，救之也尚易。至今日其害已見，故知之也似易，而其病既深，救之也則難。無論顯樹姚江之幟，鋭與吾角者未易勝也。即聞吾言，而唯唯歎息，擊節不敢置一辭，而遺毒之潛伏隱藏於肺腑者，不知其幾也，蕩滌而消融之，豈易也哉。孟子曰「七年之病，求三年之艾」，我未有艾，而徒咎人之病，非良醫也。閱先生之書者，其急講蓄艾之術也哉。

三魚堂文集卷八王學質疑後序

余既序張武承先生王學質疑，方謀付梓以公同好，而先生已於乙丑十一月捐館舍矣。因略述其生平附於書末，使學者誦其書知其人，蓋非無所本而能爲是書者。先生諱烈，其先浙江金華府東陽縣人。嘉靖時，先生之曾祖始自浙遷居大興。康熙丙午，先生以易中順天舉人，庚戌登進士，己未舉博學宏詞，授翰林院編修，充纂修明史官。乙丑六月，陞右春坊右贊善。自爲諸生，以至立朝，始終以清白自勵，不屑世俗榮利，純如也。其學以程朱爲宗，深疾陽儒陰釋之徒，以閑邪衛道爲己任。晚尤嗜小學、近思録，故是書所發明皆從平生學問中流出，非苟而已也。先生又嘗論道學傳惟宋史宜有之，周、程紹先聖之遺緒，朱子集諸儒之大成，以道學立傳，宜也。餘則篤學如蔡西山父子，高明如陸子静兄弟，純粹有用如真西山，僅可列之儒林。元儒亦不立道學傳。若有明一代，純正如曹月川、薛文清，不能過真、許，而光芒横肆如陽明者，列之道學，恐後世以史臣爲無識。其修明史，分纂孝武兩朝，如劉健、李東陽、王守仁、秦竑、李成梁、金鉉、史可法諸傳，皆先生手筆。嘗曰：「吾此數傳，是非不爽銖兩。」其論孝宗，謂「明知閹宦之壞法，不能遠成陰勝之漸，而是知不至意不誠之故也」。其論李東陽，謂「李公文章之士，與劉謝同朝，則著侃直之風，與芳瑾爲伍，盡露委蛇之態。而聲華素著，獎借後進，故競爲之掩飾」。謂東陽若去縉紳之禍，不知所底，此欺心之論也。五年之中，冤死者不可勝數，縉紳之禍，亦已至矣。李公拱手而不敢異，偶中救一二人，遂詫以爲善類賴之。則張綵救吳廷舉，劉宇救王時中，亦得爲保全善類耶？又云楊文襄，功名之士也。以爲將之智，用之爲相，晚年欲以其術籠絡張、桂，而卒爲所敗，齎恨以没，智巧之不可恃如此。此皆卓然不可磨滅，而此書則其綱領也。

三魚堂文集卷八王學考序

自陽明之學行天下，迷惑溺没於其中者百五十餘年。近歲以來，好學深思之士乃敢昌言排之，然以其功業赫赫於人之耳目閒者疑信且半，錢塘應潛齋獨一言以斷之，曰「陽明之功譎而不正，詭遇獲禽耳。」又推其本而論之曰：「陽明自少馳馬試劍，獨學無師，而始堅於自用。」則又直窮其病根，陽明復起，不能不服斯言。嗚呼，以陽明之天資豪邁，向使自幼涵養薰陶於小學，中加之以良師友磨礱砥礪，如二程之有濂溪，朱子之有延平，何至放言高論如此哉。所以敢爲放言高論者，其所由來漸矣。故愚嘗言小學一書，乃世道升降之本，小學行而天下人才範圍於規矩、準繩之中，然後學術一而風俗同，潛齋之論，可謂知本矣。潛齋論性、論太極，頗與程朱牴牾，余不敢從，然其教人用功，必以窮理格物爲本，謹守朱子家法，故其言多可羽翼經傳。其論次陽明言行凡一卷，附於其所輯性理大中內，余以爲此當自爲一書，不當附性理，故特表而出之，而名之曰王學考。欲知學術異同之所由來者，其必有取於此也夫？

三魚堂外集卷四經學 節録

上略。聖人之遺言，雖賴之以傳，而聖人之精微，亦由之而湮。歷唐及宋，至濂、洛、關、閩諸儒出，即器數而得義理，由漢儒而上溯洙泗。然後聖人之旨，昭若白日，而六經之學，於是爲盛。是故漢、宋之學，不可偏廢者也。然其源流得失，不可不辨矣。辨其源流猶易，辨其得失則難。辨漢儒之得失猶易，辨宋儒之得失則難。欲辨源流，取兩漢儒林傳，及伊洛淵源録、考亭淵源録閲之，一展卷而昭昭矣。中略。若論其得失，則必有高儒之識，然後可辨諸儒之惑。有大於諸儒之力，然後可以斷諸儒之誤。即未能大且高而不甚相遠，然後能窺其堂奥，而見其精髓。程子所謂身在堂下，焉能辨堂上之是非，此與徒辨其源流者，難易懸殊矣。

然而辨漢儒猶易，辨宋儒則難者，漢儒之所争者，不過郊壇之分合、禘祫之大小、明堂世室之制、臯庫雉應之位、祥禫之月日、律吕之上下，皆有迹可尋、有數可稽，故雖繁而易究；至於宋儒之所争者，每在於太極之動静、先天之順逆、理氣之離合、知行之先後，其得者足以救漢儒之支離，其失者遂入於佛老之虚無，一字之誤認而學術由之而頓變，一言之謬解而風俗由之而盡移，易所謂失之毫釐、差以千里者，非好學深思，不能辨也。

然愚謂此不難辨，先儒固有定論矣。自堯舜而後，群聖輩出，集群聖於大成者，孔子也；自秦、漢而後，諸儒輩出，集諸儒之大成者，朱子也。朱子之學，即孔子之學。故黄勉齋、蔡西山之徒，從之於前；真西山、魏鶴山之徒，從之於後，無異詞也。在元則許平仲、吴草廬從之；在明則薛文清、胡敬齋、曹月川、羅整庵從之，無異詞也。自姚江之學興，而目之爲支離，指之爲影響，甚且詆之爲楊、墨，而學者遂惑於所從，然其弊也，至於流俗敗壞、人心陷溺、天下崩潰，其明效大驗亦可睹矣。

故愚嘗謂今之論學者無他，亦宗朱子而已。宗朱子者爲正學，不宗朱子者即非正學。漢儒不云乎，諸不在六藝之科，孔子之術者，皆絶其道，勿使並進，然後統紀可一而法度可明。今有不宗朱子之學者，亦當絶其道，勿使並進，朱子之學尊，而孔子之道明，學者庶乎知所從矣。

三魚堂賸言卷二 節録

看左傳疏，孔穎達序謂：賈逵、服虔之徒，雜取公羊、穀梁以釋左氏，方鑿員枘；杜元凱左氏集解專取丘明之傳以釋孔氏之經，所謂以膠投漆。愚因思今日講程、朱之學，而雜取象山、陽明之説，是猶賈、服之訓左傳也。

三魚堂賸言卷七　節録

容城孫奇逢字鍾元理學宗傳一書，混朱、陸、陽明而一之，蓋未知考正晚年定論也。但慈湖、龍溪、近溪、海門，則列在末卷補遺之中，蓋亦知其非矣。

象山云「六經皆我註脚」，率天下之人而禍六經者，必此言也。夫此正朱子所謂以意捉志，而非以意逆志也。

三魚堂賸言卷八　節録

看薛方山考亭淵源録序言：「朱子之言，孔子教人之法也；陸子之言，孟子教人之法也。」不覺太息，孔、孟豈有二法哉？方山序中既言「老而知朱學之精」，而又爲調停之説如此，蓋終不敢直指陸學爲非也。又其末言「象山晚年亦得力於朱子」，以救陽明「朱子晚年得力於象山之説」，亦屬調停。

看學蔀通辨後編朱子答廖子晦一條，覺明鏡止可喻心，不可喻性。朱子大學或問中，有鑑空衡平之説，論顔子明睿所照，亦以明鏡言之，皆只是言心。至象山論孟子萬物皆備，而以鏡中看花言之，則是以鏡喻性矣，大謬。此陳清瀾所以謂：孟子萬物皆備，是以萬物之理言；陸學之萬物皆備，是以萬物之影象言。

朱、陸皆以鏡喻心，然一是真明鏡，一是含糊之鏡。辨學術異同，若在經書文義上辨之，則彼此膠執，葛藤無已矣，且舍文義，而單論下手工夫，則得失自見。

今之回護姚江者有二：一則以程、朱之意解姚江之語，此不過欲寬姚江，其病猶小；一則以姚江之意解程、朱之語，此則直誣程、朱，其罪大。

三魚堂賸言卷十一 節録

舟中看山曉閣明文選，見曾異撰弗人送劉漢中教授廣信序云：「信州鵝湖，古朱、陸辨論同異處也，自弘、正以前則朱勝，隆、萬以後則陸勝，嘉、隆之間，朱、陸争而勝負各半。」説得明白，然曾意却是要調停於朱、陸之間。

魏永叔禧延陵書院記云：「漢、唐之黨禍，君子與小人相攻也。至雒、蜀之黨分，而君子與君子相攻矣。雒、蜀之争，是君子之講學與君子之不講學者相攻也。至朱、陸之黨分，近日程朱、陽明之説異，而君子之講學與講學者相攻矣。爲學者各有所得力之處，要歸於聖賢之道而已。」又蔡忠襄傳云：「姚江王文成公，以道學立事功，爲三百年一人，灑北宋以來儒者之恥。」於此二文，可窺其學。

松陽鈔存卷上　節録

道體

大程云，極高明而道中庸非二事，中庸乃高明之極。此與居敬行簡，克己復禮，閑邪存誠一例，朱子皆分爲兩截，程子皆合爲一事，非相悖也。程子自其合者言之，朱子自其分者言之，正相發明。若象山、陽明亦皆欲合爲一事，其意便不同。譬諸修屋，程子止言修屋，則修牆在其中，蓋牆即屋之牆，恐人認爲二物也。朱子則言修屋，又言修牆，恐人只知屋忘却牆也。言雖不同，其實一也。若象山、陽明，則只要修屋不要修牆。

吕氏云，儒者正學自朱子没，勉齋、漢卿僅足自守，不能發皇恢張，再傳盡失其旨，如何、王、金、許之徒，皆潛畔師説，不止吴澄一人也。自是講章之派，日繁月盛，而儒者之學遂亡。永樂間纂修四書大全，一時學者爲成祖殺戮殆盡，僅存胡廣、楊榮輩苟且庸鄙之夫主其事，故所摭掇多與傳注相繆戾，甚有非朱子語而誣人之者，蓋襲通義之誤，而莫知正也。自餘蒙引、存疑、淺説諸書，紛然雜出，拘牽附會，破碎支離，其得者無以逾乎訓詁之精，其失者益以滋後世之惑，上無以承程、朱之旨，下適足爲異端之所笑。故余謂講章之道不息，孔孟之道不著也。腐爛陳陳，人心厭惡，良知家挾異端之術，起而決其樊籬，聰明向上之士，翕然歸之。隆、萬以後，遂以背攻朱註爲事，而禍害有不忍言者。識者歸咎於禪學，而不知致禪學者之爲講章也。愚謂吕氏惡禪學，而追咎於何、王、金、許，以及明初諸儒，乃春秋責備賢者之義，亦拔本塞源之論也。然諸儒之拘牽附會，破碎支離，潛背師説者誠有之，而其發明程、朱之理以開示來學者亦不少矣。使朱子没後非諸儒，則其樊籬不至隆、萬而始裂，而今之欲闢邪崇正者，豈不愈難也哉？故君子於諸儒，但當擇其精而去其粗，無惑於拘牽附會，破碎支離之説，而不没其守先待後之功，則正學之明其庶幾焉。原第三十四條。基按，先生此論極得朱子家法，若如吕氏説，則朱子當日只消守程子之説，又何必纂精義，纂輯略，羅、吕、謝、游、楊之論，别爲或問，以剖析之乎？「擇其精而去其粗，無惑於拘牽破碎，不没其守先待後之功」，先生真繩尺朱子也。

松陽鈔存卷下 節録

程篁墩之道一編、王陽明之朱子晚年定論，皆以朱合陸，援儒入墨，使學者認集註、或問爲朱子中年未定之説，而謂其晚歲大悟舊説之非，雖有信從朱子者不能不惑於其言，較之顯背紫陽，其害尤甚。幸羅整庵、陳清瀾之徒深闢其謬，如撥雲見日。至徐文貞學則一書，則又欲以陸合朱，推墨附儒，蓋以象山未嘗不曰「親師友」、曰「觀書册」、曰「講明」，與朱子之格物窮理髣髴相似，遂强而一之。不知象山雖未嘗不言講明，其視講明一邊却輕，且其所講明者亦止講明其自家一派學耳，非可與朱子之格物窮理同日語也。謂陸無異於朱，不知陸子，先不知朱子。推墨附儒與援儒入墨，其歸一而已矣。文貞平生極尊陽明良知之學，而其語録有云：「學須有要辨路徑，路徑既明，縱行之不能至，猶不失日日在康莊也。」又曰：「學須有所見乃能行得，如登萬仞之山，必見山頭所在，乃有進步處，非可冥目求前也。」此亦與象山所謂講明一般。原第十四條。按此條，問學録所載前引清瀾、幾亭兩段甚長，後引文貞學則甚略，與此不同。

顧涇陽學蔀通辨序以象山爲有我，朱子爲無我，其説是矣。至謂朱子岐德性、問學爲二，不能無失。而曰「辨朱陸者，不須辨其孰爲支離，孰爲禪，辨其孰爲有我而已矣。」則似朱子之勝象山者僅在無我，此則愚所未安。原第十三條。基按，讀涇陽還經録其闢陽明可謂力矣。然尚有未深燭其蔀處，故小心齋劄記及文集内説到下手工夫，終覺含糊。先生日記有云：「辨學術同異，若在經書文義上辨之，則彼此膠執葛藤無已矣。若舍文義而單論下手工夫，則得失自見。」涇陽此序，舍清瀾本意而别生議論，誠不免躲閃。

余於辛丑壬寅間，有告子陽明之辨，謂：「告子不是如禪家守其空虚無用之心，不管外面，只是欲守一心以爲應事之本，蓋即近日姚江之學，然不能知言養氣，則心不能應事。故自覺有不得處，雖覺有不得，終固守其心，絶不從言與氣上照管，迨其久則亦不自覺有不得，而冥然悍然而已。以冥然悍然之心而應事，則又爲王介甫之執拗矣。故告子者，始乎陽明，終乎介甫者也。大抵陽明天資高，故但守其心亦能應事，告子天資不如陽明，則遂爲介甫之執拗。又告子天資高强，故成執拗。若天資柔弱者，則又爲委靡矣。故爲陽明之學者，强者必至於拗，弱者必至於靡。」東莊見而評之曰：「百餘年來，邪説横流，生心害政，釀成生民之禍，真范寧所謂罪深於桀紂者，雖前輩講學先生亦嘗心疑之。然皆包羅和會而不敢直指其爲非，是以其障益深而其禍益烈，讀此爲之驚歎。深幸此理之在天下終不得而磨滅，亦世運陽生之一機也。至謂陽明天資高，但守其心，亦能應事。即朱子謂禪家行得好，自是其資質好，非禪之力。意然如朱子所稱，必富鄭公、吕正獻、陳忠肅、趙清獻諸公乃可謂之行得好耳。陽明所爲皆苟且僥倖，不誠無物，吾未見其能應事也。觀其通近侍，結中朝，攘奪下功，縱兵肆掠，家門乖舛尤甚，皆載在實録，可考而知也。實録稱其性警敏，善機械，能以學術自文，深中其隱矣。張考夫亦極稱實録譏陽明警敏機械之言，謂當時士大夫中固多有識者。考夫、東莊之論陽明，比予更嚴，予初未見實録耳。所謂天資高者有中行、狂狷、善人，實無處可以置陽明。」原第三十五條。○考夫先生名履祥，前明諸生，隱居桐鄉，深於理學，著有楊園集。

余於壬子五月始會東莊於郡城旅舍，諄諄以學術人心爲言，曰今之人心大壞至於此極，皆陽明之教之流毒也。又曰涇陽景逸之學，大段無不是，然論心性則雖甚闢陽明，而終不能脱陽明之籓籬。又曰東坡學術尤誤人，好其學者，戲謔游蕩，權詐苟且，無所不可，故人多樂而從之，今之聰明才俊而決裂於廉恥之防者，皆以東坡爲窟穴者也。若程朱之教行，則人不可自便，此所以惡其害己而去之。朱子雜學辨最有功於世，又曰今日爲學，當明可不可之界限，古人大則以王，小則以伯，猶有所不可，況其他乎？又曰考夫雖師念臺，而不盡從其學，考夫之於念臺也，猶朱子之於籍溪、屏山、白水乎？非延平之比也。一時之言。皆有關係。原第三十六條。

辨學術

象山對朱濟道言，收拾精神，自立主宰，當惻隱時自然惻隱，當羞惡時自然羞惡。愚按，收拾精神而不讀書窮理，發出來不能無差，且其所謂收拾精神者，不免如觀心説之所譏，非如程子之主一無適，朱子之略綽提撕也，安得無病？至其所以收拾精神，主於自私自利，而非主於存天理，又無論矣。大抵象山、陽明、景逸、念臺，皆是收拾精神一路功夫。但象山主静，陽明則不分動静，景逸主静，念臺則不分動静。象山、陽明都不要讀書窮理，景逸、念臺則略及於讀書窮理。象山、陽明則指理在心外，景逸、念臺則指理在心内，究竟則一轍。原第六條。按，此條文集亦載，日記内無中間觀心説一段。○基按，先生此條評定象山、陽明、景逸、念臺，直是等上等來，真無可躲閃。人但知偏於静者爲禪，而不知不分動静者亦禪；人但知指理在心外者爲禪，而不知指理在心内者亦禪。此條便可當一部學蔀通辨。○先生日記中尚有一條云：「指理在心外者，如鏡之影，指理在心内者，如樹之根，得失自不同。」按，此於一樣之中又分得失，剖晰極細，而鈔存不載者。蓋先生辨學術，寧峻其防如此。

陽明年譜載，其將征思田之日，與錢緒山、王龍溪證道於天泉橋上。緒山謂無善無惡是心之體，有善有惡是意之動，知善知惡是良知，爲善去惡是格物四語，是師門宗旨。龍溪謂心體既無善無惡，意亦無善無惡，知亦無善無惡，物亦無善無惡。陽明兩存之，曰：「汝中須用德洪功夫，德洪須透汝中本體，吾學無遺念矣。」愚謂：此一條是王學病根，其所謂「致良知」亦是如此。依緒山之説，則以本於無善無不善者爲良，依龍溪之説，則直以無善無不善者爲良，總是知有心，不知有性。若以孟子「仁，人心也」，程子「性即理也」之義求之，其説不攻而自破矣，不知明季諸儒何以必極力爲之回護。如高忠憲云：陽明無善之説，不足以亂性，而足以亂教。則以性原可謂無善，特不可以此教人耳，豈性與教有二道乎？陳幾亭云：陽明所言無者，直指本來，不着一相，非謂有善惡而不分別也。衍之於意與事，是既有善惡之後，仍不分別其學術，禍世之罪，可勝誅哉？自汝中之説倡，遂蔑視進退取予，無足輕重，不見性者爲善亦無益，見性者爲惡亦無傷，非惟程、朱之閑蕩然，而良知之教，亦且口實於天下。則似陽明「無善無惡心之體」一語未嘗差，特龍溪衍之過當耳，果足以服龍溪之心乎？幾亭又云：孟子言性善，未嘗云有善，呼性爲善，猶贊青天爲好耳。若夫善意善事猶彩霞明星，惡意惡事猶黑雲濁霧，雖彩霞明星與黑雲濁霧相去遠甚，要不可執此霞此星爲青天之本體也。善意善事，性所發也，非性所有也。性中本無一物夾雜，至虚至粹，故謂之善。孔、孟未嘗言有，何待後人言無。必云無善是無上加無也，則似孟子云性善，即無善無不善之謂，與告子何異乎？豈無聲無臭者性，而有物有則者非性，一物不有者性，而萬物皆備者非性乎？其言不必無上加無，若與陽明稍相左，而實深於回護陽明者也。以景逸、幾亭之好學深思，亦知姚江末流之弊，而不知其病根在昧於心性之辨，反從而爲之辭，甚矣，莠苗朱紫之易亂也。原第七條

觀聖賢

果齋李氏謂朱子晚見諸生，繳繞於文義之間，深慮斯道之無傳，始頗指示本體，使深思

而自得之。此似與陽明朱子晚年定論之説相符，然所謂指示本體者，亦示之以體用兼備之學耳，豈教之以尊德性而廢問學乎？豈教之守其昭昭靈靈者爲尊德性乎？原第四十三條。

基有劄記一條云：朱子文集答張敬夫書曰：「來教謂静則溺於虚無，此固所當深慮，若以天理觀之，動之不能無静，猶静之不能無動，静之不能無養，猶動之不能無察也。但見得一動一静互爲其根，敬義夾持不容間斷之意，則雖下静字，原非死物。至静之中，蓋有動之端焉，固非遺事絶物，閉目兀坐之謂。但未接物時，便有敬以主乎其中，則事至物來，善端昭著，而所以察之者，益精明爾。」按此段真是説得四平八穩，後人謂朱子不喜言静，不叫人涵養本原上做工夫，詎知惟朱子纔是真能静，纔是真能涵養本原，纔有合於體用一原、動静無端之旨。又一條云：朱子之學，真箇是體用一源，顯微無間，知行皆是如此。後讀黄勉齋集鄂州四賢堂記云：「新安朱先生，禀資高明，厲志剛毅，深潛默識，篤信力行，體用一源，顯微無間之旨，超然獨悟。」頗以自信。因先生體用兼備語，附志於此。

三魚堂日記卷五

八月初二，講「千歲之日」至「可坐而致」，覺此章易爲良知家所借，蓋鑿與不鑿，其辨在毫釐之間，非居敬窮理，未易明白。閲念臺學言，見其以静亦静、動亦静，講周子「主静」二字，據朱子太極圖解，則「主静」二字全不是此意，此乃是程子定性書之意，似不當牽而一之。左襄南以黄太沖文五篇借閲，内有沈清溪墓誌，言心性之辨亦明，大約自羅整庵痛言象山、陽明之後，如高景逸、劉念臺皆不敢復指心爲性，但心性之辨雖明亦不過謂心爲氣而性爲理，心之中有性而性非即心云爾。其欲專守夫心，以籠罩夫理，則一也。特陽明則視理在心外，高、劉則視理在心内。高則以静坐爲主，劉則以慎獨爲主，而謂無動無静，高則似周子「主静」之説，劉則似程子「定性」之説，及朱子「中和」初説而皆失其真。

三魚堂日記卷八

初二，看薛方山序中言「朱子之言，孔子教人之法也。陸子之言，孟子教人之法也。」不覺太息。孔孟豈有二法哉？方山序中既言老而知朱學之精，而又爲調停之説如此，蓋終不敢直指陸學爲非也。又其末言象山晚年亦得力於朱子，以救陽明朱子晚年得力於象山之説，亦屬調停。

張沐

張沐（一六三〇～一七一二），字仲誠，號起庵，上蔡人。順治戊戌（一六五八）進士。

康熙初授直隸内黄知縣。後以老乞休,歸。張氏之學,與夏峰同出陽明,亦兼取程朱。初宗陽明朱子晚年定論之説,作道一録以闡明之。作學道六書以教門人,發揮心學,以「一念常在」四字爲主。所著又有五經疏略、圖書秘典一隅解,溯流史學鈔行於世。清史稿卷四七六循吏傳一、清史列傳卷七四循吏傳有傳。

游梁書院講語

陽明主良知是病,何也?良知是憑天的,不賴學功,此譬之生米不中食,生金不中用。天生粟而欲人燔煮之,天生金而欲人煅煉之,天生人以良知能而欲人操存擴充之,此天之休命也。命人以物,不命人用,非美命也;并與之用,方爲至美之命也,故孔子曰「十室之忠信不如好學」。陽明直取足於良知,不信窮理,故曰「病也」。今吕氏大闢心學,若謂心無學,是一空物也,則又不及良知之説矣;若謂心不待學,卻是良知剩義耳,心猶知,不待學良也。吕氏亦良知之實,何復駁良知也?陽明主良知,上面還有「致」字,與先生主良知不同,但説「致」字偏在存養,而遺窮理,少卻梢頭半邊。吕氏闢心學,心中不許加學,則學在心外,是「致」字偏在窮理,而遺存養,少卻根頭半邊。少根與少梢,孰勝孰負?

問先生云:「心是爲學之物,已是學了,何也?」曰:「吕氏看心如繩墨斧斤,以繩墨斧斤爲作器皿之物，待器皿既成，則繩墨斧斤置而無用；以心爲學，待學成，而心亦遂無用，是分體用爲二。若我則不謂然也。心如繩墨斧斤，以繩墨斧斤爲學工匠之物，迨成巧工能匠，亦不過精繩墨，善運斧斤，學正在繩墨斧斤上學耳，若曰工匠成而棄繩墨斧斤不得也。以心爲學之物，正在心上學，迨成賢成聖，亦不過精於操存此心，擴充此心，雖孔子七十從心不踰矩，亦離心不得也。是本體即功夫，功夫即本體也。」

溯流史學鈔卷三敦臨堂録

陽明之學，斷主於心，而其用在良知，雖千百萬言，不錯此口，見之真故言之決，誠聖人復起不易者也。而必謂即物窮理之失，沐初亦以爲然。久之見窮理但不可爲入門之功，而心本既立之後，正不得直以心爲心，以物爲非心也；又不得謂吾心備物理，而不知即物以窮之也。不必稽之昔聖昔賢，詢之芻蕘也。窮理之功，極廣大，極精微，但紫陽章句，安置窮理於最先，此所以見駁於陽明。及觀紫陽語録所載，先存養，後窮理，亹亹千百萬言，皆次第井井，真孔門之指訣，陽明又能見其先，而不能見其後也。

溯流史學鈔卷四敦臨堂録 節録

上略。沐謂朱、王二子，當不至如彼之偏。廣搜其論而細閲之，朱子語録中，口口不倒，直説先存養而後窮理，其言本體之明，校陽明尤爲真摯。沐不勝喜慰，而微憾二子玩書之功爲猶疏也。同一致知，朱子章句泥爲窮理，遂不復見有存養；王子泥爲存養，又不復見有窮理。使再深思熟審，止定静安，非存養乎？而後能慮，非窮理乎？此心之體，存則自明，養則益明，再即物而窮其理，無遺明矣，非致知之功而何？沐比來覺此處最見得真，著爲學次第一書，以庶幾於表章先儒，而復聖人之學乎！謹呈一部，前言具存，一入高明之目，自可見也。孫先生每言陽明可接上根人，若接引中材，還是晦庵，則是不存養而遂能窮理，下根反超上智也，猶閉之門而能入也。

溯流史學鈔卷八嵩談録

學人辨異同者甚淺，若有真實功夫，自不暇矣。然又有調和異同者，亦未見學之本末也。一部大學、一部中庸，功夫次第古今無二，何可不求所爲真同也。若異同皆渾，功夫之次第有差。

溯流史學鈔卷一一燕邸録 節録

陽明云：居敬窮理只是一事。就窮理專一處説，便謂之居敬；就居敬精密處説，便謂之窮理。不是居敬了別有個心窮理，窮理時別有個心居敬。此語最得。若於二者分次第，畢竟先專一而後精密，總與程、朱無二旨。當日諄諄只道朱子窮理之説非者，是但就集註之説論之，而未詳其全集中居敬窮理之辨也。倘若辨之明悉，則窮理也不必只説吾心之天理。朱子之論宏通，而陽明之説何拘矣。

劉寺評介人問："朱子與陽明異同？"曰："功夫則同，言語則異。"問："宜宗何家言語？"曰："朱子能兼陽明，陽明不能兼朱子，自以朱子爲宗，但朱子言語亦須擇。"問所擇，曰："先居敬而後窮理，如此類語是正宗，有悖此者，必系未深造時語。敬之一字，千聖嫡傳，吾輩今日居心處事，纔有一毫怠心，便有無限可悔處。"問："此功夫須是心中用，又不可有間？"曰："然。所謂學者，皆心學也。時習而不息也。"

張武承言陽明之學有流弊，而舉李卓吾爲證。答曰：皆其人之自弊。近代學者多宗朱子，其戕賊心性而敗壞家國者，不可勝數，豈皆朱子之學使之然？亦其人之自弊耳矣。

下略。

施愚山太史謂仲誠：「先生之學，與孫夏峰先生同否？」曰：「道理只一箇，若各人就見地說話，自不能同。」太史曰：「近人急攻王、陸，黜白沙，如何？」仲誠曰：「前人既有定論者，不如且存在那邊。要之儒者作高語，便有些恍惚，不踏實地。然卻不妨，只存乎人之自進，若終只如此便非。聖人經書中，未必無高語，尋到實地自平。若未歷他實地，說平失其高，說高失其平。」

溯流史學鈔卷一七天中録

學者幼年習舉業，見艾選中動稱陽明邪說，於是同聲附和訾毀之，不自知其所以也。又學者有志聖賢，止從朱子窮理一路求之，見其不得力，乃遂大駁朱子，亦不自知其所以也。總由年少力薄，無自得者之所爲也。於是有同異門户之見，未有老大，學日進於自得而猶爲是者也。

今人之叛朱子者，其害小。因叛朱子而戕及孔孟者，其害大。然戕孔孟害及已往，而使其說行於世，則又害將來。

凡闢異學，不可同室操戈。孔門柴愚參魯，師辟由諺，其質各不同。「由知德者鮮矣」，

「奚爲於丘之門」，「堂堂乎張也，難於並爲仁」，其學各有所病，當日孔子未嘗棄之。朱、陸深相友善，而談論異，非仇敵相棄也。若在後學之視前賢，凡有一得之長，皆吾師也。萃衆賢之一得，以治吾心身，豈非萃百狐之腋，以成吾之全裘乎？若必全裘之求，則無裘也。中略。聞呂氏大罵王伯安，闢之無餘力，若欲逐棄之如仇敵者，得無求全裘於一狐，求全學於一師者乎？雖孔子不能也。陽明授一官則盡一官之職，雖權勢傾壓而不屈，授以兵則寇寢，遇叛藩則就禽，奪其勞，没其勛，則推讓而不爭。今人試反而自思之，能爲陽明乎？不能爲陽明乎？不必吹毛求其不可見也。且求其可見，固吾師也，何忍戕之？講論皆空文耳，惟欲於空文求勝之，誠迂而腐矣。後之學陽明者，至有三教歸一之説，又有削髮留鬚之行。誠哉，其大可厭矣。皆歸罪陽明天泉之語，亦誠不虛。然陽明之説多矣，果皆天泉之語乎？抑偶爾之誤耳，棄此一節可也。若陽明與諸子，皆學孔孟者也，同室之人也。同室操戈，則黨伐之風起，吾爲世道人心懼矣。

今且無論子静非偏於尊德性，元晦非偏於道問學也。即使其果偏也，吾取子静之説以尊吾德行，取晦庵之説以道吾學問，吾益矣。吾感其之爲吾兩師，而愛敬之不暇矣。即有爲良知之説、不即物窮理之説者，吾聽之學之。學之而有益，從之；學之而無益，舍之。然後真知其所當從當舍，而吾又益矣。吾又感其爲吾教從教舍之師，愛敬之不暇矣。下略。

溯流史學鈔卷一八天中録 節録

上略。自古談學之道，無不同然。今之駁陽明何妨乎？駁其言可也，豈陽明果無父無君之人乎？陽明有説得是處，未能從之，有不是處，則必攻之，是何心乎？學者只是求益，乃於古人以往矣，猶不免黨同伐異之私，誰敢一言少拂吾意，若極用其氣魄，殆欲有己，遂使天下儒者絶口不敢復言學也。

溯流史學鈔卷二〇游梁書院講語 節録

上略。而今動則分門户，辨朱、陸，闢陽明，只是不反己。若反己，彼雖未純，各取一斑以益我，自可爲我之全人有餘。苦苦取前人，苛求他，是何意思？

徐乾學

徐乾學（一六三一～一六九四），字原一，號健庵，崑山人。康熙庚戌（一六七〇）一甲三名進士，授内弘文院編修，遷贊善，充明史總裁。兼充一統志、會典、明史三館總裁，又被命纂輯鑒古輯覽、古文淵鑑二書。集刊通志堂經解，爲唐以後經説淵藪。詩文合爲憺園集。清史稿卷二七一、清史列傳卷十有傳。

憺園集卷一四修史條議

明朝講學者最多，成、弘以後，指歸各別。今宜如宋史例，以程朱一派，另立理學傳，如薛敬軒瑄、曹月川端、吴康齋與弼、陳剩夫真晟、胡敬齋居仁、周小泉蕙、章楓山懋、吕涇野柟、羅整庵欽順、魏莊渠校、顧涇陽憲成、高景逸攀龍、馮少墟從吾，凡十餘人。外如陳克庵選、張東白元禎、羅一峰倫、周翠渠瑛、張甬川邦奇、楊止庵時喬，其學亦宗程朱，而論説不傳，且別有建豎，亦不必入。

白沙、陽明、甘泉宗旨不同，其後王、湛弟子又各立門户，要皆未合於程、朱者也，宜如宋史象山、慈湖例入儒林傳。白沙門人湛甘泉若水、賀醫閭欽、陳孝廉茂烈，其表表者。莊定山昶。爲白沙友人，學亦相似。鄒汝愚智，以謫宦後從學，宜與諫諍諸臣合傳。王門弟子，江右爲盛，如鄒東廓守益、歐陽南野德、安福四劉文敏、邦采、曉、秉鑒、二魏良器、良政。在他省則有二孟化鯉、秋，皆卓越一時。聶雙江雖宦蹟平平，而學多自得。羅念庵洪先，本非陽明弟子，其學術頗似白沙，與王甚別。許敬庵孚遠雖淵源王、湛，而體驗切實，再傳至劉念臺，益歸平正，殆與高、顧符合矣。陽明、念臺功名既盛，宜入名卿列傳，其餘總歸儒林。陽明生於浙東，而浙東學派最多流弊。王龍谿畿輩，皆信心自得，不加防檢。至泰州王心齋艮，隱怪尤甚。並不必立傳，附見於江西諸儒之後可也。諸子中錢緒山稍切近。凡載理學傳中者，豈必皆勝儒林？宋史程朱門人，亦多有不如象山者，特學術源流宜歸一是，學程、朱者爲切實平正，不至流弊耳。陽明之説，善學則爲江西諸儒，不善學則爲龍谿、心齋之徒，一再傳而後若羅近溪、周海門之狂禪，顔山農、何心隱之邪僻，固由弟子寖失師傳，然使程朱門人，必不至此。

國初名儒，皆元遺民，如二趙汸、撝謙、梁寅、汪克寬、范祖幹、葉儀、胡翰、蘇伯衡諸公，操履篤實，兼有文藝，其爲理學，爲儒林、文苑，多合而爲一，今當爲儒林之冠，而後代經學名家，悉附於後。

萬斯大

萬斯大（一六三三～一六八三），字充宗，別字褐夫，號跛翁，浙江鄞縣人。萬泰第六子，從學黃宗羲，邃於經學，尤精春秋、三禮。著學禮質疑、儀禮商、禮記偶箋、周官辨非、學春秋隨筆等。

明儒言行録序

蓋聞通天地人之謂儒，則儒也者，雖爲學者之通稱，而實聖賢之極，則第以學者之所學在是，故凡爲學者，亦得以儒命之。余嘗上下古今，而嘆儒者之於世，蓋因時而爲救者也。堯、舜、禹、湯、文、武，儒而君者也。臯、夔、稷、契、伊、傅、周、召，儒而相者也。其時道統尊於上，德化翔洽，民風沕穆，害道者無或一出其間。故虞、夏、商、周之書所記者，皆其政治，而歷聖之道法以存，不必多爲之説也。世降而衰，以至春秋，王迹熄，霸術興，功利中乎人心，道統之傳，不在君相，而在學士，學士遂專以儒稱，而其時之儒，亦遂有君子小人之別。孔子聖人，不得位，爲師以授及門，恐弟子之或入於小人也，故謂子夏曰：「女爲君子儒，無爲小人儒。」又若逆知後世有邪説者出以亂吾儒也，故爲之戒曰：「攻乎異端，斯害也已。」蓋欲嚴其訓而立其防，以維斯道於不墜。故論語一書，較諸書而已詳，然猶未深爲之辯也。以至戰國，百家横流，楊、墨滋甚，孟子生其間，獨學孔子，辭而闢之，堯以來相傳之道，由是大著。故孟子七篇，較論語而加辯。嗚呼！詳與辯，聖賢因時爲救之心，聖賢之不得已也。後之儒者，有心斯世，其立言也，能如聖賢之不得已焉，則詳可也，辯亦可也。漢氏以來，佛老熾興，歷魏晋、五代，學士大夫，迷惑溺没，莫知底止。唐之時，韓子辯之。下及於宋，其始也，周、程、張諸子辯之，其繼也，朱、陸二子辯之，凡皆發明聖道，排黜佛老，庶幾聖賢不得已之心。自是而後，朱、陸分門，互争同異，黨死護朽，相爲詆訾。鄉者辯佛老，兹且辯朱、陸。夫朱、陸之末流，固不當無辯，要必平心觀理，勿執偏私，深得乎吾之所以是，精晰乎彼之所以非，後以吾説衷之，則詞不繁而理自勝，不然而徒勤口耳，嘵嘵然負氣争勝，辯説雖紛，究於聖道何補？朱、陸復生，將咎其言之已甚矣。嗚呼！若是其辯也，不如其無辯也。有明一代，儒者後先踵起，或尚躬行，或崇解悟，皆因時爲救，故其發明聖道，排黜佛老，其功直與宋儒等。然以所見異同，其末流之相譏，如朱、陸之紛紛者，迄今而益甚。嗚呼！群言淆亂，折衷諸聖，惟善學者，精思慎擇，使先儒不得已之苦心，得之萬死一生之餘者，昭然於載籍之間，天下有志之士，得就其質之所近，從其所可從，學其所當學，一軌於正，而勿納於邪，亦庶幾發明聖道，排黜佛老之一助也。吾友沈昭嗣，素志理學，飭躬修行，於宋儒業窺其奥，慮明儒之説，紛莫可紀，乃彙群書，纂爲明儒言行録，有正有續，出入謹嚴，採擇詳慎。今年過從之暇，出以相示，且命序之。因念我高王父鹿園公宗陽明之學，録中若東郭、南埜、緒山、念庵諸子，皆先生友也。先考履安公，與吾師黄太沖先生，皆及蕺山子之門。余不幸背棄先訓，方從黄先生讀蕺山遺書，以上溯先儒而頽惰自安，未有以窺其萬一。莊誦斯編，既深嚮慕，須切愧悚，不揣固陋，爲述從來儒者因時爲救之説，以復於昭嗣，其尚有以教我乎！昭嗣名佳，仁和人。萬斯大序。

洪若皋

洪若皋（一六三三～？）字敘叔，號虞鄰，浙江臨海人。順治十二年（一六五五）進士，官至福寧道按察司僉事。著有南沙文集。

南沙文集卷六王文成論一　節録

或問曰：王文成何如人也？余對曰：文成者，方正學之功臣，陸象山之敗子也。何謂方正學之功臣？平寧庶人是已。明太祖具雄傑堅忍之資，誅邪伐判，剿逆鋤奸，立三綱，正五常，其振興天下也，厲之以剛方之才，作之以忠義之氣，三十餘年，一傳之於建文君，以柔繼剛，以寬濟猛，守成之令主也。中略。嗟乎！方正學恨不食李景隆之肉於前，王文成亟欲表伍文定之功於後，兩人蓋有相視而莫逆者耳。余故不以文成爲武宗之功臣，而以爲方正學之功臣也。

南沙文集卷六王文成論二 節録

何謂陸象山之敗子，講學是也。吾夫子之道，自顔子没，而曾子、子思得其微，至孟子爲集義之説，而聖人戒慎恐懼之學益明。自孟子没，而濂溪、明道繼其統，至朱子爲實踐之功，而聖人下學上達之道益著。時有陸象山，倡易簡覺悟之論，晦庵指之爲禪，天下群是朱而非陸。自是吾夫子之道，如日月之經天，夜不可以爲旦，雖婦人小子而知之也；如周行大道之在地，攲不可以爲平，曲不可以爲旨，雖婦人小子而知之也；如布帛菽粟之在人，葛不可以禦寒，水不可以止飢，雖婦人小子而知之也。迨四百餘年，文成起而爲致良知之説，以續象山之傳，謂宋儒從知解至入，認識神爲性體，故聞見日障。以朱子大學章句非聖門本旨，去其分章，削其所補之傳，仍舊本，其書止爲一篇，無經傳之分；致知本於誠意，無缺傳可補；以誠意爲主，而爲致知格物之功，故不必增一敬字；以良知指示至善之本體，故不必假於見聞。正心、誠意、致知、格物，皆所以修身。理之凝聚而言謂之性，凝聚之主宰而言謂之心，主宰之發動而言謂之意，發動之靈覺而言謂之知，靈覺之感應而言謂之物，就知而言謂之致，就意而言謂之誠，就心而言謂之正。格物者，格其心之物也，格其意之物也，格其知之物也。正心者，正其物之心也；誠意者，誠其物之意也；致知者，致其物之知也，皆所以窮理而盡性也。格者正也，格其不正以歸於正也。意之所用必有物，物者事也。如意用於事親，則事親爲一物；意用於臨民，則臨民爲一物；意用於讀書，則讀書爲一物。致知在格物者，致吾心之良知於事事物物，使事事物物各得其理也。致吾心之良知於事事物物者，致知也。事事物物各得其理者，格物也。是合心與理爲一者也，無假於外求也。若朱子所云窮至事物之理，是以吾心求理於事事物物之中，如求孝子之理於其親，親没之後，吾心遂無孝之理，是析心與理爲二者也，是告子之所謂義外也，孟子之所深闢也。

予即其言而思之，其弊有數端焉，蓋不待辨而自破矣。夫正心、誠意、致知、格物，皆所以窮理而盡性，則欲正其心者，誠意、致知足矣，何須又添此格物工夫哉？又主宰之發動而言謂之意，發動之靈覺而言謂之知，靈覺之感應而言謂之物。夫發動與感應無異也，則物即意也，格者正也，則格即誠也。當日何不直曰「欲正其心者在致其知」？致知在誠意，何必正心、誠意、致知、格物，層累而遞及之哉？且意之所用，必有其物，物即事也，此事屬之心乎？屬之心，則心纔有其意，未嘗見諸事，止可謂之意，不可謂之事也。屬之物，則已資外求於物矣，非所謂析心與理爲二而落第二義者乎？此其不可解者一也。抑「致良知」之説，即所謂「誠其意者毋自欺也」，在朱子亦無異解，但致良知必須格物而後有據。蓋當致良知時，反觀内省，即佛氏所謂常提念頭之説：常惺惺、常記得、常存得者也。然此念頭提在之時，必待人事相乘，物感疊至，即物窮理，是是非非，應之各得其道，而後吾心之良知始真。若時時空提在念，則屬定慧無用之地，私欲之或有或無，何從自覺？若欲刊剥洗蕩於人事未乘、物感未至之先，則無所用其力，徒使此心之不清。況人事未乘、物感未至，必時時搜剔，求所謂私欲者而去之，是真所謂引犬上堂而逐之者也，其可乎？此其不可解者一也。下略。

彼象山薄聞見、尊德性之説，豈東海聖人、北海聖人，此心同，此理同，有不由其户，而能升其堂入其室者。當時學者，耳目心志，群安然於道修教明之日，而不爲所移惑，以狂者進取視之而已，賢者之過目之而已，初未嘗有所輕重損益於彼也。及文成生於數百年之後，忽起而謂陸氏得孔孟之正宗，作鳴冤録以辨天下是朱非陸之謬。且謂其身任斯道，天下非之而不顧，至以爲今日之崇尚朱説，與孟子之時尊信楊、墨等。天下聞其説，相與駭愕驚顧。然怪其言之妄，未嘗不冀其説或可以行。迨行之未及於一傳，及門之人，始而疑，繼而懼，而終於背叛。天下交攻，而群與爲敵，乃始掩飾回護，多方辨析，而首尾衝決，本末舛逆，而終格格不相合。是於朱子之學，初無微傷日月之明。而象山之説，至此支離決裂，有不可一日容於聖人之世者。是文成宗象山，適所以壞象山耶。予故不以文成爲朱子之敗子，而以爲陸象山之敗子者，此也。

顏元

顏元（一六三五～一七〇四），字易直，改字渾然，號習齋，博野人。少有異稟，讀書輒出己見。初好道家言，尋棄去，好讀史學兵法。及徧讀性理書，奉周、程、張、朱之旨，刻苦勵行，期於主敬存誠。自父喪，棄諸生，而用世之志甚殷。所著書行世者，存學編、存性編、存治編、存人編等。清史稿卷四八〇儒林傳一、清史列傳卷六六儒林傳上一有傳。

存學編卷一明親　節録

上略。孔孟之學、教，即其治也。孔子一貫性道之微，傳之顏、曾、端木而已。其當身之學與教及門士以待後人私淑者，庸言庸德、兵農禮樂耳，仍本諸唐、虞、成周之法，未之有改。故不惟期月、三年、五年、七年胸藏其具，而且小試於魯，三月大治，暫師於滕，四方歸之，單父、武城亦見分體，是以萬世永遵也。

秦、漢以降，則著述講論之功多，而實學實教之力少。宋儒惟胡子立經義、治事齋，雖分析已差，而其事頗實矣。張子教人以禮而期行井田，雖未舉用，而其志可尚矣。至於周子，得二程而教之，二程得楊、謝、游、尹諸人而教之，朱子得蔡、黄、陳、徐諸人而教之，以主敬致知爲宗旨，以静坐讀書爲工夫，以講論性命天人爲授受，以釋經註傳纂集書史爲事業。嗣之者若真西山、許魯齋、薛敬軒、高梁溪，性地各有静功，皆能著書立言，爲一世宗。信乎，爲儒者煌煌大觀，三代後所難得者矣！而問其學其教，如命九官、十二牧之所爲者乎？如周禮教民之禮明樂備者乎？如身教三千，今日習禮，明日習射，教人必以規矩，引而不發，不爲拙工改廢繩墨者乎？此所以自謂孔子真傳，天下後世亦皆以真傳歸之，而卒不能服陸、王之心者，原以表裏精粗，全體大用，誠不能無歉也。

陸子分析義利，聽者垂泣，先立其大，通體宇宙，見者無不竦動。王子以致良知爲宗旨，以爲善去惡爲格物，無事則閉目静坐，遇事則知行合一。嗣之者若王心齋、羅念庵、鹿太常，皆自以爲接孟子之傳，而稱直捷頓悟，當時後世亦皆以孟子目之。信乎，其爲儒中豪傑，三代後所罕見者矣！而問其學其教，如命九官、十二牧之所爲者乎？如周禮教民之禮明樂備者乎？如身教三千，今日習禮，明日習射，教人必以規矩，引而不發，不爲拙工改廢繩墨者乎？此所以自謂得孟子之傳，與程朱之學並行中國，而卒不能服朱、許、薛、高之心者，原以表裏精粗，全體大用，誠不能無歉也。

他不具論，即如朱、陸兩先生，倘有一人守孔子下學之成法，而身習夫禮、樂、射、御、書、數，以及兵農、錢穀、水火、工虞之屬而精之。凡弟子遊從者，則令某也學禮，某也學樂，某也兵農，某也水火，某也兼數藝，某也尤精幾藝，則及門皆通儒，進退周旋無非性命也，聲音度數無非涵養也，政事文學同歸也，人己事物一致也，所謂下學而上達也，合內外之道也。如此，不惟必有一人虚心以相下，而且君相必實得其用，天下必實被其澤，人才既興，王道次舉，異端可靖，太平可期。正書所謂府修事和，爲吾儒致中和之實地，位育之功，出處皆得致者也。是謂明、親一理，大學之道也。以此言學，則與異端判若天淵而不可混，曲學望洋浩歎而不敢擬，清談之士不得假魚目之珠，文字之流不得逞春華之豔。惟其不出於此，故既卑漢、唐之訓詁而復事訓詁，斥佛、老之虚無而終蹈虚無。以致紙上之性天愈透，而學陸者進支離之譏，非譏也，誠支離也；心頭之覺悟愈捷，而宗朱者供近禪之誚，非誚也，誠近禪也。或曰：「諸儒勿論，陽明破賊建功，可謂體用兼全，又何弊乎？」余曰：「不但陽明，朱門不有蔡氏言樂乎？朱子常平倉制，與在朝風度，不皆有可觀乎？但是天資高，隨事就功，非全副力量，如周公、孔子專以是學，專以是教，專以是治也。」或曰：「新建當日韜略，何以知其不以爲學教者？」余曰：「孔子嘗言：『二三子有志於禮者，其於赤乎學之。』如某可治賦，某可爲宰，某達某藝，弟子身通六藝者七十二人，王門無此。且其擒宸濠，破桶岡，所共事者皆當時官吏、偏將、參謀，弟子皆不與焉。其全書所載，皆其門人旁觀贊服之筆，則可知其非素以是立學教也。」

是以感孫徵君知統録説有「陸王效諍論於紫陽」之語，而敢出狂愚，少抑後二千年周、程、朱、陸、薛、王諸先生之學，而伸前二千年堯、舜、禹、湯、文、武、周、孔、孟諸先聖之道，亦竊附效諍論之義。而願持道統者，其深思熟計，而決復孔、孟以前之成法，勿執平生已成之見解而不肯舍，勿拘平日已高之門面而不肯降，以誤天下後世可也。

存學編卷三性理評 節録

陸子説良知良能，人便能如此，不假修爲存養。非是言不用修爲存養，乃認孟子「先立乎其大者，則其小者不能奪」二句稍呆。又不足朱子之誦讀訓詁，故立言過激，卒致朱子輕之。蓋先立其大，原是根本，而維持壅培之無具，大亦豈易言立也！朱子「旅寓人」、「傷脾胃人」二喻，誠中陸子之病。但又是手持路程本當資送，口説健脾和胃方當開胃進食，即是終年持説，依然旅寓者不能回鄉，傷脾胃者不能下咽也。此所以亦爲陸子所笑，而學宗遂不歸一矣。豈若周公、孔子三物之學，真旅寓者之糇糧車馬，傷脾胃之參术縮砂也。

習齋記餘卷六閲張氏王學質疑評

前序，陸隴其稼書氏筆也。詩、書、禮、樂輕。

評曰：禮、樂之輕久矣，非特王門爲然，未可以輯禮、樂書，便謂朱門重禮樂也。總評曰：萬世道統至孔子而局變，以其未得邦家而爲君相，吾儒之體用未全見於世，是以造就七十二子，成一代太平之材也；作二百四十二年之書，定一代太平之略也。凡其所删定，皆厭其浮文繁多，只存其致用須行者數策，期後世按譜操琴，據方療證，百世之太平，則亦何嘗不作千萬年君相，如堯、舜、湯、文、稷、契、伊、周哉！可怪漢家老儒，誤視經書爲道，而以注疏爲學矣。至宋儒則更誤，蓋注疏未改於漢儒，而静覺更參以佛、老，方且口頭争長，分門攻惡，曾未見一人取堯、舜之三事，周、孔之三物而習行以爲學、教者。胡文昭頗得孔子之心，横渠次之，明儒則韓苑洛先生近之，人不知宗法，顧徒彼詆程朱，此攻王陸，成聚訟之儒運也。哀哉！

學孔子者舍朱子莫由。

評曰：適越而北其轅矣。

稍稍知朱子，無可厚非。

評曰：兩家俱無可厚非。

專主王陸，習氣使然。

評曰：先生輩亦是習氣使然。

非朱子真面，即非孔子真面。

評曰：先生曰「朱子真面，即孔子真面」；宗陸子者曰：「陸子真面，即孔子真面。」嗚呼！誰知孔子與朱陸各面其面乎！

評「夫善惡兩存至不可人口矣」一段，曰：格言可佩。

評「留心傳注」，曰：以此爲明道乎？可詫！

評「朱子之言如食可致飽」一段，曰：衣食、宮室、藥餌之言，朱子還擔不起。譬如「半日静坐，半日讀書」之言，豈不令饑寒者立死，露處與疾病者立斃乎？

總評張序曰：武承先生謂數十百年，此道須光照，王學未有不廢，此必至之數也。陸王之學，爲之甚難，莫道陸之得王不易，雖傳之失真如龍谿諸人，資性亦不多見。以其直見本心，百善俱集，非中人可能，而禪宗亦非中人所可領會也。又不許讀書，又不理會氣象，淩高厲空，從之無由，故必廢。朱學種種反此，中人尤樂入，故必興。然顯功倍多，而隱害倍甚也，其誰知之！

評「事事物物」至「耳即聲也」一段，曰：闢辨王學，句句剴切，然朱學之異於孔子者，亦正在不能於事事物物上做工夫也。孔學是要能其事，故曰「身通六藝者七十二人」。朱學只欲解其理，故曰「幾時讀盡天下許多書」。

評「孝之理不在父」至「必不免矣」一段，曰：先生之辨王學，有耳者能聽，有目者能見，雖使朱子復生，不過如此；然即以此勝王學，而使之廢，吾道不明、不行自若也。何也？吾夫子之道，合身心事物而一之之道也；吾夫子之學，「學而時習之」之學也。習禮、習樂、習射御、習書數，以至兵、農、錢、穀、水、火、工、虞，莫不學且習也，故曰「博學之」。朱子則易爲「博讀之」。觀其言曰「不讀一書，則一書之理不明」，又曰「凡書須讀取三百遍」；考其功，曰「半日静坐，半日讀書」，是看理都只存此書矣；以視夫看理都只在此心者，又何如也？

評「天理無處不存」至「爲人矩度自在也」一段，曰：洞快淋漓，讀之欲舞。如此見解，倘聞孔門之道，豈非蒼生之福，吾黨之幸哉！

評「此言是矣」至「不可救止也」一段，曰：宋、明兩代之不競，陳文達一言盡之，曰：「本朝是文墨世界。」明太祖洞見其弊，奮然削去浮文，釐定學政，斷以選舉取士，可謂三代後僅見之英君。卒爲文人阻撓，復蹈宋人覆轍，則慶、曆學術之雜亂，啟、禎國事之日非，皆崇尚浮文之禍也。今先生專委於王學而咎之，南宋專崇朱學，上下胥靡，陸子未之顯也，而時勢日去，則誰之過哉！

評「去不正以全其正」至「無忌憚而已矣」，曰：格，正也。先生自有解云：「爲善去惡是格物」，下手做工，亦不誣人，但於「格」字不肖。朱注「窮至事物之理」，又明是致知在致知矣；且於「格」字訓窮，亦未聞。謹附拙解於後，請正有道。按「格物」之「格」，王門訓「正」，朱門訓「至」，漢儒訓「來」，似皆未穩。竊聞未窺聖人之行者，宜證之聖人之言；未解聖人之言者，宜證諸聖人之行。但觀聖門如何用功，便定格物之訓矣。元謂當如史書「手格猛獸」之「格」、「手格殺之」之「格」，乃犯手捶打搓弄之義，即孔門六藝之教是也。如欲知禮，憑人懸空思悟，口讀耳聽，不如跪拜起居，周旋進退，捧玉帛，陳籩豆，所謂致知乎禮者，斯確在乎是矣；如欲知樂，憑人懸空思悟，口讀耳聽，不如手舞足蹈，搏拊考擊，把吹竹，口歌詩，所謂致知乎樂者，斯確在乎是矣。推之萬理皆然，似稽文義、質聖學爲不謬，而漢儒、朱陸三家失孔子學宗者，亦從可知矣。

評「致知格物原爲誠意而設」至「用以講學可歟」一段，曰：立言原有病，只因有心與朱學水火，便說來不合理。元以爲實宗孔門三物之學，葛藤自斬，不必辯，義何拗乎！

評「善惡兩端誰不知之」至「何從而爲之去之」一段，曰：說來極悅人心目，然失周、孔學宗，以致窮理主敬，誦法程朱者濟濟，而在上在下不見一達德兼備之才，朝廷邊疆不見一致用成功之士，漫道顏、曾，雖冉有、樊遲之儔亦不可得。嗚乎！其果孔門之主敬窮理否耶？

評「若此則凡經書」至「兒童戲論也」一段，曰：武承未會陽明辟朱注之意，故批之不透。愚謂，寧上去「窮」字，下去「理」字，卻勝似有此二字。蓋致知在是物上，便親見了那物，不尤勝於宋儒與今人全不見梅、棗，便自謂窮盡酸、甜之理乎？嗟乎！通五百年學術成一大謊，其如此局何哉！

評「象山、陽明言理皆惡分而喜合」至「學術殺天下，先生其自言」一段，曰：象山、陽明知惡宅言知而並不實知知之弊，故力言合。言至快處，一若言知可不必言行，言行可不必言知者，既不足以服宗朱者之心；言到空言知之弊可惡處便痛罵之，義適足以激宗朱者之恨。吾友刁文孝與武承輩又知惡空言致知，而全無持循下手之弊，故力言分；其言至快處痛罵處不足以服其心，而適足以激其恨者亦同。故兩派爭辯，成聚訟之儒運。總之，皆由失周、孔三物之教，而徒求之口頭、紙筆也。試觀堯舜以來，孔子以往，焉用此喋喋哉！

評「六經皆我注腳」，曰：此是陸子最精語，亦最真語。我者，天生本體也，即「萬物皆備於我」之「我」。六經是聖人就我所皆備者畫出，非注我者何？武承亦執以爲罪案，輕視「我」字乎？抑重視六經乎？有不必注腳之我，堯舜五臣是也；有讀盡注腳，全不於於我，歷代文人是也；有習行注腳，即盡其我，周孔三代之學是也。兩派學辯，辯至非處無用，辯至是處亦無用。蓋閉目靜坐，讀、講、著述之學，見到處俱同鏡花水月，反之身措之世，俱非堯舜正德、利用、厚生，周孔六德、六行、六藝路徑。雖致良知者見吾心真足以統萬物，主敬、著、讀者認吾學真足以達萬理，終是畫餅望梅。畫餅倍肖，望梅倍真，無補於身也，況將飲食一世哉！有志者苟得吾存學編之意，兩家之是非總可勿論，直追三事、三物，學而偏者賢，全者聖，一切故紙堆，宜付祖龍矣。

評「豈無誤認，非讀書討論而徒自爲精察，未有不偏弊者」，曰：朱門一派口裏道是「即物窮理」，心裏見得，日間做得，卻只是讀書講論。他處窮事理之理説教好看，令人非之無舉，此處現出本色，其實莫道不曾窮理，並物亦不能即。「半日靜坐，半日讀書」，那會去格物？莫道天下事物，只禮樂爲斯須不可去身之物，亦不會即而格之。如書本上講祭祀，薰蒿悽愴等，透快動人，及修家禮，膟膋、聲臭全廢，居子斬衰喪，墨服行祭，是不曾即禮而格之也。語録中「或問古人教樂，是作樂使童子聽乎？抑令自作乎？」如朱子以樂爲學教人，自無此問，況亦自言「禮、樂、射、禦等俱是該做得，今日補填實是難，不如先去誠正」，是不曾即樂而格之也。且書本上所窮之理，十之七分舛謬不實，朱子卻自認甚真，天下書生遂奉爲不易之理，甚可異也。如鄘詩蝃蝀，朱子注「天地之淫氣」，不知卻是一蟲爲之。鴻書言「其身如龍，頭似驢」，張太嶽集中云：「見其形似大蝦蟇。」予入郎山，親見打虹之鄉，旱則群然投石澗中，打中則赤碧氣升數丈，不數日雨矣。古人制字與「虹」俱從「蟲」，蓋有見也。又如中庸注「鬼神爲陰陽二氣屈伸往來」，下文孔子明言使人承祭，爲廟中鬼神，且世人經見許多聲形可據，僅謂之氣屈伸可乎？易云「遊魂爲變」，又何説也？總之，願天下掃浄書生見，觀法孔孟以前道傳可也。王學誠有近禪，僕亦非敢黨王者。

評「先生謂制禮作樂」一段，曰：此處駁王學甚痛快，然朱學一味蒐討裒集，全不習行。夫講解千卷，何如習行一二也！識者又當著朱學質疑矣。

評「古之正心者無此説」句，曰：武承謂古之正心者無此説，何不思「半日静坐，半日讀書」，古之言學者有此説否乎？兩派迷而不返，周、孔實學不復，乾坤不知何底矣！

評「嗚呼是何言」一段，曰：朱子看陸子之弊甚透，王子看朱子之弊亦甚透，武承看王子之弊又甚透，而不思堯舜之三事，周、孔之三物，果何道也？聖道之亡，豈非天哉！吾嘗見宗王子者指朱子爲門外漢，吾不與之深談；其意中尊王而詆朱，未必不如是也。噫！果息王學而朱學獨行，不殺人耶！果息朱學而獨行王學，不殺人耶！今天下百里無一士，千里無一賢，朝無政事，野無善俗，生民淪喪，誰執其咎耶！吾每一思斯世斯民，輒爲淚下！武承顧謂「朱子之道如日月五行之經天」耶！今之世，家呷喔，人朱注，雄傑者静坐讀書，著書立言，以纘朱子之統，朝廷用其意以行科甲，孔廟從祀以享蒸嘗，尊奉漸擬四配，朱子之道可不謂日月五行之經天耶！堯舜之三事，周孔之三物，則掃地矣。嗟乎！吾寧不知此言一出爲天下罪人哉？吾當淚下時，願爲罪人而不遑恤矣！

習齋記餘卷六閲張氏總論評

評「天之道非別有一物」至「治倫物政事即治心也」一段，曰：讀之鼓掌叫快，又拱手起敬。

評「堯舜十六字而外」至「不必人人與之言一貫也」一段，曰：更快，更精，一若見吾存學而出者。具此識力，亦爲宋家理學籠蓋，不見聖道，惜哉！試看朱學知此乎！

評「謂增霸者之藩籬」，曰：此句誣矣。晦翁恐未見霸者藩籬，尚能增乎？

評「朱、陸並行不悖」句，曰：亦是孫徵君苦心。

評「委曲調停不得已之心」句，曰：委曲停調不得已之心，王子亦甚苦。讀朱陸二子往來劄函，固各執甚堅，而陸子似尚有顧戀、包容之意，朱子「我日斯邁」數語，反覺褊小。然其論陸子云：「一時被他悚動的亦甚清，只是没底簟。」又曰：「八字著意，我與子静外未敢多許人。」則前輩争辯中尚寓推服顧惜之意，大不忍一門兄弟相打嚷也。後人一味攻擊，失之遠矣。

總評曰：吾觀質疑而歎聖道之亡也，不亡於愚夫愚婦，不亡於豪傑善人，偏亡於注疏章句、立宗傳講學之儒生。何云乎爾？愚夫愚婦不識不知，行其日用飲食，即道所在也。染於習俗而偶出乎道，不足惑世，惑亦愚夫婦也。善人豪傑不法古，不讀書，率其資性之所能，行其心思之所欲，見父而孝，見兄而弟，見貧苦而濟，或遇世變而效轉移，或重然諾而輕生死，激於情而常失於中，然不可以言罪。罪亦善人豪傑也，皆不足以誣世。雖生聖人之世，不被堯舜之誅，孔子之惡，然堯舜、孔子之世亦不絕此人也；即不足以開務成物，猶之時行物生，皆天道也。至於注疏、章句之流，誤認刪述爲聖，則注疏孔子之所刪定爲賢，不知孔子之聖不在刪述也，刪述者孔子之不得已也。孔子所留，經世譜也，而競以文字讀解爲學，胥天下人而納之無用，胥聖賢經傳而玩爲空文，褻經侮聖，莫此爲甚。昔申公對武帝猶知爲治在力行，鄭康成、盧子幹尚能以治天下之道啟告昭烈於貧賤時，則漢儒尚加宋儒一等。宋儒著作繁於兩漢，而禪宗尤爲頑不可破之惑。章句之惑，陸輕於朱；禪寂之妄，朱減於陸。遂各立宗傳，標門户以相角；而其支分蔓引者，見地更不及前人，而爭辯詬詈益甚。起端者如耽詩畫、説閑嘴之子弟，堂捧耕耘之不恤也。繼角者又如兄弟爭詈鬥毆，干戈辭訟日循焉。世世相襲而益甚，所惑者偏聰明雄特之人，坐罪者偏聖賢自命之子，家聲烏得不廢墜，祖産烏得不蕩敗也哉！

習齋記餘卷六王學質疑跋

噫！予之評王學質疑也，宗朱學者見之必怫然怒，謂予黨王子而護之也，然予則分毫不敢爲王子恕；宗王子者見之又必怫然怒，謂予附朱學而貶之也，而予則皆不敢。

予以十九歲列庠末，廿一歲遂厭八股業而棄之，從事史鑒。廿三歲得陸、王二子語録，而始知世有道學一派，深悦之，以爲孔孟後身也。從之直見本心，知行合一，元雖不敏，一若有得於二子者。其時著求源歌、大盒小盒歌、格物論，大約皆二子宗旨也，見者稱真陸王。至二十六歲得性理大全。見周、程、張、朱語録，幡然改志，以爲較陸王二子尤純粹切實，又謂是孔孟後身也。進退起居，吉凶賓嘉，必奉文公家禮爲矩矱；奉小學、近思録等書如孔子經文。人或有一言疑論諸先生者，忿然力辨，如詈父母。元雖不敏，一若於程朱諸子稍有得者，由甲辰至戊申日記中，俱可按也。元平生之篤服兩派先生也如此，受教沐澤於兩派先生也如此，將謂叛其道也，敢乎哉？將謂反操戈也，忍乎哉？

第自三十四歲遭先恩祖母大故，一一式遵文公家禮，頗覺有違於性情，已而讀周公禮，始知其删修失當也。及哀殺，檢性理乃知静坐讀講，非孔子學宗；氣質之性，非性善本旨也。朱學蓋已參雜於佛氏，不止陸王也；陸王亦近支離，不止朱學也。痛堯、舜、周、孔三事、三物之道亡，而生民之塗炭至此極也。遂有存性、存學之作，聊伸前二千年聖人之故道，而微易後二千年空言無用之新學，幸學者静辨之。若云乾坤中朱、陸兩派相争，予又故開一派以與兩派相角也，是則罪之大者，則予豈敢！則予豈敢！

熊賜履

熊賜履（一六三五～一七〇九），字敬修，號青岳，晚號愚齋，湖北孝感人。順治戊戌（一六五八）進士，改庶吉士，授檢討，累遷翰林院掌院學士，兼禮部侍郎，拜武英殿大學士，罷。寄居江寧，築下學堂以藏書，講學不輟。後起爲禮部尚書，復官至東閣大學士，因老乞歸。康熙四十八年卒，年七十有五，謚文端。著有學統、閑道録、下學堂劄記、經義齋集、澡修堂集及樸園邇語、學辨、學規、學餘等書。清史稿卷二六二、清史列傳卷七有傳。

閑道録卷中　節録

子輿單提「性善」二字，景逸、涇陽痛闢「無善」二字，皆功在萬世。

夫子之「四毋」，毋其私者也；陽明之「二無」，并其公者而掃除之矣。顔子之「四勿」，勿其非者也；告子之「二勿」，并其是者而禁遏之矣。

朱子釋格物曰：「因其已知之理而益窮之，以求至乎其極。蓋極者，天理之極，致即至善也；格物者，窮至事物之理，即止於至善也。故格物即是窮理，即是盡性，即是至命。」陽明謂「朱子所謂格物云者，是以吾心而求理於事事物物之中，未免析心與理而爲二」，斥之爲「玩物喪志」，爲「徇外遺内」。噫！是誠朱子所謂「理有未明，而不能盡乎人言」之意者也。高子忠憲辨之詳矣。告子只要打破孟子「善」字，東坡只要打破程子「敬」字，迨陽明之説行，「善」字、「敬」字一齊破碎矣。

閑道録卷下　節録

致知在格物，猶云盡心在窮理也。理未窮，其所謂心，只是習念，非真心也。物未格，其所謂知，乃是妄見，非真知也。儒者之流入釋氏，病根在此。

學莫要於存心是已。但恐所存者未必是心，正使真能存得，黜足爲累。蓋自世微道喪，學鮮真傳，詖淫邪遁之言，充滿宇内，溺於其説者，毒入膏肓，牢不可解，終日努目張眉，撑拳揮棒，以情慾爲天真，以幻思爲本體，其所謂心者，或光景之滉漾，或意見之迷沉，或懸空想像而胸臆偶開，或緣境揣摹而靈明乍露，妄生妄滅，倏起倏消，用力愈多，去心愈遠。故學者先論其是不是，然後論其存不存。若未免認賊作子，指石爲玉，將日顛月狂，無復有轉頭日子矣。

世儒遏絶思慮以爲操存，捉住念頭以爲持守，分明墮入異學而不知也。這物事本合内外，通寂感，包體用，統性情，渾然一太極之妙，惟一主於敬，則該本末，徹表裏，渾精粗，兼巨細，無非太極本然之妙也。試思這物事何等神妙，何等虚靈，如何遏絶，如何捉住得！聖賢教人，只一主敬是箇指訣，是箇要法，何嘗要遏絶他，何嘗要捉住他！學者特未之思耳。

自姚江提宗以來，學者以不檢飭爲自然，以無忌憚爲圓妙，以恣情縱慾、同流合汙爲神化，以滅理敗常、毁經棄法爲超脱，道術人心，敝久壞極，若非東林諸子迴狂瀾於横流汎濫之中，燃死灰於燼盡煙寒之後，茫茫宇宙，竟不知天理人倫爲何物矣！然積習難除，幾微易汩，守先待後，吾黨之責也，願與同志共勉之。

今人言學在學問思辨行之外，言性在仁義禮智信之外，言道在君臣、父子、夫婦、兄弟、朋友之外，雖孔子復生，亦末如之何也已。

昔之辨，辨其畔儒者；今之辨，辨其溷儒者。昔之辨，辨其佞禪者；今之辨，辨其諱禪者。昔之辨，辨其似禪之儒；今之辨，辨其似儒之禪。昔之辨，辨其歸禪之假儒；今之辨，辨其歸儒之真禪。昔之辨，正其儒禪之名，使彼不得淆其實；今之辨，剖其禪儒之實，使彼不得竊其名。

俗學只是要加，異學只是要減，不知這物事完完足足停停當當，加也沒處加得一些，減也沒處減得一些。

俗學論性失之低，異學論性失之高。俗學滯於有，和人欲也有了；異學淪於無，連天理也無了，皆不知明善之故也。

學統卷九正統朱晦庵先生 節録

愚按：孔子集列聖之大成，朱子集諸儒之大成，此古今之通論，非一人之私言也。朱子著述其富，就中出於門人之紀述，不無一二出入，而要不害其全體。蓋居敬窮理之言，實與堯、舜精一，孔、顔博約之旨，先後一揆。聖人復起，殆不能易矣。象山則曰：「朱元晦誠泰山喬獄，惜乎其未聞道也。」夫朱子之道，乃堯、舜、禹、湯、文、武、周、孔、顔、曾、思、孟、周、程之道也，如象山之言，夫必如何而後謂之道耶？若曰「汝耳自聰，汝目自明」，「不須防檢，不須窮索」，以是聞道，恐去道益遠矣。嗚乎！此象山之所謂道，非吾之所謂道；象山之所謂聞，非吾之所聞也。而陽明答羅整庵書有曰：「楊墨之道塞天下，孟子時，天下之尊信楊墨，當不下於今日崇尚朱説，而孟子獨以一人呶呶於其間，可哀也已！韓氏云：『佛老之害，甚於楊墨。』韓愈之賢，不用孟子，孟子不能救之於未壞之前，而愈乃欲全之於已壞之後，其亦不量其力，且見其身之危，莫之救以死也。嗚乎！若守仁者，其尤不量其力，果見其身之危，莫之救以死也矣。」信如書言，是陽明以朱子爲楊墨、佛老耶？陽明而果孟軻、韓愈耶？此兒童之見、狂病喪心之語，不足深辨者也。陽明騁一時之智力，以就功名，覩其所豎，不在管、晏之下。載籍以來，如陽明者亦夥矣，未見其盡攘臂仲尼之庭也。顧乃氣矣志溢，妄自尊大，拾先賢之口唾爲秘密寶藏，因而輕肆詆毁，以爲名高，以熒惑狂愚之耳目，而不知彼之所持以傲先賢者，固先賢之所鄙棄而不屑道者也。一時昏昏聾聵，坐受其欺，即號稱聰明才智之士，間亦洞察其爲説之非，而往往嗜欲動於中，功利移於外，遂亦不勝其好高欲速之私，且又以爲既有一名高饒氣勢者爲之倡，因不憚群趨而争附之，猖狂怪誕，日增月盛，雖以陷溺人心，充塞宇宙而不顧。即乃知人心之不死、公論之難勝，則又變爲輾轉回護之計，作晚年定論，以自解免。若曰：「朱子晚年所見，與我同也。」嗚乎！同不同、定不定，姑置不論，就如所云，是前此未嘗實見朱之所以爲朱，而遽乃呶呶焉加之詆誣，其亦何辭於非聖之辜也耶？嗚乎！邪焰之熾，烈於猛火，蔓延流毒，猝難滅熄。百餘年來，瞿曇陋習，中人心髓，東魯之書，悉化而爲西竺之典，名爲孔氏六經，實則禪家六籍矣。苟非有真知定見，鮮有不惑於其説者。嗚乎！誰實爲之，誠不能不太息痛憾於斯人也。

學統卷四七雜統陸象山

陳清瀾通辨云：「奸僧誑誘愚民，罔奪民材，以尊口口之法，此明王之所禁，聖賢之所必斥者，象山乃亟加褒譽，至欲使子弟士大夫效之，錯亂孰甚焉！」又曰：「顏子堅，儒者也，忽而去髮易服爲僧，象山不加責而反諛之，曰高明終當遠到，又曰道非口舌所能辯。嗚呼！髡首而口服矣，所道者何道耶！」又曰：「傅子淵，象山門人所首稱者，乃以酗酒失心。象山曰『吾家長上亦罪其顛狂』，乃又曰：『瑕瑜功過不相掩。』豈有學聖人之道而反失心者，則象山之學可知矣。」

愚按：朱子之世，儒亦多類矣。呂東萊史也而麄，陳同甫才也而霸，陳君舉、葉正則禪也而陋。之數子者，辭而辟之，猶易爲力。惟陸氏引釋亂儒，借儒文釋，其筆鋒舌鍔，尤足以駕僞而滅真，故其勢不得不與之辨。雖然，陸氏亦易見爾。即其答或人曰：「家有壬癸神，能供千斛水。」又有詩云：「仰首攀南斗，翻身倚北辰。舉頭天外望，無我這般人。」此非公明禪偈耶？其答曾祖道曰：「汝目能視，耳能聽，鼻能知香臭，口能知味，心能思，手足能運動，如何更要存誠持敬，硬要一物去治一物做甚。」嗚呼，此何語也，非禪家所謂作用是性，與狗子亦有佛性之説耶！陸之爲陸，明明宗杲、子韶輩，樹拂擎拳，訶佛罵祖生活也。人情固莫不畏難而苟安，亦莫不好高而欲速，陸氏既乘其自便之私而中其竊，而又爲之改頭換面，飾以似是而非之説，使人陷溺於其中而不自覺。故聞其説，即易爲入，一入即不可復出，亦其勢然也。自慈湖而後，若白沙，若陽明，並祖其術而張皇之，以之取盛名，惑大衆，且儼然俎豆千秋矣。當其時，詖淫邪遁，騰沸猖狂，胥宇宙而鬼魅之禽獸之弗顧也。然後知陸氏之學，誠足以禍萬世之人心而未有艾與？噫！

學統卷四九雜統王陽明

愚按：陽明一出，譚良知者盈天下，而議良知者亦盈天下。議之者曰「禪也」，譚之者曰「聖也」，紛紛呶呶，無虚日矣。嗚呼！抑何弗考也？陽明之言曰：「告子病源，從性無善無不善上見來。性無善無不善，雖如此説，亦無大差。」又曰：「無善無不善，性原是如此，悟得及時，只此一句便盡。」由是觀之，是陽明未嘗以告子爲諱也。其答陸元静書曰：「不思善，不思惡，時認本來面目，此佛氏爲未識本來面目者設此方便。本來面目，即吾聖門所謂良知。」又曰：「隨物而格，是致知之功，即佛氏之常惺惺，體段工夫，大略相似。」由是觀之，是陽明未嘗以佛氏諱也。陽明不勝其好高立意之念，而名位勢力適足以動人，遂不憚以身樹禪門之幟，顯然與鄒魯洛閩爲敵，而略無所忌憚，而其徒又從而簧鼓震蕩於其間，若龍溪、緒山、心齋、海門、雙江、大洲輩，齊唱宗風，變怪百出，口口良知，口口菩提正覺，方傲然以棒喝爲得意，而又奚知所諱乎？迨天泉一證，舉世若狂，滿街聖人，一切不礙。嗚呼！無善無惡四字，儒耶？釋耶？此不待辯而知之者也。既乃人心不死，剥後有復，有識者起而攻之，即其徒亦或舉而疑之矣。陽明知衆論之不我與，而已説之不足以行遠也，於是有晚年定論之作。亦其計無復之，聊以塗飾斯人之耳目而已。而管東溟、李卓吾、何心隱、林兆恩之徒，則又立爲「三教一家」之説以附和之，名爲渾同，爲調停，實則竄入尼山之室而據其座也。自時厥後，人人儒也，而實人人釋也，名爲三教，實惟有佛爾。蓋自有明正嘉而降，百餘年間，斯文一大爲淪晦焉。今其餘焰，尚未熄也。嗚呼！豈可不爲之寒心乎哉？

經義齋集卷二太極圖論

上下古今，一理而已，一氣而已。離理無從見氣，離氣無從見理，此主其合者言之也。有理方有是氣，有氣斯有是理，此主其分者言之也。理外無氣，氣外無理，不可謂理此而氣彼，而特不可不謂理先而氣後，亦不可不謂理精而氣粗，此又主其分而合、合而分者言之也。易曰：「一陰一陽之謂道。」又曰：「形而上者謂之道，形而下者謂之器。」陰陽，器也，即氣也；所以陰陽，道也，即理也。斯固二而一，一而二，不可以分合言，而亦不可不以分合言者也。天高地下，萬物散殊，何莫非此氣之充周，此氣之運行？而此之所爲充周而不遺，運行而不息者，蓋莫不有是理焉爲之主宰往復於其間，而縱橫上下，過續往來，無不如是，而初無一隙之或缺，一息之或停也。然則求道者亦務明夫理而已矣！自伏羲一畫洩兩間之機，孔子十翼闡千古之秘，斯道昭揭如日中天。無何，聖徂神伏，異端蠭起，微言大義委之草莽，以董江都、韓昌黎後先相望於千百歲之間，而曾未能力窮其奧而正是其統。軻之死，不得其傳焉，寧虛語哉！濂溪周子，神契妙解，不由師授，爲之建圖立説，俾造物極至之理，庶幾昭示於來兹。其曰「無極而太極」也，言本無是形而實有是理，即「易有太極」之謂也。曰「太極動而生陽，静而生陰」也，言是理之動静成形，陰陽成象，猶太極之生兩儀，而一動一静互爲其根，一陰一陽互藏其宅也。曰「五氣布，四時行」也，言是理之由一而二，即猶二而五，猶兩儀之生四象，而二老二少自成其變，四方四隅各得其位也。曰「乾道成男，坤道成女，二五流行，化生萬物」也，言是理之行生發育，無際無量，氣化形化，形生氣生，無往而非乾坤之摩盪，六子之結撰，六十四卦三百八十四爻之瀰漫而亭毒也。合而言之，萬物一太極也。「維天之命，於穆不已」，大德敦化，爲物不二是也。分而言之，一物一太極也。「乾道變化，各正性命」，小德川流，生物不測是也。究之萬物一五行也，五行一陰陽也，陰陽一太極也。太極本無極也，所謂上天之載，無聲無臭，不可以形迹求，不可以方所拘，無乎然而無乎不然，無乎不然而無乎然者也。則試仰觀俯察，原始要終，凡有形有象皆氣也，二五萬物是也；凡所以形所以象皆理也，太極是也。所以形者無形，所以象者無象，無形者形形，無象者象象。形形者，無形而無不形；象象者，無象而無不象，則無極而太極，太極本無極之説也。理無欠缺，氣安有欠缺？理無歇息，氣安有歇息？至微至顯，即顯即微；至顯至微，即微即顯。無精無粗，亦即粗即精；無鉅無細，亦即細即鉅。其奧其妙，不可以言詮，不可以意解，而實則凝目舉趾，觸處皆是，而正非有幽遠杳渺之難爲測識者也。而或者疑無極之説近於二氏，以爲出於陳希夷、穆伯長、李挺之輩之所傳。嘻！抑誣矣！蓋太極乃至無而至有，亦至有而至無者也。至無而至有，非佛氏之所謂無；至有而至無，非老氏之所謂有也。佛氏之所謂無，非吾之所謂無；老氏之所謂有，非吾之所謂有也。先天圖由一而二，而四，而八，而六十四；太極圖由一而二，而五，而萬；洪範圖由一而三，而九，而八十一。數有多寡，而理無同異，又何疑於周子繪圖、朱子立解之指乎？總而論之，太極非他，不過天地間極至之理而已。天得之爲天，地得之爲地，人物得之爲人物，無有二也。而就其最切於人心者言之，蓋是太極之理，存之爲五常之性，發之爲四端之情，得之於心爲德，行之於身爲道，推而廣之，舉而措之天下之爲事業，放之六合，用中有體，卷之寸靈，體中有用，時時在在，焉往而非是理之包涵條貫於其中哉！邵子曰：「道爲太極，心爲太極。」朱子曰：「心之動静是陰陽，所以動静是太極。」此體道之君子，存養省察，明體達用，其功不可須臾之或離。而周子特爲諄諄致謹於君子小人、修吉悖凶之戒，而端有賴於聖人之主静立極，定之以中正仁義也。況人主膺圖涖宇，函三在宥，卷舒協四氣之和，動静彙百昌之祉，惟是得一以貞，乘六而御，清宫齋穆之中，明堂敷布之際，體乾行健，作則建中，務使宥密單心，無爲至正，綏猷錫福，協應庶徵，則體全用備，登三咸五，求之心極，而無餘事矣！書曰：「皇建其有極，斂時五福，用敷錫厥庶民。」亦此意也夫！

經義齋集卷九與杜于皇

近見某輩重刻朱子語類，以救坊間講章之弊，使操觚家知宗朱説，似矣。但斯道自姚江提倡以來，聖賢經傳悉變而爲西竺教典，詖淫邪遁，充塞宇宙，奚講章之足云。如今思所救正，須是徹底整頓，拔本塞源，方有頭緒。不此之計，而區區講章之是問，抑亦末矣。況文公著述雖富，其微言奥指，端在四書集註與文集中往復論學之書，學者誠能虚心玩繹，得其要領，亦自可豁然貫通。若語類，實出於門人一時雜記，未必盡得朱氏之意。且就中自相矛盾者甚多，有識者早已束之高閣矣。今惡講章而取語類，是棄二五而用十也。重刊語類以救正講章，是同浴而譏裸體也。前此者姑勿論，自金華四子而後，善學朱子者，莫如薛文清、胡文敬、羅文莊。之三子者，亦惟是真知實踐，存茲正脉，其所著讀書、居業二録，困知一記，何等切實，何等簡要。嗚乎！此誠考亭弟子也，何嘗今日刻遺集，明日刻語録，將聖賢傳心論學之書，把來做時文選本，一例刊布，苟圖一時之利，不顧熒惑後進，陷溺人心，以遺患於無窮？名士家習氣，往往爲害如此。且講章自大全外，如蒙引、存疑、淺説、説約，雖近粗支，猶不詭於正。惟正嘉後，狐白、燃犀、九經、湖南等解，及近日心印、舌存等書，則真狂病喪心，野狐譚禪矣。以顏子爲圓頓超悟，以曾子爲苦行漸修，以「大德敦化」爲毘盧性海，以「明明德」爲明心見性，以「止至善」爲菩提正覺，以「朝聞道夕死可矣」爲涅槃了生死大解脱，以「十目所視，十手所指」爲千手千眼觀世音菩薩，百餘年來，論學講書大率如此。嗚乎！此可爲痛哭者也。如今初學且宜專看集註，參以大全、或問，庶幾由洛、閩而遡魯、鄒，不至貿貿然昏迷於所往。若復教之以駁雜汗漶之語類，是揚湯以止沸，未見其有益也。某輩全未讀書窮理，只隨聲尊奉一朱子以爲名高，鹵莽顢頇，居然自命，以瞽引瞽，莫識其非，看來於朱子之學全未夢見。以某輩而表章朱學，秖足爲朱學之一大厄而已矣，倒不如王龍溪、錢緒山、李卓吾、林兆恩輩，顯然詆毁，其爲害猶明白而易見者也，先生其亦以爲然否？

經義齋集卷九答劉蔾先論學書 節録

昨暮昏黑，未及裁答。鐙下静讀手教，娓娓數千言，光芒萬丈，不可逼視。就中辨晰道脉之源流，學術之同異，如剥蕉葵，層層刻入，而又獨具手眼，不屑拾人殘唾。足下之於學，可謂勇矣！愉快愉快！斯道徹上徹下，亘古亘今，本無疑議，學者各執意見，分别門户，終日騰口角舌，聚訟紛拏，徒長虚憍，無補實際，言之可爲於邑。即如金谿、永康之學，學者類能言之，而亦罕有真能洞見其失者，請爲略述之。大都聖賢之道，本至平實，略無神奇，表裏精粗，非有二致。經書傳注，千言萬語，論本體不過一「善」字，論工夫不過一「敬」字。明善者誠身之功，主敬者明善之要，顯微一原，初終無間，大而天地古今，小而一塵一息，皆是物也。晦庵教人，日月持循，勿淩勿怠，居敬以立其體，窮理以致其用，不越知能飲食之常，直造神聖功化之極，灑掃應對，精義入神，下學上達，同條共貫，虞廷之精一，孔門之博約，先後一揆，誠所謂萬世而無弊者也。若金谿之説，並不從日用常行處著工夫，終日閉眉合眼，播弄精魂，小怪大驚，變態百出，其宗旨只要質任自然，不假修爲，以道德仁義爲粗迹，以作聖希賢爲私意，一切掃除，一切斷滅，猖狂怪誕，淪於異類，此正如張子韶持德山寶藏，改頭换面，説向儒門，同一魑魅伎倆而已。晦庵謂子静實從葱嶺帶來，斥爲禪學，比之告子，而勉齋、西山以及敬齋、整庵諸子闢之不遺餘力。豈好辯哉，誠有所不得已也。下略。

經義齋集卷九又答劉藜先論學書

前者匆匆奉答，未必有當，衹以管見所及，不敢不稍竭於左右，非求勝也。頃接來教，似猶有不能嘿然者。聖賢學問，只「體用」二字盡之，未有有體而無用者，未有有用而無體者。本末一源，即欲離之而不可得也。子靜之「體非其體，何有於用」，同甫之「用非其用，何有於體」，今曰子靜偏於體，同甫偏於用，不知足下以何者爲體？以何者爲用？又以何者爲子靜之體，何者爲同甫之用，而病其有所偏重耶？僕則曰：子靜患不偏於體耳，若果偏於體，何患其無用？同甫患不偏於用爾，若果偏於用，何患其無體？蓋子靜體其所體，非本體也；同甫用其所用，非本用也，其弊與二氏百家等，二子之書具在，可考而知之也。故凡足下之病其偏重者，正僕之所病其全無者也。然則足下果不知二子爲何等人矣。此其可商者一也。聖學步步皆實，虛亦實也；異端步步皆虛，實亦虛也。聖學字字皆有，無亦有也；異端字字皆無，有亦無也。吾儒何嘗不言虛無？異端何嘗不言實有？但吾儒以有無虛實爲一，而異端以有無虛實爲二也。周子曰「無極而太極」，是至無而至有也；朱子曰「太極本無極」，是至有而至無也。太極圖解有曰：「太極生二五，二五流行，化生萬物。萬物一五行也，五行一陰陽也，陰陽一太極也。」太極本無極也，非二五之外有太極也，亦非太極之外有無極也，所謂合有無而一之者也。詩曰「上天之載，無聲無臭」；中庸曰「費而隱」；繫詞曰「易無方，神無體」，皆是物也。朱子「無形有理」之詮，極渾全，卻極分晰，第子靜自不察爾。今欲以不可紀極訓無極，以申晦庵之旨，以折金谿之辨，求之經傳，證之義理，皆未有合。不獨晦庵不受，即金谿亦更不服也。此其可商者二也。來教云「無極是不可紀極意，太極是至極無以復加意」，舉天之發生萬類，人之酬酢萬變以明之。此自下文流行化生方發明無極而太極之妙，若先以之訓無極，則上下語意通不去矣。況無極是甚物事？如何推盪得太極動？且又比之於人之太祖，與太祖所自出！嗚乎，抑過矣！太極是極至之理，物物皆有之，但自其無形象、無方所而言，故曰無極云爾，非若所爲太祖，不過後人追崇先世之名。即推而遡之，亦不過祖上之祖，淵源相續，第世遠人湮，名字莫可得詳，亦非若造化於穆茫無紀極者也。以是證明無極而太極，則可爲囅然一笑矣。且「無極爲太極之體段」，尤不成話。此其可商者三也。此處「極」字，斷斷不宜作兩解。就如所引善善惡惡，與賢賢明明、德德庸庸、祇祇威威、人其人、道其道、祖祖下下之類，或一就己邊，一就人邊，或一屬現成，一屬用功，仍非截然作兩解也。朱子所謂「無形有理」，總是説這箇物事，亦何嘗截然作兩解耶？若如來教，以不可紀極訓無極，以至極無以復加訓太極，其意不屬，其理難通，則誠截然作兩解矣。此其可商者四也。太極從易推出，故曰「易有太極」，蓋太極無從見，於易見之，本義諸書皆如是解。本義曰：「易者，陰陽之變；太極者，其理也。」是從陰陽變化中，指出太極之理以示人。晦庵並無他說，僕之所據者，此也。南軒張氏亦謂「易者，生生之妙；而太極所以生生者也」，正與朱説相發明。如兩儀、四象、八卦，易也；所以兩儀、四象、八卦者，太極也。若無太極，何從有易？若無易，何處見太極？易有太極，正所謂一而二，二而一者也。朱、張諸子，何嘗謂太極在前，易在後？將「有」字與「生」字例看，如來教之荒唐耶？來教謂「太極從易中推出來底」，此意與本義之指有合，至謂「易是心，太極是性，心所以載性，易所以統太極」，則又差之遠矣！性只是心理，如何説載？太極只是易之所以然，如何説統？學者考理不細，到立言，如何得穩貼！此其可商者五也。形而上者謂之道，理也，此不可見者也；形而下者謂之器，氣也，此可見者也。薛文清曰：「大而天地萬物，小而一塵一髮，其可見者，皆形而下之器，其不可見者，皆形而上之道也。」人得二五之氣以成形，此形而下者也；即得二五之理以成性，此形而上者也。有氣即有理，有物必有則，論其厥初本體，惟渾然天理，粹然至善而已。所謂繼之者善，成之者性也。然而賦畀之後，氣拘物蔽，不無純駁偏全之異，所存所發，遂不能皆天理而無人欲，聖賢立教，於是有存理遏欲之方焉。如孟子「口之於味」一章，亦是教人變化氣質之性，復還本然之性，所謂踐形盡性者在此，所謂下學上達者在此。此與大易形上、形下之旨不相違悖。但聖賢立説，理固相通，而意各有指，淺深分合之間，皆有毫釐千里之别。後生不實加體認，鹵莽看過，以至顛倒謬戾，胡説亂道，揆之微言妙義，殆不啻千萬重山矣。即如來教，初則誤認「器」字，不知器對道而言也，所謂精粗微顯是也。繼則回互「欲」字，不知欲對理而言也，所謂邪正是非是也。合其所不可合，分其所不可分，操斯術以讀書，祇見其紛擾膠轕而已。此其可商者六也。且所謂「理」、「欲」二字，不過是非邪正而已。如一事也，是則爲理，非則爲欲；如一念也，正則爲理，邪則爲欲，較然如南北蒼素之不同。張南軒曰：「凡無所爲而爲之謂之天理，有所爲而爲之謂之人欲。」二語辨之尤精，最爲考亭所取。如舜「從欲以治」，孔子「從心所欲」，孟子「可欲之謂善」，皆天理也。書所謂「有其善喪厥善」，老氏所謂「知善之爲善，斯不善」，皆人欲也。理則惟恐其不存，而欲則惟恐其不去，此等去處，先儒早已説明，何待於今日！況足下既謂「當從下學工夫分辨理欲何在」，是亦知二者不可並立矣。又曰：「欲到盡頭處，雖形而上不難，何有於形下？」嗚乎！此何語耶？且如蹻、蹠、莽、操，皆欲到盡頭人也，足下將置之何等耶？先儒曰：「無人欲陷溺之危，有天理自然之安。」又曰：「遏人欲於横流，存天理於將絶。」古人於此，蓋拳拳乎三致意焉。無他，理欲之關，乃聖狂之分，而人情之界也，辨之不可以不嚴，而持之不可以不力。今若所云，率天下之人，縱欲滅理而不顧者，必足下之言矣！此其可商者七也。下學上達，本無層次，下學人事，即上達天理，所謂「灑掃應對，即精義入神」也。俗學失之支，異學失之誕，坐不知此爾。今曰「形而下之器，原可以造形而上之道」，是猶二之也，二之則不是。此其可商者八也。大都足下於所謂上下、道器、體用、理欲等項，尚未看明，即經傳訓解，並未詳閱，祇憑自己臆度，輕率立言，無怪其愈思而愈惑，轉辨而轉誤也。言之多戇，知高明亦必有取焉。

經義齋集卷一〇復徐健庵 節録

上略。學問之道，與遮迷人言獨易，與意見人言較難，從來聚訟紛紛，都緣於此。非真正潛思實體，鮮不隨聲附和，惑於他岐。要之，此事與天壤無紀極，倏明倏晦，久之自有定論，決無始終淆亂之理。

世俗呶嗷，動口張惶姚江，彼又惡知所以爲姚江者，不過日臻良知，擒宸濠，封新建伯，眼前幾句囫輪粗話爾。稍詰之以宗傳之指，便目瞪舌硬不能答，即又何論源流得失之故，與幾微疑似之介乎？他不具論，且試問：荀卿、告子，何以不得從祀孔廟？才如管、嬰，何以羞稱於仲尼之門？豈非聖聖傳心，毫釐不容差謬，不僅在區區功業文章之末乎？

即如致知出於大學，良知出於孟子，「致良知」三字，何嘗有病？但彼提宗立教，絶非曾、孟之意，不過借桑門寶藏，改頭換面説向儒門去，如張子韶輩之伎倆而已。其所以鼓動一時，至今未艾者，則以其功名氣勢，足以震盪舉世之人心，而中其隱也。就如佛家「明心見性」四字，亦無大病，但此輩口説心性，其實撥弄精魂，妄譚空妙，倡狂怪誕，與吾儒絶不相似。然自八代以來，淫詞、邪説何嘗不充塞宇宙，今亦可謂三教一家不當偏廢，「異端」二字不許掛之齒頰間耶？

姚江所爲傳習録，「天泉證道」語，以及龍溪、緒山、海門、温陵輩之書具在，取而讀之，東魯耶？西竺耶？濂溪、洛水耶？瞿曇、舍利耶？稍有目者，可望而知也！百餘年來，杏壇六籍，悉化而爲貝葉千行，誰實作俑，而至於是耶？

世儒畏難苟安，不肯潛心體認，只考亭集注，未曾看透。至於二氏百家，是非同異，有如説夢，到其間，第以顢頇、儱侗爲自便之計。然則聖賢所謂慎思、明辨何爲者耶？豈下學、上達之功，躬行心得之妙，果不在於博文約禮，日用切實處做工夫，而别有單傳直授，立地證果，如所爲拈花指月、擎拳監拂之荒唐耶？大藏五千四八十卷，只「無善無惡」四字，足以了之，豈非告子已爲濫觴，而象山、姚江輩又爲之推波而助瀾與？

嗚呼！此事不言則已，言之而窮宵書、敝唇舌，有所不能盡。若夫小儒曲學，一知半解，真所謂矮人觀場，隨人啼笑，兒童之見，不足深辨者也！

今足下既以斯文爲己任，而又有素老諸君子同志商榷，幾希一脉，將從此大振，吾道干城，安得不推足下。然閑正距邪，千秋重任，幸益勉力擔荷，毋自諉，亦毋自矜也。僕自束髮，即有志正學，不幸蹉跎荒落，漫無所底，然生平循章守句，實不敢少謬於聖人。以故不揣狂愚，或偶有一得，輒肆爲論辨，極知不諧於流俗，然區區管見已定，不能有所遷就也。

下略。

韓菼

韓菼（一六三七～一七四〇），字元少，號慕廬，長洲人。康熙十二年（一六七三）狀元，授翰林院修撰，修孝經衍義百卷。官至禮部尚書兼翰林院掌院學士。其種學績文，湛深經術，制義清真雅正，足爲藝林楷則，有有懷堂詩文集傳世。

有懷堂文集卷二四書艾義序 節録

顧論語於漢時咸謂之傳，大學、中庸記也，孟子諸子也，皆未有以知其爲聖道之統宗，而其解註多未醇。後之爲疏者，雖廣發揮，而於全體大用之妙，亦罕及也。自朱子出而表章爲四書，包絡群言，金玉條理，爲集註章句，則聖人之道大光，而學者由是有循循下學之路，如幽室之燭而瞽之相步也。士子非此無以立誠居業，國家非此無以取士。而自故明中葉異説者起，好言躐等，務以小慧穿鑿解經大概，於朱子之切實諄復爲下學者，必詆諆之不止。蓋朱子固患乎當世之儒者求新奇可喜之論，屈曲纏繞，詭秘變怪。故其教人於學、庸、論、孟四書，句句字字，涵泳切己。學者不憂狂瀾之未回，而矜天機之方洩，過矣。何晏、王弼言老、莊者也，其注經亦不苟矣，故朱子亦嘗有取焉。今學者之解經，則固何、王之所逡巡不敢出者也，甚矣哉！

李光地

李光地（一六四二～一七一八），字晋卿，號厚庵，安溪人。康熙庚戌（一六七〇）進士，改庶吉士，授編修，官至吏部尚書。四十四年（一七〇五）授文淵閣大學士，召還京。五十六年卒，謚文貞。李氏之學以朱子爲依歸，而不拘門户之見。以濂、洛、關、閩爲門徑，以六經、四子爲根本。尤深於易，奉敕纂周易折中，又著有大學古本説、中庸章段、中庸餘論、論語劄記、孟子劄記、朱子禮纂、榕村語録、榕村文集、别集等書。清史稿卷二六二、清史列傳卷十有傳。

榕村全集卷七初夏録二通書篇 節録

上略。自宋以來，格物之説紛然。扞禦外物而後知至道，温公司馬氏之言也。必窮萬物之理，同出於一爲格物，知萬物同出乎一理爲知至，藍田吕氏之言也。以求是爲窮理，上蔡謝氏之言也。天下之物不可勝窮也，然皆備於我而非從外得，反身而誠，則天地萬物之理在我，龜山楊氏之言也。物物致察，宛轉歸己；又曰即事即物，不厭不棄，而身親格之，武夷胡氏父子之言也。格，正也；物，事也，去其不正以歸於正，則又近年姚江王氏之説也。古注之説不明，而諸家又紛紜若此，此古人入德之方，所以愈枝也。程朱之説至矣，司馬氏、王氏不同道而姑舍是。餘諸子皆學程門者，宜乎各有所至矣。然朱子之意，猶謂程子之言，内外無間，而本末有序，非如諸儒者見本則有薄末之心，專内則有遺外之失。又或以外合内，而不勝其委曲之煩，皆未能得乎程氏明彼曉此，合外内之意，及積累既多，豁然貫通之指也。雖然，程子之説，則真聖門窮理之要矣。而施之大學，則文意猶隔。蓋大學所謂格物者，知本而已。物有本末，而貴乎格之而知其本。末者，天下國家也；本者，身也。知天下、國家不外於吾身之謂知本，知本則能務本矣。此古人言學之要，大學之首章，學記之卒章，其致一也。象山陸氏之言曰：「爲學有講明，有踐履。大學致知格物，講明也。修身正心，踐履也。物有本末，事有終始，知所先後，則近道矣。欲修其身者，先正其心，欲正其心者，先誠其意，欲誠其意者，先致其知，致知在格物。自大學言之，固先乎講明矣。」又曰：「學問固無窮止，然端緒得失則當早辨，是非向背可以立決。物有本末，事有終始，知所先後，則近道矣。於其端緒，知之不至，悉精畢力，求多於末，溝澮皆盈，涸可立待。要之其終，本末俱失。」愚謂陸子之意，蓋以物有本末，知所先後，連格物致知以成文，其於古人之旨既合，而警學之理，尤極深切，視之諸家，似乎最優，未可以平日議論異於朱子而忽之也。就諸家中，則龜山之説獨爲渾全，蓋雖稍失大學淺近示人之意，而實聖門一貫之傳也。故朱子之誄延平曰：「道喪千載，兩程勃興。有卓其緒，龜山是承。」

象山之學，亦言志，亦言敬，亦言講明，亦言踐履，所謂與朱子異者，心性之辨耳。象山謂即心即理，故其論太極圖説也，謂陰陽便是形而上者。此則幾微毫忽之差，而其究卒如鑿枘之不相人也。近日姚江之學，其根源亦如此。故平生於心理二字，往往混而爲一。答顧東橋書引虞書，斷自「道心惟微」以下，而截去上一語，晚歲遂有心無善惡之説。夫心性之原既差，則志其所志，養其所養，講其所講，行其所行，二本殊歸，其道使然。今言陸、王之學者，不謂其偏於德性而缺學問，則謂重在誠意而輕格物。此亦朱子論近世攻禪，若唐檄句驪守險者類也。張子言釋氏，就使得之，乃誠而惡明者。聖人則因誠著明，因明致誠。愚謂果誠則無惡明之理，惡明者其誠非也。故程子曰：「既無義，即敬豈有是處？」然則陸、王二子之弊，其應辨析者，固在心性人道本原之際，不在講學持守、知行先後之間也。

榕村全集卷八尊朱要旨

理氣

氣也者，何也？陰陽、動靜、明晦、出入、浮沉、升降、清濁、融結，盈乎天地之間，而殽以降命，曰離是而有理焉，孰從而證諸？夫陰陽、動靜，振古而然也，至於今不異也；出入、明晦，振古而然也，至於今不異也；浮沈、升降、清濁、融結，振古而然也，至於今不異也。不異之爲常，有常之爲當然，當然之爲自然，自然之爲其所以然。是故皋陶謂之天，伊尹謂之命，劉子謂之天地之中，孔子謂之道，謂之太極，程子、朱子謂之理。程子之論道器也，曰道上器下，然器亦道也，道亦器也。朱子之論理氣也，曰理先氣後，然理即氣也，氣即理也。是二説者，果同乎？異乎？今於程説則韙之，於朱説則疑之。其疑之何據？曰：「理氣一物也，而朱子二焉。一物並有也，而朱子後先焉。」微獨疑之，且斥之曰：「是不明理者也。」且泝而上之，曰：「是出於濂溪，蓋太極無極之誤實啟之者也。」爲此言者，蓋江右整庵羅氏。羅氏之學，自以爲宋氏之粹，與姚江異。夫朱子而於理不明，則餘奚取焉？濂溪之無極既非，則餘奚善焉？爲宋氏之學，而前無周，後無朱，則於姚江奚尤焉？虛齋蔡氏雖不敢訟言攻之，而疑與羅氏同。噫！彼謂理氣有定質也，先後有定時也，然則孔子所謂上下有定位也耶？彼以朱子所謂先後者，介然有理，介然有氣，然則形而上下，其亦道器相偶，如天地陰陽之屬耶？其固甚矣。是故上下無位者也，先後無時者也。雖無位，不得不有上下；雖無時，不得不有後先。知此謂之知道，明此謂之明理。然則其躔程説，何也？曰：「以其爲夫子之言也。」夫徒以言出夫子而不敢疑之也，又烏能信？

心性

主於天，曰理也、氣也；主於人，曰性也、心也，一也。之二者之在天人，又一也。一則不離，二則不雜。詩言：「上天之載，無聲無臭。」書曰：「道心惟微。」夫曰天事，則陰陽化育具焉；曰道心，則是有心矣。是氣也、心也，而以爲無聲臭焉、微焉，則理與性之不離於斯與？不雜於斯與？是心也，又曰「人心惟危」，果心之即性，則何危之有與？即心即性，異氏之言也。後之君子或述焉，始於陸，盛於王。整庵羅氏既排理氣之説，則與心性而混之，其於陸王也，抱薪而救焉。愚乃以孔孟之言折之。孔子所謂「仁者，人也」，心性之合也。孟子所謂「仁，人心也」，心性之合也。然且有不仁之人，有不仁之心，是心不與性合也。心不與性合，而曰即心即性，可與？不可與？是知孔子所謂人者，「立人之道，曰仁與義」，非謂人爲仁也。孟子所謂心者，「惻隱之心，仁之端也；羞惡之心，義之端也」，非謂心爲性也。或曰：姚江之説，謂心自仁，心自義，心自惻隱、羞惡、辭讓、是非。其不然者，非本心也。以是謂即心即性，殆可與？曰：其言似，其意非。奚不曰仁義之心，道心也；其不然者，人心之流也。則心性之辨明矣。彼麗於孔、孟而爲是言也，其意則謂心之體如是妙也，故以覺爲道。以覺爲道，必以無爲宗。以無爲宗者，道亦無矣。故「無善無惡心之體」，姚江晚年之説也，其異於孔孟之旨，又奚匿焉！

氣質一

知心性之説，則知天命氣質之説。何以故？曰：知人則知天。夫性無不善，而及夫心焉，則過也、不及也，雜糅不齊，於是乎善惡生焉。天命無不善，而及夫氣焉，則過也、不及也，雜糅不齊，於是乎善惡生焉。或曰：無理則無氣。過也、不及也，雜糅不齊也，亦理也，舉歸之氣者何居?曰:理統其全,氣據其偏,全乎理者中氣也。過乎中,不及乎中,則謂之偏氣,雜糅不齊之氣,而理不受焉。理者,當然也。過焉,不及焉,可謂之當然乎?否乎?當然者常然也。過焉、不及焉,可謂之常然乎?否乎?喻諸五行焉,有火、有水、有金、有木,不相無之謂理。然且有偏火之氣,偏水之氣,偏金之氣,偏木之氣。氣之偏者亦理也,而非理之全也。喻諸五常焉,有仁、有義、有信、有智,不相無之謂性。然且有偏義之心,偏仁之心,偏信之心,偏智之心。心之偏者亦性也,而非性之正也。凡正理、正性者,樂而不厭,久而無弊。今使天之五行偏,則萬物死矣;人之五性偏,則萬事隳矣。其使萬物死,萬事隳,非理性本然也,氣之偏者爲之也。理則全而不偏,惟中者近之,故論道者貴中。

氣質二

過乎中、不及乎中,則謂之偏氣,謂之雜糅不齊之氣。然又有昏然而無類,泯然而俱失。偏於仁則無義,是物也,無義矣,且無仁。偏於信則無智,是物也,無智矣,且無信。若是者,何氣與?過不及之説,不得而名之,豈又有無理之氣與?曰:否。氣之推移有中偏,故有精粗,有粹駁。夫非無仁也,得仁之偏者也,仁之駁者也,則不知其爲仁也。夫非無義也,得義之偏者也,義之粗者也,則不知其爲義也。中則合仁與義,抑且粹然仁矣,粹然義矣。降而中人焉，偏於仁，不足於義，非仁之至也；偏於義，不足與仁，非義之至也。降而庸惡焉，豈無所謂愛，不得謂之仁，是無義也，并與仁而失之者也；豈無所謂果，不得謂之義，是無仁也，并與義而失之者也。降而禽獸焉，豈能無所貪，而去仁也遠矣；豈能無所決，而去義也遠矣。夫愚前者之説，舉中人而止者也，未及乎所謂庸惡、禽獸也。庸惡、禽獸，蓋氣之愈偏焉，愈粗焉，愈駁焉，故昏然而無類，泯然而俱失。比而觀之，皆所謂雜糅不齊之氣，夫以過不及名之，嗚乎不可哉！

氣質三

或曰：氣則既偏矣，於性善乎何有？曰：人受天地之中以生，雖其偏之極矣，而理未始不全賦焉，而性未始不全具焉，特其掩於氣之偏，故微而不能自達。或感而動，或學而明，或困而覺，然後微渺之端緒可得而見焉。要皆其所本有，而非其所本無也。向者鬱抑蒙覆於勝負屈伸之勢，然昭之可以明，廓之可以大。何則？其根在焉，加以雨露糞壤，可以繁陰矣；其火宿焉，動之以薪草，可以燎原矣。故曰人者，天地之心，鬼神之交，陰陽之會，五行之秀氣也，中之謂也。若物則不然，得氣之偏者甚矣。甚則缺於理而蔽於性，間有不可殄滅者，千之一焉。雖然，其偏不能自反者，人則制之。其美不能自達者，人則遂之。收其利，遠其害，於以當理，而若性一也。是故孟子所謂性以其分之殊者言之其難。告子曰：「犬之性猶牛之性，牛之性猶人之性。」與中庸所謂「性以其理之一者」言之，故曰：「鳶飛戾天，魚躍於淵，言其上下察也。」又曰：「能盡人之性，則能盡物之性，贊化育而與天地參矣。」

知行一

朱子之學，曰知先行後，何據？曰：非知之艱，行之艱也；博於文，約之以禮也；格物、致知、誠意、正心、修身也；智仁勇也；擇善固執也；知言養氣也；始條理，終條理也；知天事天也；皆其據也。易曰：「乾知大始，坤作成物；乾以易知，坤以簡能。易則易知，簡則易從。」蓋陽先陰後，陽知陰能，陽爲神，理爲心，陰爲轍迹，爲事。四時之氣，動於北，生於東，盛於南，止於西。然則人性之德，動於智，生於仁，盛於禮，止於義。然則君子之學，啟於智，存於仁，達於禮，成於義。知行之序，性命之理，不可易矣。姚江王氏曰「先行後知」，彼見聖賢之語志也，語敬也，皆在學問、思辨之先矣。曰「行有餘力，則以學文」；又曰「君子不重則不威，學則不固」；又曰「食無求飽，居無求安，敏事慎言，然後就有道而正焉」；又曰「尊德性，道問學」；又曰「闇然日章，淡而不厭，簡而文，溫而理，然後知遠之近，風之自，微之顯矣」；又曰「學問之道無他，先求其放心」；又曰「涵養在敬，進學在知」，之數者，其亦先行後知之説乎？夫無求安飽，志之屬也。弟子之職，重威之容，敬之屬也。闇然爲己之心，志之屬也。尊德性，收放心，涵養其心，敬之屬也。志與敬之爲知行先也，朱子言之矣。若夫行之不爲知先也，非朱子之説，群聖賢之言也？非群聖賢之言性之德、天地之理也？志與敬，其三德之勇乎？五常之信乎？四德之乾乎？或曰：「所以行之者一也。」又曰：「主於一而行於四。」又曰：「君子行此四德者，故曰乾元亨利貞也。」

榕村全集卷一〇大學古本私記舊序

大學舊本，自二程子各有更定，朱子因之又加密焉，訂爲今本。然五百年來，不獨持異議者不允，自金華諸子、元葉丞相、明方學士，以至蔡虚齋、林次崖數公，皆恪守朱學，而群疑朋興，遞有竄動。所不能泯然於學者之心，補傳其最也。

地讀朱子之書垂五十年，凡如易之卜筮，詩之雅、鄭，周子無極之旨，邵氏先天之傳，吺吺紛挐，至今未熄，皆能燭以不惑，老而愈堅，獨於此書，亦牽勉應和焉，而非所謂心通而默契者。間考鄭氏注本，尋逐經意，竊疑舊貫之仍，文從理得。況知本、誠身二義，尤爲作大學者樞要所存，似不應使溷於衆目中，而致爲陸王之徒者，得以攘袂扼腕，自託於據經詰傳，以售其私也。

緬惟朱子平生用力，此書爲多，持此有年，廻惶倚閣。又念朱子之道，非一時之道，蓋將取信於天下萬世焉爾。自當時晚出陬生，挾難競質，沛然如江河之決，無閉拒者，則今日之聽瑩於胸，而援鶵已逮，爲宜直其所見，待方來之朱子而折中焉。

榕村全集卷一〇大學古本私記序

大學古本，自二程兄弟所更既不同，朱子考訂又異，學者尊用雖久，而元、明以來諸儒謹守朱説者，皆不能允於心，而重有纂置，爲異論者，又無足述也。愚思朱子所補，致知格物一傳耳，然而誠意致知，正心誠意，其闕自若也。其誠意傳文釋體，迥然與前後諸章别。來學之疑，有由然已。

餘姚王氏古本之復，其號則善，而説義乖異，曾不如守舊者之安，欲爲殘經徵信，不亦難乎？夫程朱之學得其大者，以爲孔孟之傳，蓋定論也。程子之説格物，朱子之説誠意，聖者復起不能易焉，而余姚皆反之，編簡末事，又何足以云？

文章制度，今古異裁，以晚近體讀古書，則往往多失。何則？其詳略輕重，離合整散，不可以行墨求，而必深探其本指者，古人之書也。大學之宗，歸於誠意。格物、明善者，其開端擇術事耳。朱子亦既言之，而不能無疑於離合整散之間，是以有所更緝。今但不區經傳，通貫讀之，則舊本完成，無所謂缺亂者。若大義，一惟程朱是據，汙不至阿其所好，或以爲習心人之先者，不知言者也。

榕村全集卷一四重建鵝湖書院記

鵝湖者，考亭朱子、象山陸子講學處也。昔東萊吕氏與朱子交善，又於陸子有埸屋之知，見二君子平日操論有不同者，故約爲鵝湖之會，而朱子及陸子兄弟皆赴焉。後人就其地立爲書院，以祠四賢，起於宋淳祐間，賜額「文宗」，延及前代，屢有修舉。或曰：朱、陸之異同，五百年來以爲口實，今同堂而祀，於古者配祔之義何居？余曰：不然，二子之相崇重者至矣。朱門誨學者以持守，每推服象山爲不可及。白鹿講章，朱子至爲之避席上手謝焉。陸之於朱，則有泰山喬嶽之歎。故朱子有言，南渡以來理會切實功夫者，吾與子静兩人而已。原其講辨，豪芒之指，一則慮玩心高明之失實，一則恐著意精微之離真，二者於末學誠皆有弊焉。雖朱子亦謂宜捨短集長，庶無墮於一偏也。昔游、夏同師夫子，而本末之論互爲訾謷。二程、張、邵，相與切劘者數十年，然其説流弊，程子猶有微辭。今語高第弟子，則文學之科同配聖師，朱子叙道統淵源，並以周、程、邵、張釋奠精舍，未嘗以其小不同者爲病。然則朱、陸之共俎豆而處閎宫也，而又何猜乎？今天子衡量道術，一以朱子爲宗，聖人有作，萬世論定矣。在學者誠宜稟皇極之彝訓，奉一先生之言，以講以思，以服以行，庶幾沿河入海，而無斷潢絶港之差也。而又當知張、邵及陸之於程、朱，其學雖微有同異，而實相成，非若孔墨、告孟之不同室，無陷於膚末者吠聲之習，以長夫晚出横議之風，是之謂能自得師矣。曩歲逆藩變亂西江，適在其衝，兵燹之餘，舊宇堙圮。康熙癸亥，前令潘君某曾一修之，今又頹敝。施君德涵，以名進士來尹是邦，尋訪名迹，慨言更新。會諸上官皆留意文事，故請上輒報，加以慰奬，規橅既備，考落有期，適余以丐歸經過，侯與邑之人士邀請瞻謁，而以祠記相屬。余惟爲政者首訪邦之明祀勝迹，繼而修之，古之君子皆然，況夫群哲論道之區，學術源流，移風百代，而可以翳諸荒榛乎？且夫書院之建，實與國家學校相爲表裏。李渤高士爾，講洞之廢，朱子猶惓惓焉。今使先賢遺址，焕然崇修，江右故理學地，必有遊於斯而奮乎興起以紹前緒者，倡明者之功，於是爲大，故不可以無書。

榕村全集卷一七朱陸折疑

有宋中葉，運膺五百之期，天顯聚奎之象，其所以紹絶學、理遺經，使聖人之道復明於斯世者，豈偶然哉？周、邵、程、張，皆以先覺之資，任道統之重，又幸而相師相友，講明其所未至。其淵源所漸，所以深造直達於聖人之蘊者，必有非後人之所能窺者矣。虞廷群后、鄒嶧諸哲以來，於斯爲盛。是以千餘年之蕪翳堙塞，啟之闢之，攘之剔之，聖人之道，灼乎其可見，坦乎其可循。嗚呼！其功可謂偉哉。

南狩以後，而朱子出焉，祖孔、孟，宗周、程，正六經，黜百氏，躪中庸之堂而入其室，雖聖人有作，不能易也。而在當時，與象山陸氏，其學終不能以相一。後世隨聲之徒，入者附之，出者汙之，始也安於性之所近，繼遂執爲門户之見而不可回。嗚呼！彼固不知朱子，然亦何足以知陸氏哉？夫陸氏之説躬行，必先於明理，其言窮理，必深思力索，以造於昭然而不可昧，確然而不可移。此固與朱子知行之學同歸，而其心悟身安，言論親切，雖朱子亦且感動震矜而爲之左次。然則朱、陸之道，豈如一南一北之背而馳哉？

其始終大致之所以不合者，陸氏之反約也速，收功也近，其教人之法，則徑而多疏；朱子之用力也漸，衛道也嚴，其教人之法，則周而無弊也。夫破末俗之陋，傳聖賢之心，洗訓詁之訛，發精微之意，若是者，固二子之所同心。然惟其訛且陋也，則必有以矯而正之，爬梳剔抉，究其枝葉以達於本根，使夫精微之意，聖賢之心，學者有所望而至焉，豈可謂是無益之業，而不復措意於其間乎？

孔子聖人也，問禮於老聃，問業於萇弘，問官於郯子，假年學易，至於韋編三絶而不能休，歎夏、商之文獻不足，足則吾將往而證焉。仲尼亦胡爲是孳孳而事此無益之業哉？所謂文、武之道，未墜於地，而天之未喪斯文者，蓋在乎此也。經莫大於易，易莫大於先天，先天之學，不傳久矣。自堯夫發之，而陸氏以爲非作易之意。無極之妙，主静之宗，自濂溪啟之，而陸氏以爲是老子之旨。性之所以善，心之所以仁，主敬之要，知行之方，自程氏兄弟明之，而陸氏以爲與孔孟之言不相似。凡如此類，皆可以見其講學之疏，而其議論舉措之間，猶未免於精神用事，而氣不可掩，不如朱子之粹然平中，有以極其規矩、準繩於無憾也。

揆厥所由，陸氏蓋見世之支離沉溺，而不能以自振，故刊落擺脱，直接乎孟氏之傳。然愚竊觀夫孟子之時，發明人心而無述作者，去聖未遠，群經大備，故第啟管鑰，示關津，以爲當世人心對病之藥而已。自漢以來，道喪文弊，禮、樂、詩、書掃地而盡，異端邪説，諸子百家，紛紛藉藉相亂。學者顛倒眩瞀於其中，何由而見聖人之宗乎？濂、洛諸子，扶持整頓者未幾，或疑或信，若明若昧，又緜延而將絶。是故朱子之矻矻著述以終其身，殆有所不得已也。昔周之衰，王道廢而舊章亂，邪説繁而大義乖，於是仲尼討論墳、典，述帝王之道，正雅、頌之篇，除九邱，黜八索，修明禮、樂之遺文，使萬世道術有所統一。朱子之心，孔子之心也。若以六經爲注脚，章句爲俗學，豈獨足以病朱子，又上以爲孔子病矣！由此言之，陸氏之學，得無極高明而失之過，反説約而弊則疏者乎？

是故陸氏之學，吾儒之學也，其閑道也猶謹，其擇言也猶精。非若明之中世，儒、墨、老、莊，混爲一途，始也師其意，後也言其言，靡然遂入於二氏而不可反者也。雖然，追原其弊，則謂非陸氏爲之端不可。蓋朱子之言曰：「今之以學自立者，門户衰塌，唯陸子静精神啟發，其流禍未艾也。」嗚呼，賢者之爲慮，豈不遠哉？竊觀自朱子而後，幾四百年之間，守其學者崇正經、敦實履，循循乎其不畔。逮乎中明，士大夫自以其意爲學，於是乎章句不足守，文字不足求，甚而典訓不足用，義理不足窮，經術文字，議論行檢，胥爲之一變，而風聲大壞矣。傳曰：「差之毫釐，謬以千里。」又曰：「不知其形，視其影。」生今之世，有欲爲聖人之學者與，吾願謹而擇之；其有世教之責者與，吾願審而思之。

榕村語録卷一 經書總論 節録

今年夏秋間，庶幾將易解可改完一遍，然改完恐仍非定本也。凡著書，須要將那部書字字精神都灌注得到。以前看十翼，似還可多説幾句，近纔覺得全無欠闕。經書實難看，即如中庸，到如今看得還有不愜心處。惟洪範，似再搜尋不出甚麽意思來。至大學，則不解。問：「不解處在格物無傳文否？」曰：「段落難分，格致之義，朱子説，一件格到十分便是格，十件各格到九分九釐，亦算不得格。此最説得好。那一釐不到處便是本，知得本處，方是十分。本就是明明德。學問固以存心爲本，卻又不是只守著這箇本就無事了。『物有本末』，須是從本至末無不理會；『事有終始』，須是從始至終無不講究，方能知所先後。若只守著一箇心，便落陸象山、王陽明一路學問。」問：「象山與朱子不同處安在？」曰：「朱子爲學，先立志主敬，以爲學問之地，而又加以學問之功。象山只先立乎其大者，把心養定，便無欠闕。讀書亦只檢測切於身心者讀之，只要借書將治心功夫鞭策的更緊些，不是要於書中求道理，所謂『六經註我，我註六經』也。他看朱子不拘何書都不放過，於文義細碎處，皆搜爬一番，便道是務外逐末，都是閒賬，躭閣工夫。」問：「他競將事物之理全不理會不成？」曰：「他是要心定，則靈明無不貫徹，不消零碎補湊。不知天地間無一非道理，只守一心，則理有未窮，性便不盡。中庸所以說『至誠』了，又說『聖人之道，禮儀三百，威儀三千』，略差便不是。故君子既要尊德性，又要道問學，存心、致知，一面少不得。象山不可謂不高明，只是少『道中庸』一邊耳。」

榕村語録卷一大學　節録

子靜、陽明輩攻駁格物，就是「知止」節頭路未清。「知止」若如章句說，何須又用「定」、「靜」、「安」、「慮」許多字面來贊他？聖賢等閒不輕說出「定」、「靜」等字，「定」、「靜」是爲學根基，只是有此根基，卻又要件件理會。「尊德性」是「道問學」之基，只是「尊德性」又不可不「道問學」。

陸象山答趙詠道書，引大學從「物有本末」起，至「格物」止，引得極精。兩「物」字便是一箇，把「物之本末，事之終始」講究明白，便知所先後。未有知本末終始，而尚倒置從事者。知所先後，便有下手處，豈不近道？故下便接先後説去。心身、家國、天下，是物也；修身、齊家、治國、平天下，是事也。本，即修身，故曰：「壹是皆以修身爲本，其本亂而末治者否矣。」始，即齊家。書曰：「始於家邦，終於四海。」故曰：「其所厚者薄，而其所薄者厚，未之有也。」知所先後，即知本；知本，便是知之至。章句云：「物，猶事也。窮至事物之理，欲其極處無不到也。」極，如「皇極」、「太極」之極，是中間透頂處，不是四旁到邊處。「極」字，亦有作邊際訓者，如「四極」、「八極」之類，但非此注「極」字之義。

格物之説，至程朱而精，然「物有本本」一節，即是引起此意。物，事即物也。本末始終，即物中之理也。格之，則知所先後，而自誠意以下，一以貫之矣。象山陸子看得融洽，未可以同異忽之。

朱子解「物」字，亦言事物之理，可見「物」字兼事也。章句「表裏精粗」四字，似不如「本末」、「終始」之爲親切。然精即本，粗即末，表即終，事即始也。大學除此處，別無「物」字，而道理又極完全。以此詮格物之義，則程朱之義益明，而古注、涑水、姚江之説皆絀矣。

聖人説出「格」字、「物」字，已包盡各條件，但其歸必以知本爲知至。朱子之説，與此頗異，然不照著他説，終不能知本。其言或考之事爲之著，或察之念慮之微，或求之文字之中，或索之講論之際。又謂如身心性情之德，人倫日之常，天地鬼神之變，禽獸草木之宜，實盡格物之義。陽明攻之，非也。朱子原以身心性情居首，並非教人於没要緊處用心。其實身心性情之德，果能窮本極源，人倫日用，能外是乎？天地鬼神，禽獸草木，能外是乎？只是經文已備，不消補傳耳。

伯安以格竹子爲格物，原非朱子本意。今人講格物便如此説，反爲姚江所笑。只以擇善、明善、知性等觀之，便自了然。天下之理，皆是吾性，所謂擇善者，如申生之孝，可謂非善乎？但不能中庸，不可謂至善。於善之中，擇其尤善者，即中庸也。故又云：「擇乎中庸。」擇善而後能明善，見得此理内外無間，天地萬物，與我同一仁義禮知，便是格物、致知，便是明善、知性。佛氏亦知於本體上求，但其所謂性者，乃靈明知覺而非理也。善乎先儒之説曰：「佛所謂性，吾儒所謂心；佛所謂心，吾儒所謂意。」蓋彼所謂性，指知覺；所謂心，指動處耳。

彭定求

彭定求（一六四五～一七一九），字勤止，號訪廉，晚號南畇老人，江蘇長洲人。康熙十五年（一六七六）狀元，授修撰，歷任國子監司業、日講起居注官。潛心研習宋明儒學，著有姚江釋毁録、儒門法語、南畇文集等。清史稿卷四八〇儒林傳一有傳。

姚江釋毁録

當湖陸侍御以清德名儒，著書講學，天下宗之。余讀三魚堂文集，見其所講，專以排擊王文成公爲事，意在尊朱也。尊朱是矣，排擊文成則甚矣。既辟其學術，復議其功業，且坐以敗壞風俗，致明季之喪亂。吁，又甚矣！余不覺恫心駭目，既深爲文成痛，而轉爲侍御惜焉。文成入手工夫，與朱子有毫釐之别，故其訓格物也，實與朱子牴牾，至其所歸，同傳孔、曾、思、孟微言，同究濂、洛淵源。文成揭出良知宗旨，警切著明，於朱子居敬窮理之學，未嘗不可互相唱提也。

文成之學傳之當時者，若鄒文莊，若歐陽文莊，若羅文恭，皆粹然無疵者也。沿及鹿忠節、蔡忠襄、孟雲浦、黄石齋，謹守宗旨，而蕺山劉先生，闡揚洗滌，尤集厥成，實爲有明一代扶翼道統，主持名教之歸。而近之宗述文成者，若孫蘇門、李二曲、黄梨洲諸先生，率皆修持邃密，經濟通明，侍御欲盡舉而貶抑之亦不能也。且侍御之所宗者，不過如陳清瀾之學蔀通辨與近今吕晚村、應潛齋、張武承之言而已。以彼生平行誼，視前哲爲何如哉？余之深爲侍御惜者此也。

自三魚堂集出，而奉爲枕秘者，益復恣簧鼓、逞戈矛，若非排擊文成不爲功者。然文成之緒言幾絶，而朱子之學卒未有明也，是豈侍御初志哉？嗚呼，良知喪而害之中於世道人心者深矣！即强繩之以居敬窮理，其不爲色莊口講者鮮矣！

余自愧幼學淺陋，晚歷困横，唯以良知不致是懼。兹見錫山秦子有陸書質疑一編，實獲我心。因復推廣其所未盡而歷證之以文成之規訓，參質之以諸大賢之論斷，著爲釋毁録。

三魚堂學術辨曰：「自陽明倡爲良知之説，以禪之實而託儒之名，且輯朱子晚年定論一書，以明己之學與朱子未嘗異。龍溪、心齋、近溪、海門之徒，從而衍之，其弊至於蕩軼禮法、蔑視倫常，百病交作。於是涇陽、景逸起而救之，痛言王氏之弊，使學者復尋程、朱之遺規，然於本原之際，所謂陽尊而陰篡者，猶未盡絶也。故至啟、禎之際，風俗愈壞，不可收拾。愚以爲明之天下不亡於寇盜，不亡於朋黨，而亡於學術。學術之壞，所以釀成寇盜之禍也。」又曰：「自陽明之學興，流蕩放軼固有之矣。亦往往有大賢、君子出於其間，功業潤生民，名節維風俗，然則彼皆非與？明季潰敗不振，蓋氣運使然，豈可以咎陽明乎？是又不然。周、宋之衰，孔子、程朱之道不行也；明之衰，陽明之道行也。自嘉、隆以來，秉國鈞作民牧者，孰非從其教者乎？雖曰喪亂不由於此，吾不信也。若其間賢人，由於天資之美，勝其學術者也。」

愚按：王文成公以「致良知」爲論學宗旨，主於「知行合一」之説，尊大學古本，證明「格物致知」爲「誠意」工夫，此其指要也，而後儒輒以「禪」之一字抹殺之。夫禪者，棄人倫，遺物理，一切掃蕩無餘，展轉莫可窮詰，卒至混同是非，破除好惡，故不可以綱紀天下國家。若「致良知」云者，孟子所指孩提愛親敬長之心也，文成以是言知，直窮本原，最爲親切。致之則大有察識、擴充工夫在，此知、行之所以貴於合一也。不觀程子之言乎？「知者吾之所固有，然不致則不能得之。」又曰：「聞見之知，非德性之知，物交物則知之，非内也，今之所謂博物、多聞者也。德性之知，不假聞見。」文成之標舉良知，蓋張本於程子此言矣。朱子非徒尚聞見之知而不本德性之知者，特其後來研習訓詁者，專趨於博物、多聞之一途，而反本窮源之學莫之提省，故文成以此立教。當曰良知不假外求，常人不能無私意障礙，所以須格物致知之功。勝私復理，師心之良知更無障礙，得以充塞流行，便是知至則意誠。又曰：「人若真實切己用功不已，則於此心天理之精微，日見一日；私欲之細微，亦日見一日。若不用克己工夫，終日只是説話而已。」「今人於已知之知天理不肯存，已知之人欲不肯去，只管愁不能盡知，只管閑講，何益之有？」如此發明「致」字，故以「格物」實之，而明言「爲善去惡」爲「格物」也。文成又曰：「良知只是箇是非之心，是非只是箇好惡，只好惡就盡了是非，只是非就盡了萬事萬變。」亦從大學之言誠意，以「好惡」爲欺慊之介，而結出「慎獨」爲鞭辟近裏工夫，「脩齊治平」無不從好惡上著力，則「致良知」三字何等洞徹顯明？豈如禪者所云圓陀陀、光爍爍，擎拳豎拂，掉弄光景者哉？而漫以「陽儒陰釋」罪之也。

至於所輯朱子晚年定論一書，亦是文成尊崇朱子一片苦心，雖其所輯未必盡得諸晚年。然據朱子所云：「某近日亦覺向來説話有太支離處，反身以求，正坐自己用功未切，因此減去文字工夫，覺得閑中氣象甚適。每勸學者，亦且看孟子道性善、求放心兩章，著實體察收拾爲要。」又云：「近日因事方少有省發處，乃知日前自誑誑人之罪，不可勝贖，此與守書册、泥言語，全無交涉。」又云：「冥目静坐，却得收拾放心，覺得日前外面走作不少，頗恨盲廢之不早。」又云：「今日正要清源正本，以察事變之幾微，豈可汩溺於故紙堆中，使精神昏蔽，失後忘前，而後可以謂之學乎？」凡此幾條，信屬朱子豁然貫通之候，鑿鑿可據，而今之尊朱子者，爲朱子諱之，顧以是爲文成顛倒異同之罪，不已過乎？聖門之取人也，中行不可得，則必有待於狂狷，以大遠於鄉愿之爲也。如龍溪、心齋、近溪、海門諸公，雖其好談本體，於下工夫處，不能善承文成致良知之實義，然亦賢智之過，較諸營營於富貴利達者，何可同日而語？乃不考其生平事狀，而竟以蕩軼禮法、蔑視倫常概之也。

東林顧端文、高忠憲，論學與文成時有異同，然端文則曰：「程、朱殁而天下知自性、自心之可求者，陽明也。」已與周元公並提矣。忠憲亦曰：「文成豪傑而聖賢者也。」又與朱子並較矣。又曰：「良知即明德也，須止於至善，故致知在格物。」又曰：「文成曰『吾良知二字，從萬死一生得來』，其致知之功何如乎？其所經歷體驗處，皆窮至物理處也。身由程朱之途，口駁末流之弊，猶之可也；學文成者，口襲其到家之論，身不由其經歷之途，良知從何得來？」斯爲權衡至當之論。蓋文成之學，提撕本心，使人尋向上去處，正當與朱程互相證明者，端文、忠憲從而證明之耳，弗所謂陽尊陰篡也。嗚呼！君子之論人也，宜論世也。孟子曰「言無實不祥」，立言者不可不善善長而惡惡短也，況夫豪傑挺生，仔肩世道，扶植綱常，生其後者，方且景仰慕思之不暇，而忍創造異論，坐以極重至大之惡聲，是豈可以對天地、質鬼神哉？

請以有明之世變論之。當武宗時，權閹竊柄，毒流縉紳，忠良喪氣。文成以直言被禍，繫獄投荒，此其名節固已早著矣。武宗荒淫無道，藩服伺釁，盜賊蜂起，宗社岌岌乎有隱憂焉。自文成開府南贛，始平漳寇，宸濠既叛，獨以孤軍倡義，其忠誠足以感動人心，而運籌制勝，纔及旬日，蕩平克奏。視諸唐室之郭子儀、李晟，曾無多讓，則於武宗之世，實有再造之烈。乃以論學未合朱子之故，而遽以明季喪亂之由歸之，言之無實，孰過於此哉？愚所以尚論反復，不禁拊膺太息也。且夫文成之道，不可謂行於明也。文成功高被妬，桂萼既遏抑其入朝，復使盡瘁於炎荒瘴癘之地；暨乎歿後，贈謚、封蔭，阻格不行。終世宗之世，而僞學之禁，屢見憎口，其與程朱在宋被厄於章惇、韓侂胄之時，復何異乎？而乃謂其道之獨行於明乎？嘉、隆以來，世宗以刻覈養姦，神宗以廢弛叢蠹，馴至魏璫擾亂宮闈，正道諸臣駢首就戮。朋黨之禍既成，寇盜由之而起，雖曰運數，實人事感召無疑也。當時之主持政本者，姦險鄙穢，不可究詰，豈因講文成之學而然乎？吁！設使有以致良知之説，提撕警覺之，則必不敢招權納賄，必不敢好佞害賢，必不敢戕民縱盜，何至釀成喪亂之禍？識者方恨文成之學不行，不圖誣之者顛倒黑白，逞戈矛，競簧鼓，至此極也。若其間之大賢、君子，力宗文成之學者，親炙則有鄒文莊、歐陽文莊輩，私淑則有羅文恭、鄒忠介、鹿忠節、蔡忠襄輩，而石齋黃先生、念臺劉先生實爲後勁，皆奉致良知之真傳，精研力踐，殊有伐毛洗髓之功，未可謂純任天資而不由於學術也。從來未有學術誤而猶得葆其天資者，若諸先生之樹品望於朝廷，標節義於鄉國，卓然爲有明一代之砥柱，吾見其學術之正大矣，天資之美云爾哉。

又曰：「明乎心性之辨，則知禪，知禪則知陽明矣。禪者以知覺爲性，以知覺之發動者爲心。彼所謂性，則吾所謂心。彼所謂心，則吾所謂意。滅彝倫、離仁義，張惶詭誕，自放準繩之外，皆由不知有性而以知覺當之爾。陽明言性無善無惡，亦指知覺爲性也。所謂良知，所謂天理，所謂至善，莫非指此而已。充其説，則人倫庶物於我何有？特以束縛於聖人之教，未敢肆然決裂也。」又曰：「涇陽、景逸專以静坐爲主，則其所重仍在知覺，雖云事物之理亦當窮究，然亦偏重於静，則窮之未必能盡其精微。故以理爲外，欲以心籠罩之者，陽明之學也；以理爲内，而欲以心籠罩之者，高、顧之學也。陽明之學，在認心爲性；高、顧之學，在惡動求静。則凡先儒致知、窮理、存心、養性之法，不得不爲之變易。」

自告子「生之謂性」説出，註謂指知覺運動而言。故毁象山者，謂之告子，因以毁象山者毁文成，謂覺之一字，出自禪門，以此搜禪之根，乃可使文成受誣也。夫告子之謂生，猶食色性也之謂，以理爲外也。若文成則非以知覺爲性，以知覺之運動爲心者。傳習録曰：「心即性，性即理。」與程子「性者心之理」之説無異也。又曰：「性一而已，自其形體也謂之天，主宰也謂之帝，流行也謂之命，賦於人也謂之性，主於身也謂之心。心之發，遇父便謂之孝，遇君便謂之忠。自此以往，至於無窮，只一性而已。人只要在性上用功，看得一性字分明，即萬理燦然。」夫謂「萬理燦然」，非即仁義禮智之德，畢具於心之性乎？

若夫靜坐之説，始自程門，見學者靜坐，便以爲善學。傳諸楊文靖以及豫章、延平，皆以觀喜怒哀樂未發已前氣象，默坐澄心，體認天理，爲學人初初下手工夫。戒慎不睹，恐懼不聞，復性關頭，全在於此。故端文云：「這是古來一箇海上單方，急急煉服，無論久近，定有靈效。」忠憲因有復七規云：「凡應物稍疲，即當靜定七日以濟之，所以休養氣體，精明志意，使原本不匱者也。初入靜，唯體貼聖賢切要之言，自有入處。」何得謂其所主仍是知覺乎？文成原不以主靜爲教者，嘗曰：「格物無間動靜。」又謂學者曰：「思慮都是人欲一邊，故且教之靜坐息思慮，久之心意稍定。只懸空靜守如槁木死灰亦無用，須教他省察克治。省察克治之功，則無時可閑，如去盜賊，須有箇掃除廓清之功。無事時將好色、好貨、好名等私意，追究搜尋出來，定要拔去病根，方是真實用功。」其過常德，與門人論靜坐爲補小學收放心之功，亦猶行程門之教云爾。靜坐何害於學哉？而必痛斥爲哉？今天下冒學之名目者，大抵喜動厭靜，率以浮競名利、炫耀詞華，窮日夜而皇皇不息，此其自放準繩之外者，何如？不此之糾察而匡救之，反以惡動求靜誹議先覺有心世教者，當不如是之用心也。

若以一理而或外之、或內之，而以心籠罩之，將朱子所云「心統性情」者亦非與？以心所固有之理，而謂之籠罩，其視理也，竟如塊然之一物矣，文成無是，忠憲、端文亦無是。有某公謂余曰：「不知東林高公何故屢説静坐？」余微答之曰：「當高公退居林下時，由他静坐幾日亦不妨。至其登朝莅職，陳清議、糾貪吏，侃侃鑿鑿，不避艱險，此時自無暇静坐矣。」某公默然，愠余之不肯附和。然非余之臆説也，朱子不嘗曰「半日讀書，半日静坐」也邪？

王學考序曰：「自陽明之學行，天下迷惑，溺没於其中，歷百五十餘年。近歲以來，好學深思之士，乃敢昌首排之。然以其功業赫赫於人之耳目，聞者疑信且半。錢塘應潛齋獨斷之曰：『陽明之功，譎而不正，詭遇獲禽耳。』又推論之曰：『陽明自少馳馬試劍，獨學無師，始堅於自用。』則又直窮其病根。嗚呼！以陽明之天資豪邁，向使自幼涵養、熏陶於小學中，加以師友砥礪，如二程之有濂溪、朱子之有延平，何至放言高論如此？」

世之議文成者，有曰「功業盛矣，卻多此講學一節」，不知若非講學，亦無由成其功業之盛也。孔子所謂可與權者，孟子所謂天將降大任，必先使之動忍、增益者，吾於文成徵信焉。唯其學力洞徹心性，貫通萬理，明達萬事，故能揆幾察變，有不疾而速、不行而至之妙。信若應潛齋之毁，則當宸濠叛時，文成尚未膺討逆之命，只宜遷延觀望，坐待北軍之至，而聽濠之直下金陵，東南半壁不可保矣。又使設間諜、張疑兵諸計不行，南昌巢穴，無由直擣，勝負之數未可知矣。江、許諸姦，奉乘輿、震江表，忌功騰謗，禍生肘腋，若非以濠付張永，潛阻其鄱陽耀武之謀，則回鑾無期，亦不待豹房而告變矣。嗟乎！安危成敗之機，此時固間不容髮，設以迂儒當之，未有不需緩、僨事者，顧謂文成之詭譎邪？文成忠誠發乎本心，故不懼赤族之禍，而獨行其義，又能明決於順逆向背，情形萬變，無不迎刃而解。如是而功成爛然，則古所謂社稷臣者，非斯人其誰與？議者不設身以處其地，乃摭拾浮言，且追咎於文成少年馳馬試劍、獨學無師之故乎？

夫禮、樂、射、御、書、數，未嘗不同在六藝之中。文成天資固極豪邁，然按其年譜，自十八歲聞婁一齋先生講格物致知之學，便戒少時善謔，端坐省言曰：「吾昔放逸，今知過矣。」自是爲宋儒格物之學，格及一草一木之理，因而成疾。至龍場一悟時，已經歷許多探究工夫。始也見邊報方急，遂學兵法，後此定洪都之亂，亦其所豫立者然也。然使文成不當疆埸師旅之任，而使之論道經邦，則固綽乎王佐之器矣，又豈必以功名自見哉？必如文成，方是體用全備之大儒，猥以放言高論目之，盍不觀其孜孜提誨，專以存天理、去人欲爲實功，而可曰放言高論乎？

鄭端簡吾學編云：「王公才高學邃，近世文武名卿鮮能及之。特以講學交訕，蓋功名昭揭，不可蓋覆，唯學術邪正，未易詮次，以是指斥，則讒説易行，媢心稱快爾。今人謂公異端陸子静之流，嗟乎！子静豈異端乎？以異端視子静，則游、夏純於顏、曾，思、孟劣於雄、況矣。公所論敘大學、傳習録諸書具在，學者虚心平氣，反覆融玩，久當見之。」端簡公固正學名臣，其言非有阿私也。又王弇州史料云：「史於王文成洪都之功，所以剪抑之者不遺餘力，後如徐少師、鄭端簡、薛方山諸公，皆履其地、得其詳，故始爲之暴白，而未有抉摘一時握管之心事者。蓋實録之始爲總裁者楊文忠，繼之者費文憲，而以副總裁專任者董文簡也。楊公與王恭襄隙甚著不解，恭襄雖陰譎，然能識文成而獨任之，以故於前後平賊及擒濠之疏，皆歸德於兵部，以爲發蹤指示之力，而一字不及内閣。其爲楊公輩切齒，非旦夕矣。江彬、許泰、張忠既恥大功爲文成所先，必肆加羅織之語，而忌功之輩，從而附和之。文憲在文成撫綏之地，與逆濠忤被禍，中外之臣皆屢薦而起之，而文成亦未有一疏相及，費當亦不釋然也。董公最名忮毒，於鄉里如王鑑之輩，巧詆不遺餘力，既又内忌文成之功，而外欲以媚楊、費，作此誣史，將誰欺乎？後文成之天定，復爵賜謚，而董受不根之謗，致徹聖聰，未始非鬼責也。」弇州此論，可見實録之誣，而三魚堂援爲實事，何侍御之不深考也！

答秦定叟書曰：「陽明之病，莫大於『無善無惡心之體』一語，而昧於已發、未發之界，其末也。既以無善無惡爲心之體，則所謂未發，只是無善無惡者之未發；已發，只是無善無惡之已發。即使如朱子静存、動察，亦不過此無善無惡而已，不待混動静而一之，然後異於朱子也……看來書似以居敬爲主，而看窮理一邊稍輕，雖不若陽明之徒，盡廢窮理，而不免抑此伸彼。故答李中孚書，遂以大學補傳爲可更，而以陽明之獨崇古本，爲能絶支離之宿障，爲大有功於吾學，亦是看窮理稍輕之故。」又曰：「讀來書謂良知之説，不可謂非孟子性善之旨。夫陽明之所謂良，即指無善無惡，非孟子所謂良也。孟子之良，以性之所發言，孩提之愛敬是也。陽明之良，以心之昭昭靈靈者言，湛然虛明，任情自發而已。豈可同日語哉？」

自文成「無善無惡者心之體」一語出，而詬之者以其入於佛氏「不思善、不思惡」之説，顯與性善之義有礙。文成之意，謂心之體是理之静，惡固本無，善亦不可得而有也。故曰「上天之載，無聲無臭」，何善惡之可名乎？傳習録云：「至善者性也，性元無一毫之惡，故曰至善。」又曰：「佛氏倚於無善無惡之見，一切不理，不可以治天下。聖人只是無有作好作惡，循乎理不動乎氣。謂之不作者不去，又著一分意思，即是不曾好惡一般。」其於至善宗旨，契盡無餘矣。其灼見善惡之幾曰「有善有惡意之動」，其喫緊爲人處曰「知善知惡爲良知，爲善去惡是格物」，其欲使人切實體驗，宗旨固無滲漏也，安得以無善無惡一語，汩其所論未發、已發之指乎？周子通書曰：「唯中也者和也，中節也，天下之達道也。」中和一串説，便是合未發、已發而一之也。文成之不分未發、已發，實以周子爲張本。有問文成者，謂伊川謂不當於喜怒哀樂未發之前求中，延平卻教學者看未發之前氣象何如？文成曰：

「皆是也。伊川恐人於未發之前討箇中，把中作一物看，如吾所謂認氣定時做中，故令只於涵養省察上用功。延平恐人未便有下手處，故令人時時刻刻求未發前氣象，即是戒慎不睹、恐懼不聞的工夫。」又曰：「不可謂未發之中常人俱有，蓋體用一源，有未發之中，即有發而中節之和。今人發不中節，可知其未發之中未全也。」

大抵文成教人要於發處驗其未發，殊非懸空墮虛、莽莽蕩蕩之比，與朱子中和說第三篇云「靜中之動，復之所以見天地之心；動中之靜，艮之所以不獲其身、不見其人」未之有異，豈特與第一篇所云「渾然全體，應物不窮者，不限於一時，拘於一處」話頭相近哉！朱子之學以居敬窮理爲提綱，凡讀傳註者，無不能言之。然二者原截然劃開不得。不觀二程遺書中所載之語乎？伊川程子曰：「未有能致知而不在敬者。」明道程子曰：「窮理、盡性，以至於命，一時並了，元無次序。不可將窮理作知之事，若實窮得理，即性命亦可了。」又曰：「窮理、盡性，以至於命，一物也。」故文成以爲居敬亦是窮理，就窮理專一處説，便謂之居敬；就居敬精密處説，便謂之窮理。且曰：「如孟子『充其惻隱之心，至仁不可勝用』，這便是窮理工夫。」此皆本程子合一之説。而其致良知也，仍是處處窮理，特欲以知之即行之爲窮理，而非徒尚博覽載籍，探索紛賾，若後儒之所謂窮理爾。如文成可誣，將程子亦可誣邪！若云文成良知之謂，亦指無善無惡，而非孟子所指孩提之愛敬，此王門末流之弊，而非文成本指也。夫文成明以知善知惡爲良知矣。且愛敬所發處，原是心中一點靈明，自然呈露。今既謂之湛然虚明矣，復曰任情自發，於文成之指其有當乎？此不待辯而自屈者也。

上湯潛庵先生曰：先生素敦淳古之風，不欲學者詆毁先儒，以開澆薄之門。某竊謂孔孟之道，至朱子而大明。自王氏倡立新説，盡變其成法，天下靡然響應，學術壞而風俗、氣運隨之，比之清談之誤晋，非刻論也。今之君子，往往因其功業顯赫，欲爲回護，然嘗聞諸前輩所紀載，其功業亦不無遺憾。若以詆毁先儒爲嫌，則陽明固嘗比朱子爲楊、墨，洪水猛獸矣。今黜陽明，正黜夫詆毁先儒者，何嫌何疑？至於陽明之後，如梁溪、蕺山皆一代端人正士，而其學亦有不可解者。名爲救陽明之失，而實不能脱陽明之範圍。其於朱子家法，亦盡破壞，未嘗不重其人而疑其學。昔孟子於伯夷、柳下惠，推爲聖人百世之師。至於論知言養氣，則曰願學孔子，夷、惠皆不得與焉。蓋天下有興起之師，有成德之師。興起之師廉頑立懦，能拔人心於陷溺之中；成德之師切磋琢磨，能造人才於粹精之域。以興起之師而遂奉爲成德之師，則偏僻固滯，其弊有不可勝言。故曰梁溪、蕺山，以之興起人心則有餘，以之成就人才則不足，亦不可盡宗也。潛庵先生嘗曰：「發明道體，有功聖學，陽明與考亭相並。」其信服文成甚篤，答是書姑不與深論，第云：「天下相尚以僞，目不見姚江之書，但隨聲附和著書譏彈，以謾罵爲能者，古之講學所未有也。」則鍼砭之意，已深切著明矣。愚有不得不申論者，文成之與羅文莊書所云：「今世學術之弊，吾不知其與洪水猛獸何如？」夫指今世而言，則亦謂俗學之誦習與舉業者，忘卻本原，浮靡成風，浸非朱子立教之初意，固充類至義之盡爾。豈直以此語詆毀朱子，而坐爲文成之罪過哉？文成不嘗曰「吾於朱子有罔極之恩」乎？且聞謫議朱子者，則戒之曰：「有心求異便不是，吾説與朱子時有不同者，爲入門、下手處，毫釐、千里之分，不得不辨，然吾之心與晦庵之心，未嘗異也。若其餘文義解得明當處，如何動得一字？」是與朱子所云「南渡以來，真實理會者，唯吾與子静二人」等語，若合符節。其所謂入門、下手不同者，朱子欲由博返約，是篤實一路，而究也亦自進於高明；文成欲以約賅博，是高明一路，而究也亦自歸於篤實。猶之聖門曾子之質魯，子貢之質敏，均可與聞一貫者也。若謂其詆毀先儒，而後人亦以詆毀報之，是率天下而競爲横逆之妄人也已矣。潛庵先生所以云：「今人功業文章，未能望陽明之萬一，而止效法其罪過，如兩口角罵，何益之有？恐朱子亦不樂有此報復矣。」又曰：「若能謾罵者即程朱之徒，則毁棄坊隅，節行虧喪者皆將俎豆程朱之堂，非某之所敢信也。」

梁谿之於文成，所駁者半，所取者半，其詞毫不假借，而於文成去私存理、敲骨吸髓之處，固不能一切抹倒。亦即端文、忠憲之良知炯炯，能下致之之功者，故其血脉貫通，皮膜洗剔如此，不然豈肯輕毁其藩籬者哉？蕺山先生序聖學宗傳也，曰：「周子其再生之仲尼，明道不讓顔子，横渠、紫陽亦曾、思之亞，而陽明見力直追孟子。自有天地以來，前有五子，後有五子，斯道可爲不孤。」是其尊文成特至，即間有推論商酌之語，俱從苦心研慮而得之。潛庵先生所以極言蕺山之學，謂程、朱以來體道之精，未有過焉者也。惜乎三魚堂之不詳也，至於所論興起之師、成德之師，截然低昂，尤不可也。竊謂論學者，必先論其人，論其人必以能興起人心爲始。人心能興起，而後人才能造就，心之不問，才於何成？今既以梁谿、蕺山皆爲一代之端人正士，而尚疑其學者，徒以不肯痛黜文成之故。嗟乎！伯夷、柳下惠之賢，孔、孟已亟稱之矣，後世得有如夷、惠者出以之挽回世氣運、匡救風俗，斯亦可無遺憾矣，安得盡以時中之聖，而卑視夫百世之師哉？愚更論之，世當氣盛之時，則得敦龐、渾厚之君子，便可以調護元氣，若成、弘以前是也；世當氣衰之會，則得精明、剛介之君子，乃可以扶植正氣，若神、熹以後是也。天之生君子也，固各有深意存焉，其興起人心以成就人才者，有不可誣之功也。

與范彪西書云：「來札謂孫鍾元述張逢元之言曰：『建安歿而天下之實病不可不瀉，姚江歿而天下之虚病不可不補。』不佞又有説焉。建安之學，補、瀉備矣，偏於窮理者，則瀉之以主敬；偏於主敬者，則補之以窮理，何病之足患邪？以建安、姚江交相濟焉爲識變化，則孔子當與佛、老交相濟，孟子當與楊、墨交相濟也可乎？」鍾元先生之學，真儒之學也。其輯理學宗傳，以文成直接周元公之統矣。所云實病不可不瀉，此爲沉溺於詞章、訓詁者言，非偏於窮理之謂也；虚病不可不補，此爲流蕩於虚無、曠渺者言，非偏於居敬謂也。若真能窮理者，斷無不能居敬；真能居敬者，斷無不能窮理。何也？窮理非多識，居敬非色莊，表裏精粗，自有融會貫通工夫。若曰以居敬瀉窮理，以窮理補居敬，吾不知其所居者何以謂之敬，豈居敬時便置卻讀書邪？不知其所窮者何以謂之理，豈窮理時便忘卻存心邪？其亦易其言也矣。文成曰：「學是學去人欲、存天理，從事於此，則自正諸先覺、考諸古訓，下許多問辨思索、存養克治工夫，然不過欲去此心之人欲，存此心之天理爾。」按此，則可知居敬、窮理之實際，而補、瀉之説，固鍾元先生隨機引導之微詞也。孔子與佛、老，孟子與楊、墨，以之比文成與朱子，無乃擬人不於其倫乎？吕文簡，宗程、朱者也，然其答問朱、陸異同者則曰：「晦庵、象山同法堯、舜，同師孔、孟，雖入門路徑微有不同，而究竟本原其致一也，亦何害其爲同哉？學者不務力行，而膠於見聞，以資口耳，竟於身心何益？」先正之持論和平如此，侍御其未之思也邪？

答臧介子書曰：風俗之壞，實始姚江，非盡其徒之咎也。若徒歸獄於龍溪輩，而謂與姚江無干，非唯不足以服龍溪，且將使天下學者，不見姚江之失，復從而學之，其害可勝道邪？大抵學術之弊，有自末流生者，有自立教之初起者。若姚江立教之初已誕矣，何待學之不得而後流於誕！

愚按：文成自龍場時，首與學者爲「知行合一」之説；自滁陽後，多教學者静坐；江右以來，始單提「致良知」三字，直指本體，令學者有悟。教凡三變，要其間，豈欲人盡廢讀書、稽古之功哉？亦曰：「爲學須得箇頭腦，工夫方有著落，縱未能無間，如舟之有舵，一提便醒。」是時專一教人存理遏欲，用省察、克治工夫。嘗曰：「吾年來懲末俗之弊，引接後學，多就高明一路以教之，學者漸有流入空虚，爲脱略新奇之論，吾甚悔之。」又曰：「某於良知之説，從百死千難中得來，不得已與人一口説盡，只恐學者得之容易，把作一種光景，玩弄不實，負此知爾。」則其立教之初，何其慎也，而乃謂之誕也邪？天泉橋會時，龍溪有「四無」之説，自謂本體透露矣，而於文成知善知惡、爲善去惡之實際，視若輕於一羽。文成曰：「人心自有知識，已爲俗習所染，今不教他在良知上實用爲善去惡去，只去懸空相本體，一切事爲俱不著實，此病痛不是小小，不可不早爲説破。」是文成慎防放言高論之弊，其嚴如此，爲龍溪者，宜如何終身誦之也。乃自文成殁後，龍溪罷官林下，游行四方，講學津津乎本體自在之説，流而爲禪，決破藩籬。當時羅文恭面加譏砭，詳在三遊記中，可爲龍溪之諍友，爲文成之功臣。使當時親炙文成者，盡若鄒文莊、歐陽文莊諸賢，豈有縱横、放逸之患哉？蕺山先生曰：「象山不差慈湖差，陽明不差龍溪差。」已爲推勘公平之案，三魚輕責於末流，而議罪於立教之初，不已甚歟？程門諸先生，流而爲禪者有矣，二程其亦可議歟？

李中孚先生曰：「陽明良知之説，此千載絶學也，人疑其近禪，何也？此不知者之言也，天若無日月，則遍地咸昏暗，安得出作入息？人若無良知，則滿身成僵尸，安能視聽言動？自己一生大主宰，抵死不認，支離纏繞，摹擬倣效於外，所謂道在邇而求諸遠，騎驢覓驢，可哀也已！」又曰：「『致良知』三字，洩千載不傳之秘，然終不免諸儒紛紛之議，何也？此其故有二：一則文字知見，義襲於外，原不曾鞭辟著裏，真參實悟；一則自逞意見，好立異同，標榜門户，求伸己説。二者之謬，其蔽則均，若真正實做工夫的人，則不如是。譬猶嬰兒中路失母，一旦得見，方刻刻依之之不暇，又何暇摇脣鼓舌，妄生異同也。」又曰：「良知即良心也，一點良心便是性，不失良心便是聖。若以良知爲非，則是以良心爲非矣。」又曰：「良知之説，雖與程朱少異，然得此提倡，人始知契大原、敦大本，自識性靈，自見本面。夫然後主敬窮理、存養省察，方有著落。調理脉息，保養元氣，其與治病於標者，自不可同日語。否則，學無來歷，主敬是誰主敬，窮理是誰窮理，存甚養甚，省甚察甚，此唯可與知者道，未可與固矣夫高叟言也。」今既以良知爲學問頭腦，則學問思辨、多聞多見，莫非良知之用。所謂識得本體，好做工夫；做得工夫，方算本體。此正喫緊切務，自不得作第二義矣。

中乎先生諸條，知文成立教苦心矣。因詳録於此，以開後來。

知本説云：陽明更定大學，不遵朱子，以補傳爲非，説得鶻鶻突突，沉淪於釋學。

大學答問云：如謂「知本」即是知之至，是一本之外更別無學。以綱領言之，但當知有明德，而不必復講新民之方也；以條目言之，但當知有誠、正、修，而不必復講齊、治、平之道也。

按：大學古本始改於程子，後復改於朱子，爲之分經、分傳。補傳、改本既行，有明以來紛紛議改，如方希古、蔡文莊、崔文敏、湛文簡諸公，俱以此謂「知本」二句，不是衍文，而各欲移易前後，迄無定説。文成始毅然欲復古本，而謂大學原是一篇文字，初無經、傳之分，大旨從「修身爲本」二節貫下，故以「知本」爲「知至」也。而「修身爲本」即是「知止」工夫，則李見羅先生始揭出而詳言之，於是議者謂與朱子補傳之意相背，而不知古本初非文成所創造也。湯潛庵先生上孫鍾元先生書曰：「三復古本大學，『此謂知本，此謂知之至也』在『本亂而末治』以下。蓋『修身爲本』之『本』，即『物有本末』之『本』；『格物』之『物』，即『物有本末』之『物』；『致知』之『知』即『知所先後』之『知』，即『知止有定』之『知』。格、致、誠、正，所以修身，所以明德。明德爲本，新民爲末；修身爲本，家、國、天下爲末，一也，此即示人以格物、致知之功也。下接『所謂誠其意者』一段，中間反覆明德、新民、止至善，而終之以『此謂知本』，可見聖學入手，唯在誠意，而致知、格物則誠意之功也，原不得分爲二事。所謂格物者，格明德、新民之物也。明德、新民雖並舉，其實總是明德。明德即是仁，仁者以天地萬物爲一體，一民未新，即我德有未明處。故明明德於天下者，必止於至善，則格物爲聖學，徹始徹終工夫可知也。」又舉「聽訟」一事，蓋「新民」之一端，而「大畏民志」，即「明明德」也，故曰「此謂知本」。古本原是明白直截，非有錯簡，無勞補義，此潛庵先生從夏峰傳授而證明者也，瞭如指掌，無待更贅一詞。

右諸條，竊以三魚堂集中詆毁文成學術并及其功，不概於心，略爲分疏而已。按：文成之學，其扼要也，莫明乎答鄒東廓先生問「大學先格致、中庸首揭慎獨」一條，曰：「獨，即所謂良知也。慎獨者，所以致其良知也，戒懼所以慎其獨也，大學、中庸之旨一也。」東廓先生遂豁然悟。

若涇陽先生日新書院記曰：「孔子道至矣，顔、曾、思、孟爲見而知之，若周、程則聞而知之，皆嫡冢也，諸賢皆具體孔子，即所詣不無精粗、淺深，而絶無異同之迹。至朱、王二子，始見異同，遂於儒門開兩大局，成一重公案，不得不拈出也。弘、正以前天下之尊朱子也，甚於尊孔子。其究也率流而拘，而人厭之，於是激而爲王子。嘉、隆以後，人之尊王子也，甚於尊孔子。究也流而狂，而人亦厭之，於是乎轉而思朱子。其激而爲王子也，朱子詘矣；其轉而思朱子也，王子詘矣。則由不審於同中之異、異中之同，而各執其見，過爲抑揚也。其如之何而可夫？亦曰：『祖述孔子，憲章朱、王』乎？蓋中庸之贊孔子也，蔽以『小德川流』、『大德敦化』兩言，而標『至聖』、『至誠』爲證。予竊謂朱子由修入悟，王子由悟入修，川流也，孔子之分身也，一而二者也；由修入悟，善用實，其脉通於天下之至誠，由悟入修，善用虛，其脉通於天下之至聖，敦化也，又即孔子之全身也，二而一者也。然則千百世學術盡於此，千百世道術之衡亦定於此，舉顔、曾、思、孟之所見而知，周、程之所聞而知，都包括其中矣。」

又曰：「朱子釋格物，總而約之以四言曰：『或考之事爲之著，或察之念慮之微，或求之文字之中，或索之講論之際。』蓋謂内外、精粗，無非是物，人之入門，各各不同，須如此方收得盡耳。陽明特揭良知，可謂超然自信，獨往獨來，了無依傍矣。今考年譜，則謂其謫龍場也，日夜端居澄默，以求静一，久之胸中灑灑，念聖人處此更有何道，忽中夜大悟格物致知之説，寤寐中若有人語之者，不覺呼躍，從者皆驚。是亦未嘗不從念慮入也！及經宸濠之變，語門人曰：『近來信得致良知三字，真聖門正法眼藏，往年尚疑未盡，今日多事以來，只此良知無不具足。』他日又曰：『當時尚有微動於氣所在，今處之更不同。』是亦未嘗不從事爲入也！譜又言陽明始發悟時，以默記五經之言證之，莫不吻合，因著五經臆説。且『致知』二字揭自大學，『良知』二字揭自孟子，陽明皆就中提出耳。是亦未嘗不從文字入也！余昔聞季彭山言，山陰有黄舉子，讀書不牵章句，成、弘間儒者守成見，莫之信，陽明與之善。又聞陽明遇增城湛甘泉於京師，一見投契，嘗爲别甘泉序，自言少不知學，已出入於釋老，久之乃沿周、程之説而求焉，岌岌仆而復興，晚得交甘泉而後志益堅，毅然若不可遏。至於門人徐曰仁、陸元静輩，始亦不無抵捂，已而各揭所疑，反覆辨析而後歸於一。由此觀之，其所商求印證，得之友朋之助發者，當不少矣。是亦未嘗不從講論入者！故夫陽明之所謂知，即朱子之所謂物，朱子之所以格物者，即陽明之所以致知者也，總只一般，有何同異，可以忘言矣。」

涇陽此二篇，持論平允，實見朱、王有相得益彰之理，非强爲模棱之説調停其間也，豈得以三魚堂所徇陳、張諸人異議，可以排出乎哉？愚故備録於此，以解後來之惑。

南畇文稿卷一重刻石簣先生四書要達序 節録

先生是編，不離舉業家言，大概折衷程朱，闡明傳註，未嘗輕有所變通也。要其删繁就簡，引顯入微，一舉目而脉絡融會，皆從精思力踐中來，名之曰要達，誠哉得其要者斯達也。蓋先生素悦王文成公之學，屏棄嗜欲，超然於富貴利達之外，固非標榜門户、色莊外馳者流所能望其肩項。讀其書，想見其爲人，誠救病之良藥也，問渡之前津也。且夫文成之與程朱，其從入之途，各因其資之所近，而求至於聖人之道，則一而已矣。後人胸羅柴棘，牢不可破，託程朱而詆文成，舉凡從文成學者，雖以品行卓立如先生之徒，盡受其排抑焉。遂使村師蒙稚，並未一覩雒閩之緒言，而皆得指姚江爲口實。則豈獨如前所云躬行薄、講説淆而已，將并其所爲帖括者決裂殆盡，而不可窮詰，誰之咎也。盍觀先生是編，身爲文成之後學，而稱述程朱，終如水乳磁鐵之凝合，初無隔礙於其際，斯其爲篤行之真儒也。

南畇文稿卷一三子定論序

朱陸異同之論，兩家門人紛如聚訟，暨姚江有朱子晚年定論一編，而排擊之者，戈矛肆逞，毒若酷吏深文。清瀾陳氏學蔀通辯之作，蓋爲當時政府忌嫉姚江，逢迎附會，其於聖學淵源貫顯、微合動静，茫乎未之有聞也。後儒好爲耳食，但知拘守訓詁，補綴帖括，可以色取自居，不獨標幟講壇者，輒以詆斥象山、姚江爲先，即勦襲聲偶、鉛黄甲乙之徒，亦莫不含沙横射，雲霾霧障，天日爲昏。嗚呼！姚江之編朱子晚年定論也，非以抑朱子，正以尊朱子也。縱曰諸語不盡出自晚年，而朱子虚衷邃詣，時時吐露於著述指授之餘，正足使學者消勝心，融客氣，何至如清瀾所辯，判若黑白清濁之不可比似者耶？是三子之學，本無蔀也，乃辯者自設之蔀而莫爲之撤也。定弇陋寡聞,而未敢昧我固有之良知,曲徇流俗,以自蹈夫蔑誣先覺之罪。竊復抱此耿耿,無有同方合志,相與研晰而披陳之。忽得草堂王君從武夷山中郵示三子定論一書,受而讀焉,實獲我心,始知聖學淵源,絶者可續,散者可聚,不致率天下學者胥入於循聲襲影、淺薄浮僞而後止也。孟子於夷、尹、惠三子,既並謂之聖,又曰:「君子亦仁而已矣,何必同。」惟仁也,所以爲聖也,正於不同信其同也。推此義以證是書,則三子者,聖耶?仁耶?非不同而同者耶?

南畇文稿卷一湯潛庵先生文集節要序 節録

夫學之必宗程朱,固家喻户曉也。而先生之宗程朱,則能力踐乎程朱之行,而會通乎程朱之言。程朱之言居敬也,窮理也,未嘗不知行一貫,博約同歸,動静互攝也。相沿相習於帖括訓詁之徒,支分節解,脉絡壅閼,浸失程朱之本意。至於姚江喟然爲拔本塞源之論,揭良知以爲宗,孜孜教人掃蕩人欲,擴充天理,則本體工夫包羅統括,直截簡易,始知程朱所謂居敬窮理者,初非區爲之途,繁爲之迹,正使程朱復生,當必引爲同心之助。而議者好爲排擊,坐以新學異門,卒之意見沈痼,功利潛滋,則亦自託於程朱,而實自絶之者矣。先生邃資夙禀,甫入承明,日與同志切劘正學,淡於仕進。壯歲抽簪,復從孫徵君先生於百泉之上，青燈白雪，講習亹亹，灼見性天，無少間隔，一以躬行心得爲歸，絶不拘牽文義，競起戈矛。每曰：「姚江之學，返本歸原，正以救末流之弊，而特嚴。其門人虛見承襲，流爲洸洋恣肆，致疑於以儒入禪者。」此其善學姚江，正所以善學程朱也。

王源

王源（一六四八～一七一〇），字崑繩，大興人。康熙癸酉（一六九三）舉人，徐乾學開書局於洞庭山，招致名士，王氏與焉。後遇李恕谷，大悦之，曰：「自繼莊殁，豈意復見君！」聞恕谷言習齋明親之道，曰：「吾知所歸矣。」遂介往博野執贄。後客死淮上，時康熙四十九年，年六十三。所著平書、居業堂文集、讀易通言、或庵評春秋三傳、輿圖指掌等。清史稿卷四八〇儒林傳一、清史列傳卷六六儒林傳上一有傳。

居業堂文集卷七與朱字緑書

秦遊得與吾子訂交，幸甚！源所重在品之真，肝腸潔白，才華其餘耳，況吾子才華又迥出時輩者哉！顧訂交友矣，友也者，取其益也。益之象曰：君子以見善則遷，有過則改。

故勸善而規過，友之道也。源不才，敢以無益之友辱吾子？竊願有所規勸焉，而吾子試擇之。昨見吾子與李中孚先生書，力詆姚江無善無惡之非。此從來闢姚江者之口實，不自吾子始，而吾子之文特辯，而吾子之人非流俗等，故不得不與子白之。

今天下之尊程朱、詆姚江，侈然一代大儒自命，而不僞者幾人哉？行符其言者真也，言不顧行者僞也。真則言或有偏，不失爲君子；僞則其言愈正，愈成其爲小人。有人於此，朝乞食墦間，暮殺越人於貨，而掇拾程朱緒論，狺狺焉罵陽明於五達之衢，遂自以爲程朱也，則吾子許之乎？彼朱、陸各行其是，以修身而明聖人之道，狂爾狷爾，皆真儒也。論其所見之偏，不能無過不及，而論其得，則皆聖人之一體。烏得是此非彼，立門户於其間，若水火之不可以並立者？

且夫對君父而無慚，置其身於貨利之場，死生禍福之際，而不亂其内行，質之幽獨而不愧；播其文章議論於天下，而人人信其無欺。則其立説，程朱可也，陸王可也；不必程朱，不必陸王，而自言其所行亦可也。否則，尊程朱即程朱之賊，尊陸王即陸王之賊。僞耳！況大言欺世，而非之不勝舉，刺之不勝刺者哉？

嘗聞一理學者，力詆陽明，而遷官稍不滿其欲，流涕於朝不能止。一識者譏之曰：「不知陽明謫龍場時，有此淚否？」其人慚沮無以答。又一理學者，見其師之子之妻之美悦焉，久之，其夫死，約以爲妻，未小祥而納之。而其言曰：「明季流賊之禍，皆陽明所釀。」嗚呼！若輩之行，如此類者，豈堪多述！

夫太公佐武王伐紂，伯夷不食周粟餓死，兩人之行相反矣，而俱不失爲聖人。假令盜蹠附伯夷以爲名，尊伯夷以爲聖，代伯夷詆太公，而自以爲夷之徒，則夷之目其將瞑於地下乎？故今之詆姚江者，無損於姚江毛髮，而程朱之見推，實程朱萬世之大厄爾！

君子之辨，理也。苟反之吾心而不得其安，驗之於事於物未見其確然不可易，折中於孔子之言而不合，雖顔、孟之言，吾不敢以爲然也，況下焉者乎？苟安矣、確矣，與孔子之言合矣，雖愚夫愚婦之言，吾奉之不異於聖人，況上焉者乎？

子以無善無惡爲虛耶，無聲無臭，虛也哉？太極未判，何陰何陽？知識未開，何善何惡？非不善也，無善之可名也。孔子曰：「繼之者善，成之者性。」曰繼曰成，非後起之名之一證歟？且子亦知愛親敬長之道乎？愛敬善矣，顧愛知於孩提，敬知於長。繦褓耶，孰爲愛、孰爲敬乎？蓋嘗觀諸名物，有不俟對待而自名者，有必對待而名始立者。無陰，何名爲陽？無惡，何名爲善？有小人而後別之爲君子，有西而後別之爲東，有夜而後別之晝。故一有善之名，即不能無惡。如愛敬，不學而知能，而貪焉、嫉焉、爭焉，又豈學而知、學而能者哉？顧未有知也，渾渾爾。知識一開，即與形色而俱見。故曰：有善有惡意之動也。

吾子則曰性之善，猶水之下，子輿氏之言也。可曰無上無下，水之體，有上有下，水之動乎？噫！子亦知水火之體何如者，火蘊於木石之中，陰陽噓吸、涵濡而成水，必形而附於物，而後炎上，而後就下，當其未形與初形之濡濡者且上烝，星星者且下射，亦何上下之有？即曰無上無下水之體，胡不可也？但謂有上有下水之動，則不可。然物有可喻者，有不可以相喻者，必舉不可喻者以相喻，則杞柳何不可以喻性？長馬之長，何不可以喻長人之長？而犬之性，猶牛之性，牛之性，猶人之性矣。

夫所貴乎學者，當出吾心之真是真非，以考三王俟百世，不宜持拘迂之見，守異同之成説，膠錮束縛、老死章句之中而不能以自拔也。性善發於孟子，蓋舉四端之固有於我者，以明道之出乎性，而救人心之陷溺。至於口體耳目之欲，則曰君子不謂性。夫不謂之性，已不得不先謂之性矣。曰乃若其情，則可以爲善，而不善之情則置而不論矣。況天下確有性惡如越椒、楊食我之徒者，則有善無惡實不可以概天下之人之性，故當日不但告子諸人紛紛之辯不容已，即門弟子亦不能深服而不疑。使孔子出而譬之曰「性相近也，習相遠也，唯上知與下愚不移」，則性之説定而紛紛者不辯而自息矣。故韓子三品之説本之孔子，確乎不可易。必曰孟子是而韓非，源不敢以爲然。嗚乎！先儒謂氣質之性非義理之性，所從來矣。夫義理之性天命之，不知氣質之性誰命之？將天之外別有物焉命之乎？抑無所稟受而漫然自有之乎？如謂別有物焉，物則何名？如謂自有之也，則義理亦吾自有之耳，奚獨專其命於天爲？帝舜曰：「人心惟危，道心惟微，惟精惟一，允執厥中。」人心、道心，與生俱來。純乎道心者，上智也；純乎人心者，下愚也。近者雜焉，雖多寡不齊，而道心自能知其人心之惡，故良知獨歸於道心。然則以知善知惡爲良知，爲善去惡爲格物，蓋謂知其惡而閑之，以存其善，知其善而擴充至，以造其極，即精一、執中之義爾，亦奚背於聖人？而以不合於即物窮理，遂可目爲異端邪説也乎？

吾且不必與子言理，姑與子論文。曰致知、曰誠意之數者，兩言耳。論其理，萬千言不能盡，就文義釋之，兩言盡矣，無庸加之辭而後解也。若云格，至也。至物，可以爲文乎？物，非事也。即以爲猶事也，而至事，又可以爲文乎？必加之辭曰「窮至事物之理」，欲其極處無不到，而後可以爲文。嘻！亦勞矣。殷盤、周誥未若是也。即謂古文或有之，而大學之文原非殷盤、周誥之體，夫豈説之所可通者哉？

總之，心之體、意之動與良知者，皆舉其自然者以示人，而功則歸於爲善去惡。此姚江實體諸躬，深造自得而垂諸訓，豈教天下任其自然猖狂以自恣者？蓋無善無惡，太極也，非無極也。言理至太極至矣，又於太極之上，加之無極，此正二氏求勝於吾儒以立説，而淪於虛寂之蔽，學者不知辨無極之失，而沾沾以無善無惡爲非，豈不悖哉？

中乎先生之書，源未之見，不知其言果當與否。第就吾子之言而呈其區區之見如此。

夫今之詆陽明者，行僞而品陋，識暗而言欺，天下從而和之者，趨時耳，干利耳。舉世若狂，以詆姚江爲風氣，亦何足與深辨。顧聰明才辨如吾子，亦不免爲風氣所移，是何可不一進其狂愚，使早知抉擇也乎？源嘗以爲，孟子歿後千數百年，全體大用才堪王佐之儒，惟諸葛忠武、王文成兩人而已。漢、唐之儒，章句訓詁，宋儒見聖人之體而不能全其用，知經不能知權，爲治世之良臣有餘，戡天下大亂不足，爲奸雄竊笑久矣。求其德行中正純粹，無疵累而因時制宜，仁至義盡不失之迂，陽施陰設不流於詐，極天下之權奇奸暴不足當其鋒，而禮樂教化可直追乎三代，則忠武而外，舍文成可再得乎？使以孝宗求治之君，得文成爲之輔，則三代何難復？不幸遇而不遇，以震世勳名，未嘗盡其用之一二，此有志世道之君子所爲欷歔、扼腕於天之未欲平治天下也！乃當日之排而謗之者，忌其功耳！一二正人君子學術不與同耳！不知今之肆無忌憚、不遺餘力横詈之者，何以至此極也？

吾子誠有志於聖賢之學，但當從事家庭、朋友之間砥名節，力行無僞，而讀書講學，從其性之所近，即不尊陸王而尊程朱，豈曰非賢？若與世波靡，亦翹焉以闢陽明爲能事，竊恐言不顧行，作僞心勞，終不免小人之歸耳！伏望平心察理，絶去依傍、雷同之説，求其至當而歸於爲己，庶不負訂交之意云爾。源頓首謹白。

居業堂文集卷七與李中孚先生書

源頓首頓首，中孚先生足下：竊聞先生抱道卻徵聘不仕，躬修積學，不求名而名滿天下，初非有所矯飾，爲大言，高自標植以獵取之者，此當代之真儒，源仰望之久矣。顧恨陸沉於俗，不能躡騰千里從游。頃以事入關中，竊冀得一拜床下，慰夙昔慕樂德義之思，領緒論以自證其所學，與南豐梁質人、吴張采舒約，偕造里門。既秣馬、束行李，將就道矣，忽以急務東歸，不果。中途鬱鬱，回首華岳三峰，渺焉天末。

因歎天下無事不僞，而理學尤甚，今所號爲儒者，類皆言僞行污，不足起人意。間有一二真儒，信如先生者，又生不同里，川途阻曠，無由親炙其訓迪，乃不遠數千里，跋涉入其鄉，去其里咫尺，又不獲一見其人而歸，豈非所遇之不幸乎？然古之人生百世上，頌讀其詩書，尚可與之友，況生當世而應求之説，精氣冥結，何必沾沾一謀面而後快？前留拙刻一册於質人處，託其寄正。兹又自白其嚮往之誠，并一二管窺之見於左右，唯先生教之。

源生平最服姚江，以爲孟子之後一人。聖人之道，體不異面，用則因時以制變，征誅之變，揖讓時耳。假令孔、孟生漢、唐以後，其所以禁奸而禦暴者，必不肯泥三代之成規，持迂闊之腐論。晉之清言，宋之理學，爲奸雄竊笑久矣。蓋宋儒之學，能使小人肆行其凶而無所忌，束縛沮抑天下之英雄，不能奮然以有爲。故使程朱遭宸濠之亂，必不能定之掌握之上。而濠以梟雄之姿，挾藩王之重負，異志既久，擁衆二十萬，一旦竊發，順流直掩金陵，乃不終日談笑平之，是豈徒恃語言文字者所能辦？

乃今之謗之者，謂其事功，聖賢所不屑也，其學術爲異端，不若程朱之正也。其心不過蔑其事功，以自解其庸闒無能爲之醜，尊程朱以見己之學問切實，而陰以飾其卑陋不可對人之生平。內以自欺，而外以欺乎天下。孰知天下之人之不可欺，而只自成其爲無忌憚之小人也哉！

源幼隨先人播越江淮，與先兄汲公同受業梁鵠林先生之門。先生講學，源兄篤志力行，源性不羈，苦拘束不樂，爲兄責之。源曰：予一爲道學則僞矣，真豪傑不亦可乎？何必假道學？源第矢三言，無負生平耳。兄問之，曰：忠孝以事君親，信義以交朋友，廉恥以勵名節。兄瞿然，白之師。師笑而置之。後見易堂魏叔子先生，其言大與愚見合。故平生議論間，竊易堂緒餘，而酷喜談兵，講究伯王大略，物色天下偉人、奇士而交之，乃卒歸於無用。今父、兄皆没，源且浮沉於世，未知税駕。苟得大賢焉，爲止依歸，復何恨乎？聞先生著述甚富，皆體用兼備之書，恨未知見。竊謂後世之治天下，當首嚴詐僞之禁，如太公之誅華士，孔子之誅少正卯。凡爲虛言以欺天下而盜名者，悉焚其書而置之法，明先王之道教天下，不言而躬行，卿大夫率於淳樸，則三代庶可復乎？未審先生之意，與之合焉否也？

外有與朱字録書、五鎮圖志序二首，并録呈正。伏望指示其昧暗、謬戾，而進之以高明，則千里猶同堂矣。聞富平李天生先生，三秦豪傑，惜未大用而没；又聞太白有李雪木先生者，亦高隱，留心經世之學，晤時幸以愚言質之。源白。

居業堂文集卷八與方靈皐書 節録

上略。昔伊尹未遇成湯，未嘗不以天下爲己任；孟子不得志於梁、齊，老於鄒、魯、滕、薛而守先王之道，以待後之學者，然則儒者或出或處，莫不爲天地立心，爲生民立命，爲往聖繼絶學，爲萬世開太平。乃源從事於儒，而不敢以儒自命，何哉？蓋以後世之儒謂之道學，而近之講道學鮮有不僞者，非借道學以掩其汙穢而要禄位，即借之以投時尚而博聲名。欺人不得不自欺，自欺不得不大聲疾呼，自以爲真程朱，又不得不大聲疾呼，力詆陸王，以見其所以自命者，至純至正，而無一之不實。著書立説，縱横侈肆，無所不至。乃試問其心術，考其行事，不但不足爲君子，并不足爲小人，祇成其爲穿窬之盜，患得患失之鄙夫而已。噫，若輩奚足道哉！且夫程、朱之學源，亦有未盡服者。其德行醇矣，學正矣，然其高談性命，而不能有經天緯地之才，佔畢瞑坐，以柔其氣而弱其習，必不足以有爲，必不足以平天下。唯太平無事時，使之坐而論道，或爲一方之司牧可耳。此又何足以希陽明之一二！然而源雖力推陽明，又不敢以其學爲宗，何也？以其雜於禪也。禪之明心見性，似亦無惡於天下，而必不可雜於其學者，何也？以其爲天地之豺狼，生民之盜賊也。何以言之？天地之大德曰生，人受天地之氣以生，未有不好生者，此好生之心，所謂惻隱之心也。惻隱之心，纏綿固結而不可解，故君義、臣忠、父慈、子孝、兄愛、弟敬、夫和、妻順。而聖人能盡其心性，故能盡人物之心性，此聖人之於心性，實能復而全之，體而充之，而德以之明，民以之親也。佛氏則不然，舉所謂心與性者而滅之，而後謂之明，而後謂之見。夫必滅之而後謂之明，謂之見，則彼之心明、性見，而天地之生機熄矣！人心之惻隱亡矣！可以立視其父子兄弟之死而不動矣！天主生而彼主滅，人欲生而彼欲滅，是與豺狼之以殺人成性，盜賊之以殺人成能者，何以異哉！顧文之以慈悲戒殺，混之以滅爲不滅，是豺狼鳴和鸞以噬人，盜賊習揖讓而行劫也。嗟乎！學術不明，陽明既顯雜於佛氏，程朱亦隱爲所壞。靜坐觀道，非禪而何？又何怪其門人之入於禪？又何以獨訾陽明之爲禪哉？伯夷曰：「黃、農、虞、夏忽焉沒兮，我安適歸矣！」遥遥千古，孔孟不作，將何所適從焉。源所以不得已置道學之説，但欲以忠孝廉節爲本，而以經濟文章立門户，上之北面武鄉而希其萬一，下則與陳同甫並驅而争先，此則區區之夙志也。乃自讀李剛主大學辨業而翻然悔、勃然興矣。又介剛主受業於顏習齋先生之門，而慨然以斯道爲任矣。蓋孔孟所傳二帝三王脩己治人之道，備於大學一篇。格物者，大學之始事。程朱之釋格物也，上極於性天，而下盡於草木，非高遠則汗漫。陽明意在致良知，其釋格物也，一以爲正事物，一以爲去物欲，非修身之事，則誠意之功，總於格物之義無當。格物，大學之始事也，格物不明，而明親之功何由實乎？明親不實，何由止至善，而修己、治人之道以傳乎？此孔孟之學之所以亡，而後儒學術支離龐雜，使人不得其門而入也。今其言曰：「物非他，即大司徒『教萬民而賓興之』之三物也。格物非他，即學習六藝，以成其德與行也。蓋德行之實事皆在六藝，而六藝總歸一禮，故孔子謂非禮不動，所以修身，教顏子以『克己復禮爲仁』，又曰『爲國以禮』。故學禮即格也、致也，約禮即誠正修也、齊治平也。小學、大學，由淺入深，師以此教，弟以此學也，士以此造，才以此取也。士大夫之學出於此，君相之學亦出於此也。明明德、親民由於此，止至善即由於此也。豈以誦讀爲事，静坐爲功乎？豈置道藝之實務，舍下學而躐等，以言性天乎？」又引馮應京之言曰：「人之參天地者，六德也。德之見於世者，六行也。行之措乎事者，六藝也。先王之設庠序學校，唯五禮、六樂、五射、五御、六書、九數爲孜孜，而德行備乎其間矣。」旨哉，言乎！切實而可據，簡易而可循，非學記所謂大學之正業，而確然入道之門哉！

源故心悦而誠服焉。矢之先聖，以相助明行斯道爲任，學禮以立其剛，内而身心動静一致，加功不入空虛，不流泛濫，外而實究專精經世之務，不鶩夸誕，不事繁瑣，置省身録時刻自檢，以驗其功之淺深進退，發憤刻勵，務抵於成，一息尚存，不容稍懈。苟得以餘年，進德修業，入孔孟之門牆，追明親之實境，得志行乎天下，不得志傳於後世，使自嬴秦毁滅，漢、唐訓詁僅存，宋、明表彰未盡之道，一旦而復明於天下，則其德與功之所立，與僅以經濟文章自見者，何如？於戲！此顔先生所以不可不師，而剛主之書不可不虛心讀之，專力求之，而不可以世儒之成説自畫，俗人之門户相持也，吾兄得無意乎？下略。

邵廷采

邵廷采（一六四八～一七一一），字允斯，又字念魯，浙江餘姚人。家傳姚江王學，又私淑於黄宗義，後主持姚江書院多年，著有宋遺民所知録、明遺民所知録、東南紀事、西南紀事、姚江書院志略、思復堂文集等。清史稿卷四八〇儒林傳一、清史列傳卷六七儒林傳上二有傳。

思復堂文集卷一姚江書院傳 節録

昔南宋之世，儒者盛於東南，國統中微，斯義彌烈。晦庵朱子集諸儒之成，傳四書、詩、易，修通鑒綱目，老、佛之流息，孔子之道著，猶窮河源者溯崑崙，沿江、漢者放東海，到於今五百餘歲，未有跨而越之者，良由體大而思精，力全而用博也。然當其時，金谿之陸、永康之陳，已自侈談經濟，喜言覺悟，遂有鵝湖、鹿洞之派。一再傳何、王、饒、輔，頗傷詞費。沿及於明，用經義取士，浸以性理開利禄之門，人心苟趨科目，不以修身體道爲事。庠序之設雖賒，先賢餘澤衰矣。

浙東承金華數君子後，名儒接出。正德、嘉靖之際，道統萃於陽明。陽明氣象類孟子、明道，至出處就功之迹，知覺先民之意，則往往近於伊尹。閔學者久牽文義，特本原性善，開迪良知。良知加之以致，必有事焉。曾子弘毅任重，固曰死而後已；顏子欲從末由，猶云未見其止。然則先難之功，畢生不輟，道心之發，一日可獲。孔子曰：「我欲仁，斯仁至。」孟子曰：「無爲其所不爲，無欲其所不欲。」陽明祖述孔、孟，直示以萬物皆備，人皆可爲堯、舜之本，曲成誘人，於是爲至。其與朱子存心、致知之教，蔑有二也。

然當是時，禪宗盛行，門人不能謹持師説，每以禪宗所得舉歸之師，而墨守朱傳者則悉以聖人之精微讓之佛氏。又陽明天資踔絶，高明者自聞其説，輒不喜爲積累、集義之學。矯枉則直必過，固當爲後人受其咎也。

若夫攻禪者反戈攻王，而即以攻王爲衛朱，則兩背也。象山稱元晦太山喬嶽，陽明功勳節義，卓爲一代宗臣，此見於行事之實，其揆固一。經生家舍己之田，蕪穢不治，而越其疆畔，以疵求前哲，空復何施？至於本遠原分，微言大義，各有流極，固賴學者補偏起敝以振興之。昔石渠、虎觀諸儒，講文煩密，遂啟老莊糟粕六經之説，陽明自天泉論大學，亦貽二溪、二王之弊。使仲尼復生，文、行、忠、信兼以爲教，寧有斯失哉？

崇禎末，沈、管、史諸公特起姚江書院，講陽明之學。其人皆能嚴立志節，循理處善，世以輩金、許之於朱。雖未涉崑崙之顛，傾雲漢之波，要亦涉其末流，不至於溺焉者。後之人放尋遺緒，固於此有取爾也。惜其文章語録久多湮落，又師資所承頗衆，不能詳載，特著其關世教、裨聖路者見於篇。下略。

孔尚任

孔尚任（一六四八～一七一八），字季重，號東塘、岸堂，山東曲阜人。困於鄉試，康熙南巡返程時，以導駕觀覽孔廟、孔林，破格爲國子監博士。後官至廣東清吏司員外郎。康熙三十八年（一六九九）作成桃花扇，次年罷官歸鄉。以戲曲出名，亦究心理學，崇尚程朱。有湖海集、長留集行世。事迹見國朝耆獻類徵卷一二四。

湖海集卷九廣陵郡學會講序

學之不講，聖人憂之。世所云講者，在蒙童學堂中，猶有希聖之意。及稍長，習爲制舉家，雖日日會講，而所謂希聖者無有矣。宋儒朱陸爭異，非不講之過，而講之過也。明季二百餘年，講者寥寥，陽明稍一倡之，立言太虛，用功太近，雖講猶弗講也。近世制舉家，遵朱已久，以陸子近於禪，陽明又近於陸，攻之不遺餘力。是非但不知吾儒，並亦不知禪者。夫禪，西方教也。異衣冠、異居處、異語言、異文字，與吾道有何疑似之處？至於陸子、陽明之學，真而不全，乃得吾道之一體者。朱子之學，全而不化，乃吾道之具體而微者。今制舉家皆知遵朱矣。問其所以遵者，曰：朱子有註解也。皆知攻陸子、陽明矣，問其所以攻者，曰陸子、陽明無註解也。夫朱子之學術，豈註解之可盡；陸子、陽明之學術，豈無註解之足累乎？其所謂遵者與攻者，不過皆爲制舉言耳，而朱、陸、陽明之所謂朱、陸、陽明自在也。噫，學之不講，其流弊若此。今朝廷崇右聖學，祀闕里，講經義，令天下守土之臣，各延其地之宿儒，月吉講究，蓋不但習爲制舉之故事而已。歇庵先生以海濱布衣，應廣陵太守之聘，坐明倫堂，與百執事博士弟子及鄉老里大夫數千人，闡性命一貫之旨，而總歸於人倫日用之簡易。其答問太極圖説，本邵子心爲太極、理爲太極二語，洞發一動一静、理欲消息之故，令學者存養省察，法天地以作聖賢。此蓋虚實並濟，由近達遠，大中至正之坦途，有何同異可争？夫有同異可争者，譬之奕者與奕者較，射者與射者較，此朱、陸、陽明皆吾道中人，而學識有各别也。奕者不與射者較，射者不與奕者較，此吾儒與禪家道不同不相爲謀也。歇庵同在吾道中，而又不爲同異之争，則譬之觀奕、觀射者，見其過而抑其過，見其不及而勉其不及，所謂學爲中行者是也。歇庵家泰州之富安場，地近王心齋發迹處，心齋學陽明而溺於陽明，歇庵學心齋而不溺於心齋，今日希聖之學，舍歇庵其孰從問之，倘由廣陵而布講於方州之遠，由方州而登講於廟堂之上，則吾學之大幸矣。

黄中堅

黄中堅（一六四九～一七一九），字震生，江蘇吴縣人。爲諸生有聲，屢試不售，遂棄舉子業，致力於古文。有蓄齋文集、蓄齋二集等。

蓄齋二集卷一　講學論

道無往而不在，初不必求之高遠也。率乎其性而發乎視聽言動之當然，即是矣。然五常之性、五官之用，雖人所共有而共能，而其當然之則，要不能盡合也。是故不可以無學，學則是非辨矣。然其間義類不一，有似是而實非者，有似非而實是者，有於是之中尤爲至是者，苟非討論至精，則何能無失？況古今名物與夫禮樂文章制度，雖好學深思，亦未易殫究也。是故學不可以不講，蓋學不講則吾身之所行必不能皆合於道，故聖人以爲憂，然必先言德之不修而後及於學之不講，則知聖人之所謂講學者，凡以爲修德地也，豈欲其徒務口語、黨同伐異哉？漢承秦滅學之後，學者抱殘守缺，各奉其師説以相詆訾，然其所争，止於訓詁之末，雖百家紛馳，適足互相發明，故皆有功於後學。自河洛諸大儒出而朱子集其成，可謂純且備矣。乃象山陸氏顧詆其學爲支離，於是遂於吾道中有分途，傳數百年，其弊日甚，此雖陸子過高之失，要亦朱子之反覆辨論有以致之也。蓋嘗論之，聖人之道譬如天，然天之大，無不幬也，未有能窮其廣者，然苟非生而眇者，則東西南北，隨在可以見天也，何必所由之一途乎？道之大，無不貫也，自孔子而後，未有能詣其極者，然苟非自暴棄者，則愚魯辟喭，皆可與進於道也，何必從入之一致乎？夫朱子之守有似曾子，而其病在於執；

陸子之才有似顔子，而其病在於過高。設遇孔子，則一言轉之有餘耳。朱子道不足以相勝，而務欲以己之所得，强之使同，宜其愈辨而愈不合也。嗚呼，向使游夏之徒而不遇孔子，則學術之支分派别亦已久矣。愚謂凡從事於道者，宜一以素行爲斷，而不惟其言之求。朱子嘗言：「南渡以來，理會著實功夫者，惟某與子靜而已。」然則是能以斯道體諸身見諸行事者，固兩賢之所同也。學者誠惟其實之是踐，而於其論學之旨，各因資之所近以體驗焉，則於道也亦幾矣。奈何不務其實而徒襲其餘論，侈然自詡爲講學乎？近代王伯安宗象山之學，倡爲良知之説，以深斥朱子，好高之士樂其新奇可喜，群相附會，其流之極，至拾釋老之唾餘而高言心性，夷考其行，則掛於物議者良多。嗚呼，豈象山之教端使之然哉！然性與天道，雖子貢猶難言之，今學者未能通經而遽與之言性命之理，固宜其迷惑失據而流入於異學。若朱子之以窮理居敬爲入德之門，則高可以入於聖，而下亦不失爲端人，惟在學者審擇所從而毋徒託諸空言可矣。

蔡漢雯曰：「陸子講學於白鹿洞，朱子深推重之，是則兩儒始雖相牾，終極相洽也。奈何千百年猶然聚訟，視作岐途耶？」此皆未造二子之藩籬者。曷以講學爲大作，從修德體道立論，可爲膏肓針砭。

查慎行

查慎行（一六五〇～一七二七），初名嗣璉，字夏重，號查田；後改名慎行，字悔餘，號他山，浙江海寧人。康熙四十二年（一七〇三）進士，特授翰林院編修，入直内廷。康熙五十二年（一七一三）乞休歸里。查慎行詩學東坡、放翁，自朱彝尊後，爲東南詩壇領袖。著有他山詩鈔。清史稿卷四八四文苑傳一、清史列傳卷七一文苑傳一有傳。

得樹樓雜鈔卷二

楊慈湖出象山之門，持論過高，未免近禪。湛甘泉爲南京冢宰時，有楊子折衷一書，其自序云：「或曰：『象山禪也，辭而擯之，宜也。』甘泉子曰：『象山非禪也，然而高矣，其流必至於禪。伯夷之清，柳下惠之和，非隘不恭也。率其清和而流焉，則必至於隘與不恭矣。』或曰：『慈湖高過於象山，於是衆皆趨焉。』甘泉子曰：『象山高矣，然而未禪，今曰慈湖高過於象山，是何言歟？昔箬谿顧子自江右寓新刻於南都，甘泉子閲之，曰：『信斯言也，是累象山者也。』然而吾得其肯綮矣，曰心之精神是謂聖，以爲孔子之言也，一編之宗旨不外是，然非孔子之言也。」慎行按，此段議論最爲允當，外此，爲朱陸異同之説者皆墮於一偏，幾成戟手詬詈矣，豈學道人氣象哉？又按，「心之精神謂聖」語出孔叢子。

張伯行

張伯行（一六五一～一七二五），字孝先，號敬庵，儀封人。康熙乙丑（一六八五）進士。通籍後，歸里讀書七年，盡通濂、洛、關、閩諸儒之書，始出，授内閣中書。命直南書房，連典鄉會試，擢禮部尚書。雍正三年卒，年七十五。謚清恪。張氏專宗程朱，篤信謹守，與陸清獻相後先。躬行實踐，致君澤民。所刊布先儒理學諸書，先後五十餘種。所纂輯者，濂洛關閩書集解、近思録集解、續近思録、廣近思録、小學集解、小學衍義、學規類編、養正類編、伊洛淵源續録、性理正宗、濂洛風雅、唐宋八大家文鈔。自著有困學録、續録，正誼堂文集、續集，居濟一得，彙刊曰正誼堂全書。清史稿卷二六五、清史列傳卷十二有傳。

正誼堂文集卷六與陳玉立書

予才淺學疏，過蒙不棄。辱賜教益，感佩曷可言喻，獨是足下所學之妙，見道之速，予有不能無疑者。昔羅整庵先生自幼不識禪學，在京師遇一老僧訪求心要，遂爲之構思，徹夜不寐，一日攬衣將起，恍然有悟，流汗通體，證之禪書，如合符節。自以爲至奇至妙，天下之理，無以加於此。後取五經四書、濂洛關閩諸書讀而玩之，漸復有疑，久之喟然嘆曰：「昔兩程子、張子、朱子早歲皆嘗學禪，已究其底蘊，及於吾道有得，大悟其非，乃知前所見者，此心虛靈之妙而非性也。」遂發憤卒業，追悔前非，年四十，始志於道，雖粗見大意，而官守拘牽，加以善病，工夫不專。故力辭冢宰之命，杜門謝客，足迹不涉城市，潛心二紀，其學遂至大成。嘗曰：「自昔有志於道學者，罔不尊信程朱，近時以道學名者，泰然自處於程朱之上。然究其所得，乃程朱早年學焉而竟棄之者也。夫勤一生以求道，止拾先賢所棄以自珍，又從而議其後，不亦可嘆邪！」三寓書於陽明，力排其説，陽明强答之而已。予以爲足下所得者猶是此虛靈之妙，即羅整庵幼年所得之道，程子、張子、朱子早歲學焉而棄之者也。惟陽明執而不悟，遂成異學。夫二氏之學，猶各尊其教而不肯從吾儒。今吾儒之學竟舍聖賢之道，而入於二氏，且以三教歸一之説混吾道於異端，吾恐此説一倡，爲世道人心之害非淺鮮也。抑吾更有説焉,三教者,二氏巧立之名色以抑吾儒者也。且曰釋道儒,則二氏儼然超吾儒而上之。吾儒之所以自立於天地者,以其有人倫之教也。爲二氏之學者必曰,棄爾君臣父子夫婦昆弟朋友,以從事於清浄之域,獨不思人人盡入於清浄,則人道絶矣,天下尚復有人類乎?吾儒之所以常存於天地者,以其有農桑之業。爲二氏之學者必曰:「耕獲可無事,蠶桑可無庸,一持鉢而衣食可得。」獨不思人人盡持鉢則農桑廢矣,世間尚得有衣食乎?二氏之教不可爲訓也明甚,而其教所以至今不絶者,以附吾儒而不絶也。是二氏者,吾儒之賊,其不可與吾儒並列又明矣。年翁又以參同契爲朱子晚年所得之妙,愚以爲,必朱子幼年學禪時所註之書也。不然諸書皆曰某年成,年譜何以不曰某年參同契成乎?胡敬齋先生云朱子註參同契、陰符經甚無謂,引人入異端去,調息箴亦不當作。敬齋先生篤信朱子者也,豈無所見而云然哉。足下又謂夫子亦云「朝聞道夕死可矣」。不知吾夫子所云者,欲人汲汲於謀道,庶幾無負此生耳。故程子申其義云:「聞道知所以爲人也,夕死可矣,是不虚生也。」足下以己所得之道,即夫子朝聞道之道,與程子所解大相懸絶矣,不幾於侮聖言乎?足下又云得吾道者,口有異味,鼻有異香,美在其中。吾儒之道,堯舜以來相傳之道也,堯、舜、禹、湯、文、武、周公、孔子、孟子之相傳,惟是有物有則,生人不易之常理,不聞其口有異味,鼻有異香,美在其中也。是足下所得之道,道其所道,非吾儒之道也。吾儒之道之所以可貴者，將用以修身、齊家、治國、平天下。今曰口有異味，鼻有異香，美在其中也，持是道也，身可恃以修乎？家可恃以齊乎？國可恃以治、天下可恃以平乎？足下又謂得吾道者可以長生不死，予謂即學長生不死，亦必見有長生不死之人而後從而學之，未有我云能長生不死，人即從我而之者也。韓非子曰「客有教燕王爲不死之道者，王使人學之，所使學者未及學而客死，王大怒，誅之。王不知客之欺己，而誅無罪之臣，不察之過也。」人之所以足重於世者，謂其爲聖爲賢，豈以其年之多寡？即如盜跖而壽矣，至今遺臭萬年；顔淵而夭矣，至今流芳百代。足下如德不進、業不修，惟欲長生不死，將何爲乎？聖道榛蕪已久，今足下以所得相質，故不敢不盡所欲言，非故相牴牾以陷同室操戈之譏，如足下翻然悔悟，如羅整庵早歲時，則吾道之明可冀矣。

正誼堂文集卷六復原元功

去歲多事之秋，有勞遠顧。雅愛惓惓，感切於懷。僕奉職無狀，謬蒙聖恩，授以重秩，拜命以來，夙夜祇懼。足下隨時處中之説，僕雖未敢自信，當謹佩之。承惠語録全卷，僕向未曾遍閱，兹案牘餘閒，讀一二過，大意已悉，殊多見道語。顧其間尚有可商酌處，當與足下詳論之。如篇中所載，人能全其虚靈之體，即出衆物而與天地合撰，因其靈以返乎虚等語，不能無病。夫虚靈，知覺氣之妙也，周子所謂人得其秀而最靈，當即指此。至聖人定之以中正仁義，便是以義理爲知覺之主，吾儒義理不明，虚靈便易爲累。所以必要學問思辨、躬行實踐、涵養省察、擴充克治，凡此工夫無非是踏著實地，不使此心曠曠蕩蕩毫無把捉。昔賢教人之法具在，並不曾説因其靈以返乎虚。自異學作用之説興，曰明心見性，曰淨智妙圓，曰神通妙用，曰光明寂照，總不離虚靈者，近是陸象山之收拾精神，楊慈湖之鑒中萬象，陳白沙謂一點虚靈萬象存，王陽明謂心之良知是謂聖，皆是以知覺言心，欲守此虚靈，以任其所爲，流毒迄今，靡有底止。愚謂義理於人最重，全義理以應萬事，則動不踰矩，發皆中節，自有依據。舍義理而尚虚靈，則爲空寂、爲狂妄，是即目視耳聽，手持足行，頭頭是道之説。足下云云，不致辨於人心道心之介，恐非所以詔後學也。又云須於静中究心之本體，事物未接，斂襟危坐，反求其本心。此等語自是從周子主静之説來，然只可令奔馳者收其放心軼志，若一向如此，與坐禪入定有何區别？愚按，朱子初年答何叔京書有云，李先生教人令於静中體認大本未發時氣象，比乃龜山門下相傳指訣，其作延平行狀亦深取此。逮後來大以爲不然，以子思只説「喜怒哀樂未發謂之中」，未嘗教人静坐體認也。静坐體認之説，起於佛氏六祖，所謂不思善不思惡，認本來面目。宗杲所謂無事省緣静坐、體究是也。學者做存心工夫，不得其道，多流於此。在昔伊川識破此弊，有涵養於未發之前則可，求中於未發之前則不可，二語最爲確當不易。朱子晚年亦云，李先生説終覺有病，學者只是敬以直内，義以方外，不可專向静中求。又云，若特地將静坐做一件工夫，便類禪，只須著一敬字通貫動静。由朱子二言觀之，知主敬是學者第一切要功夫。静而存養則静時敬，動而省察則動時敬。無時無處不用其力，久之自有把捉。不至猖狂恣肆而入於禪。足下云云恐亦過信延平體認之説，於程朱内外交養、静存動察、切實下手處相背而馳矣。語録全卷中類此者約計二十餘條，亦不能盡舉。姑略摘一二言之，如不即行謂正，必誤後學，不可不慎也。

正誼堂文集卷八學蔀通辨序

學者不知性善之旨，夢夢終身，殆如長夜。然此特庸衆之人，行不著而習不察耳。獨怪王新建以絶人之資，自幼讀孔孟之書，乃不加察識，敢爲異説而不顧也。新建與錢德洪、王畿證道於天泉橋上，其宗旨曰：「無善無惡心之體，有善有惡意之動。知善知惡是良知，爲善去惡是格物。」夫無善無惡，伊何人之説哉？告子之説也。以告子爲宗，是異於孟子性善之説矣。不寧惟是，孔子繫易曰：「一陰一陽之謂道，繼之者善，成之者性。」孟子以孔子爲宗者也，守仁之説亦異於我夫子矣。異孔孟而同告子，群天下之學者趨之若鶩，吾誠不知其何故也。間有起而辨之者，如羅文莊諸公，未嘗無正論，然猶略而未詳。獨陳清瀾著學蔀通辨，分爲四編，首辨朱子晚年定論之謬，次明陸象山之爲禪學，次明學者陷於佛老其來已遠，終以朱子正學立標準焉。其攻新建也，摧陷廓清，不啻入虎穴而得虎子矣。昔朱子以象山爲告子，明高忠憲之答門人曰：「告子非禪也，在禪家謂之自然外道。」夫禪家猶謂之外道，而新建乃以之樹赤幟，其可悲憫孰甚焉。自漢以後，學者趨於佛老，然亦明以爲佛老。至象山以及新建，遂儼然自負爲儒者之絕學，反以朱子爲支離。嗚呼！本天本心之異，其孰從而究之？存心致知之蘊，其孰從而體之？始援儒以入墨，繼且主墨以攻儒，縱橫捭闔之變，其孰從而正之？此學蔀通辨爲異端之爰書，爲學者之指南，而不可一日無者也。新建之答羅文莊書曰：「孟子之時，天下之尊信楊墨，當不下於今日之崇尚朱説。」嗚呼！守仁之無忌憚至於如此，又何足與辨哉？

正誼堂文集續集卷四伊洛淵源續録序

昔朱子輯伊洛淵源録，薈萃程門師弟子授受之際，一言一行，莫不條列備載。其居恒磨礱薰陶，裁抑其過，激厲其不及，或隨其材，或因其時，教者之所以教，與夫學者之所以學，概見於斯矣。自後未百年，而又有天民先覺者出，接引後學，爲之指其門庭，表其梯級而先後之，於是聖道益明，源流益遠，則是續録之所爲作也。夫二程子師濂溪而友張、邵，倡道伊、洛，一時高第弟子如游、楊、尹、謝數十輩，率能卓然有立，尊聞行知，以不負付託之重。蓋自鄒、魯風微，斯文勃興，越千餘年一盛，恐其難爲繼矣。然而引而彌長，擴之乃大，自楊而羅而李，三四傳至晦庵。夫子膺斯道之任，而集群儒之成，繼往開來，流行浩瀚，無論通都大邑，僻壤窮村，靡不願游其門，執經請益。當此之時，循循誨誘，無間晨昏，所謂居敬以立其本，窮理以致其知，反躬以踐其實，及夫言行之一致，體用之一源，務使切己尋求，由博歸約，而登斯堂，聞斯旨者，亦皆佩服勿諼，各得其意以去。猗歟盛哉！張南軒嘗曰：「道在武彝。」信矣，其猶原泉混混之出於深山，迤邐九曲，分爲萬派，播爲百川，合而渾涵渟滀於四海中乎！此其爲淵源，詎有盡藏歟？續録舊本自有，明成化謝方石先生已彙輯成帙，分爲六卷，然採取未備。至隆慶時，薛公方山復因莆陽宋公初稾而重編之，名曰考亭淵源録。顧宋公初稿雖未及詳定付刻，而編輯頗嚴，如朱子同志之友，自廣漢、金華而外，概不之録。方山所刻，則於金谿、永康、永嘉悉爲增入，竊恐世之繹其緒論者，或借吾儒之説，以蓋其佛老之真；或喜浮夸之談，以辨其利之習，又將何以正之耶？余不揣固陋，參互考訂爲二十卷，折衷於方石、莆陽二者之間，命陳生紹濂編校授梓。後之學者，庶知大儒間出，其一時師友之所漸漬，及門之所依歸，開悟釋疑，精深廣大，講學極其盛，而衛道極其嚴，析之入秋毫，而放之彌宇宙。所以表章先聖者在此，所以津梁後學者在此。而凡師弟閒磨礱薰陶，激厲裁抑，合之程氏之門，初無異轍焉，或者有當於朱子輯伊、洛之意，則是録真不可以不續，而謝、宋二公不又先獲我心哉！因書以爲序。

正誼堂文集續集卷四性理正宗序

人稟陰陽五行之氣以生，而太極之理具焉。命之於天，成之於性，性無不同，而氣稟則有清濁之異，智愚賢不肖之分途以此。古之至人，所以能知性所從出，而復全其天者，必有静存動察、下學人事之實功，以馴致乎自然，而非徒寂守此虚靈不昧之心，使之凝然不動，俟其一旦豁然省悟，謂可惟吾意之所欲爲而不顧也。是則心也者，性之所寓而非即性。書曰：「人心惟危，道心惟微。」殆謂是歟？自孟夫子倡明性善之旨，以惻隱、羞惡、辭讓、是非四者爲仁義禮智之端，學者務在擴充以盡其力，於是乎告子之徒，雖誤認知覺運動爲性，所謂「不得於言，勿求於心」者，終不能逞其狂瞽之説，以惑亂天下。孟子之功偉矣！厥後荀、楊輩或云性惡，或云善惡混，邪僻之見，均足以害道。降及漢、唐，千有餘年，詞章功利，惑溺沈痼，未有灼見心性之源者，得程、張諸子起而闡明之。程子之訓其門人，以謂「窮理則盡性，盡性則知命」。是知非窮理無以致其功。而張子則云：「合氣與虚有性之名，合性與知覺有心之名。學者必須敬其事。敬，固聖學之所以成始成終也。」嗚呼！可謂深切著明矣，曷嘗有默坐澂心，可以證道之説哉！不一再傳，而金谿之學熾甚，以爲即心是理，六經皆我註脚；不立文字，可以識心見性；不假修爲，可以造道入德，守空洞無涯之識，而昧然於天理之真。學者樂其簡便而易從也，於是矯誣聖賢，捐棄墳典，逞其擊拳竪拂之餘智，猖狂叫呶，猶自擬於聖人之尊性。若非紫陽朱子反覆辨難，大聲疾呼，比之爲告子，又直斥之曰禪，其爲正路之荆榛，入門之障蔀，寧有紀極耶！幸而格致、誠正、修己、治人之道大明於天下，雖百世守之可也，何又有姚江王氏祖述金谿，而以朱子之學爲支離影響，倡立致良知之新説，盡變其成規。知其不足以服天下，則又爲晚年定論之書，附會牽合，以墨亂儒。天下之談心學者，靡然響應，皆放佚準繩，不知名教中有何事。至啟、禎末年，而世道風俗頽敗極矣。蓋比諸金谿之爲禍，殆有甚焉。嘗見傳習録有云：「無善無惡者心之體，於事事物物上求至善即爲義外。」嗚呼！此即六經註脚之唾餘也，即勿求於心之宗旨也。不知窮理持敬是以不識心性，惟不識心性，故於默坐澂心時，偶見西來面目，即驚爲獨得之秘，遂至挾此以淩駕古今，莫之能禦。昔人有云，以學術亂天下，於姚江見之矣！非有特立不回之君子，障其狂瀾，而撲其熾燄，吾道其尚何望乎！余幼讀性理大全一書，見其引據詳贍，亦既留心潛玩矣。惟是天文、地志、律曆、兵機、讖緯、術數之學援引甚繁，未免失之駁雜。

又其爲書，於儒、釋、參同語及縱横家義論概有取焉，似乎擇之不精。余不揣固陋，謬爲編輯，删其繁蕪，補其缺略，尊道統以清其源，述師傳以别其派，凡静存動察、下學人事之實功，有切於心性者，無不盡其節目次第之詳。於宋則取周、程、張、朱五子之言爲的，於元、明則以許、薛、胡、羅四君子繼之，其餘諸子，間有採録，不敢濫爲摭拾。惟於異學之邪僻，足以惑世誣民，而後之人能抉其樊籬，披其根株者，衛道之功不可泯，爲之三致意焉。是編也，始於辛丑，迄於癸卯，閲三載而後成，名之曰性理正宗。非敢自附於知道，惟自盡於區區向學之志，以遠於荆榛障蔀之歧途。尤願後之學者，循塗守轍，崇實黜虚，不至誤認知覺運動爲性，而默守其虚靈不昧之心，則窮理持敬，下學可以上達，盡性即以至命，於以上接濂、洛、關、閩之傳無難焉。此固學術之幸也，亦世道風俗之大幸也夫！

正誼堂文集續集卷五與友人書

年長兄先生來教云：「先讀四書、五經，再參以諸儒語録。」即此足見先生以古聖賢自期待，而不肯苟同於流俗，弟已仰止久矣。然其中猶不能無疑。夫先讀四書、五經，誠是矣。但諸儒語録，則不容於無辨，正未可强而同之也。先生所謂諸儒語録者，指薛、胡之語録乎？抑指陳、王之語録乎？若讀書録、居業録，誠可讀也，豈傳習録亦可讀乎？陽明之學，羅整庵先生已辨之，陳清瀾、張武承、陸稼書諸先生又辨之，其不可爲其所誤，明矣！弟往見歸德陸別駕曾刻傳習録，而陸稼書先生見田梁紫先生札中偶及陽明之學，其答陳子萬書曰：「聞中州人主持陽明者甚多。」又述田先生來札云：「今日沈疴，惟在利之一端，我輩當實實於本分當知上討論，實實於本分當行上勇爲，只求自信，不圖人知。」予觀田先生，似亦非主持陽明者。其言於本分當知上討論，非朱子所謂「窮理以致其知」乎？於本分當行上勇爲，非朱子所謂「反躬以踐其實」乎？是田先生亦朱子之學，而非陽明之學也。或偶以陽明爲前輩，而不欲輕議之，此亦忠厚長者之道。而稼書似以中州之人，皆爲主持陽明之人，不無太過。然推稼書先生之心，初非有他也，不過以正學不明，大道久晦，欲尊程、朱，黜陽明，使天下已讀陽明之書者，不至迷溺其中而不返，而未讀陽明之書者，亦不至誤入其中而不覺。此亦稼書先生不得已之苦心也。相隔千里，不知先生所讀語録爲誰氏之書。但學術不可以無辨，故敢爲先生陳之。愚意欲先生五經、四書而外，先讀小學、近思録、朱子文集、語録及薛文清讀書録、胡敬齋居業録、羅整庵困知記，而後漸讀諸儒之語録，庶有以辨同異而定取舍。若不先讀諸書，而汎觀先儒之語録，則美惡雜陳，是非混淆，我之趨向，能粹然一出於正乎！吾恐五色迷目，其不爲其所惑者鮮矣。